Sous la coordination de
Frédéric Debove

L'épreuve écrite juridique 2004

PRÉPARATION AU CRFPA

Annales corrigées
des épreuves posées dans
10 IEJ à la session 2003

Sous la coordination de
Frédéric Debove

L'épreuve écrite juridique 2004

PRÉPARATION AU CRFPA

Annales corrigées
des épreuves posées dans
10 IEJ à la session 2003

Angers,
Bordeaux,
Lille,
Nancy,
Nice,
Paris II,
Paris XII
Paris XIII
Rennes,
Toulouse

Montchrestien

Dans la même collection

GINCHARD (S.), Comment devenir avocat, 4e éd., 2004 conforme à l'arrêté du 11 septembre 2003.

GUINCHARD (S.) et HARICHAUX (M.) (sous la direction de), Le grand oral : Protection des libertés et des droits fondamentaux, 2e éd., 2004, avec D. Amson, Ph. Blachèr, D. Breillat, J.-M. Denquin, M. Douchy-Oudot, J. Duffar, S. Guinchard, M. Harichaux, J.-M. Maillot, D. Rousseau.

HARICHAUX (M.), et WATINE-DROUIN (C.), La note de synthèse – Méthode expliquée et appliquée et annales corrigées, 9e éd., 2004.

Chez le même éditeur

OBERDORFF (H.) et ROBERT (J.), Libertés fondamentales et droits de l'homme, 5e éd., 2002.

31, rue Falguière, 75741 Paris Cedex 15
ISBN : 2-7076-1379-7

PRÉSENTATION DE LA COLLECTION

Créée en 1994 avec l'aide des Éditions Montchrestien, la collection *« Préparation au CRFPA »* répond au besoin de préparer les étudiants à l'entrée dans cette belle et noble profession, en commençant par leur donner les outils pédagogiques et méthodologiques nécessaires pour réussir l'examen dit des IEJ, qui les autorise à entrer dans un Centre régional de formation professionnelle d'avocats. L'arrêté du 11 septembre 2003, applicable à la rentrée 2004 pour l'examen qui sera passé à l'automne 2005, durcit l'examen d'entrée, en ajoutant des épreuves écrites et en supprimant radicalement le système ingénieux de dispenses de tout ou partie de l'écrit pour les titulaires de DEA et/ou DESS. Le lecteur trouvera l'exposé complet de ce nouvel examen d'entrée dans le livre de Serge Guinchard ***« Comment devenir avocat »***, 4e édition, 2004.

Pour préparer les épreuves écrites, la note de synthèse et les épreuves juridiques pratiques, à partir de conseils, d'une méthode et d'exercices corrigés, tirés notamment des annales de l'IEJ Pierre Raynaud de l'Université Panthéon-Assas (Paris II), les étudiants consulteront avec profit, d'une part, ***« La Note de synthèse »*** de Michèle Harichaux et Caroline Watine-Drouin et, d'autre part, ***« L'épreuve écrite juridique »***, ouvrage collectif coordonné par Frédéric Debove.

Enfin, pour aborder dans d'excellentes conditions l'épreuve du grand oral, dont le programme sur *« la protection des libertés et droits fondamentaux »* a été maintenu, pour l'essentiel, par la réforme de septembre 2003, un nouveau livre a été rédigé par des universitaires, spécialistes reconnus de la matière (Daniel Amson, Philippe Blachèr, Dominique Breillat, Jean-Marie Denquin, Mélina Douchy, Jean Duffar, Serge Guinchard, Michèle Harichaux, Jean-Marc Maillot, Dominique Rousseau), sous l'intitulé ***« le Grand oral : protection des libertés et des droits fondamentaux »***. Cet ouvrage s'ajoute aux volumes autonomes de la même collection qui conservent leur spécificité, ainsi de ceux rédigés par Madame le Professeur Arlette Heymann-Doat et Messieurs les Professeurs Dominique Allix, Bernard Beignier, Gérard Cohen-Jonathan et Jacques Robert, pour, respectivement, le régime juridique des libertés, la procédure pénale, la procédure civile, les aspects européens des droits fondamentaux et leur protection constitutionnelle.

L'outil ainsi mis à la disposition des étudiants souhaitant devenir avocat s'élargit vers l'horizon des libertés fondamentales, symbole d'une profession qui reste, quoi qu'on en dise et malgré les critiques injustes dont elle est parfois l'objet, le rempart de nos libertés, la digue qu'il faut défendre contre les vents mauvais qui pourraient venir des trois pouvoirs et contre les marées populistes, si la vigilance des Ordres ne s'exerçait pas.

Serge GUINCHARD
Recteur de l'Académie de la Guadeloupe
Professeur à l'Université Panthéon-Assas (Paris II)
Directeur honoraire de l'IEJ Pierre Raynaud de Paris II
Ancien Directeur du Centre de formation professionnelle d'avocats de Paris
Ancien membre de la Commission formation
du Conseil national des Barreaux (1992-2000)

Michèle HARICHAUX
Maître de conférences honoraire de l'Université Panthéon-Assas (Paris II)
Ancien Directeur des études à l'IEJ Pierre Raynaud de Paris II

PRÉFACE

FRÉDÉRIC DEBOVE
Maître de conférences des Universités
Directeur des études de l'Institut d'études judiciaires
de l'Université Panthéon-Assas

Ce volume, qui s'intègre dans la collection de préparation des étudiants à l'examen d'entrée dans un centre régional de formation professionnelle d'avocats, est entièrement consacré à **l'épreuve juridique écrite de caractère pratique** prévue à l'article 6-2° de l'arrêté du 29 janvier 1998. Ce texte réglementaire, encore applicable pour la session d'examen 2004, vient d'être sensiblement remanié par l'arrêté du 11 septembre 2003 lequel « muscle » l'examen d'entrée à la profession en ajoutant notamment de nouvelles épreuves écrites. Cependant, les matières d'admissibilité auxquelles prépare le présent ouvrage se retrouvent toutes dans la nouvelle mouture de l'examen et continueront sans doute à être choisies préférentiellement par les étudiants.

Autant dire que ce volume de la collection s'adresse non seulement aux candidats qui s'apprêtent à présenter l'examen du CRFPA à l'automne 2004 mais également à tous ceux qui vont prochainement s'inscrire dans un institut d'études judiciaires (IEJ) en vue d'embrasser la noble et exigeante profession d'avocat.

Des IEJ, il en existe plus d'une quarantaine répartie sur l'ensemble du territoire français, de métropole et d'outre-mer. Certains se trouvent dans la capitale, d'autres en région parisienne et d'autres encore en province. Pendant longtemps, l'ouvrage collectif consacré à « l'épreuve écrite juridique » était élaboré à partir des seuls sujets d'examen et galops d'essais donnés à l'IEJ « Pierre Raynaud » de l'Université Panthéon-Assas. À un moment où les pouvoirs publics s'efforcent de mettre en place une organisation toujours plus décentralisée de la République, il aurait été maladroit de maintenir cette exception culturelle et géographique. Aussi, le lecteur trouvera-t-il dans cet ouvrage collectif **33 sujets juridiques imprégnés d'actualité** qui reflètent davantage la réalité du contenu de l'examen d'entrée au CRFPA puisqu'ils émanent de **dix instituts d'études judiciaires différents.**

Qu'ils se rapportent au droit civil ou aux diverses matières optionnelles (pénal, commercial, social, administratif, communautaire et européen), ces sujets corrigés permettront aux candidats de compléter leur formation dans les meilleures conditions possibles et d'éviter ainsi le stress de l'examen final. C'est le souhait de tous ceux qui ont accepté de collaborer à ce volume et auxquels je tiens à exprimer toute ma gratitude pour leur enthousiasme et leur confiance que l'on voudrait hautement contagieux.

SOMMAIRE

Première partie : Annales corrigées de l'épreuve de droit civil 15

1. Annale corrigée de l'IEJ d'Angers 17
2. Annale corrigée de l'IEJ de Bordeaux IV 29
3. Annale corrigée de l'IEJ de Nancy II 39
4. Annale corrigée de l'IEJ de Nice 45
5. Annale corrigée de l'IEJ de Paris II 53
6. Annale corrigée de l'IEJ de Paris XII 59
7. Annale corrigée de l'IEJ de Toulouse 67

Deuxième partie : Annales corrigées de l'épreuve optionnelle 73

Droit administratif

1. Annale corrigée de l'IEJ de Lille II 77
2. Annale corrigée de l'IEJ de Nancy II 85
3. Annale corrigée de l'IEJ de Paris II 93
4. Annale corrigée de l'IEJ de Toulouse 103

Droit commercial

1. Annale corrigée de l'IEJ de Nancy II 109
2. Annale corrigée de l'IEJ de Paris II 115
3. Annale corrigée de l'IEJ de Paris II 123
4. Annale corrigée de l'IEJ de Paris XII 129
5. Annale corrigée de l'IEJ de Rennes I 135

Droit communautaire et européen

1. Annale corrigée de l'IEJ d'Angers 143
2. Annale corrigée de l'IEJ de Nancy II 151
3. Annale corrigée de l'IEJ de Nice 159
4. Annale corrigée de l'IEJ de Paris II 163
5. Galop d'essai de l'IEJ de Paris II 173

Droit pénal

1. Annale corrigée de l'IEJ d'Angers 183
2. Annale corrigée de l'IEJ de Bordeaux IV 189
3. Annale corrigée de l'IEJ de Nancy II 197
4. Annale corrigée de l'IEJ de Paris II 205
5. Galop d'essai de l'IEJ de Paris II 213

Droit social

1. Annale corrigée de l'IEJ de Bordeaux IV 227
2. Annale corrigée de l'IEJ de Lille II 233
3. Annale corrigée de l'IEJ de Nancy II 239
4. Annale corrigée de l'IEJ de Nice 245
5. Annale corrigée de l'IEJ de Paris II 249
6. Annale corrigée de l'IEJ de Paris XIII 257
7. Annale corrigée de l'IEJ de Toulouse 263

Ont participé à cet ouvrage,
réalisé sous la direction de Frédéric Debove :

• IEJ d'Angers

Droit civil : Christophe Lefort
Maître de conférences à l'Université d'Angers

Droit communautaire européen : Hélène Aubry
Maître de conférences à l'Université d'Angers

Droit pénal : Luc Barbier
Magistrat, chargé de cours à l'IEJ d'Angers

• IEJ de Bordeaux

Droit civil : F. Gonthier
Maître de conférences à l'Université de Bordeaux

Droit pénal : Virginie Peltier
Maître de conférences à l'Université de Bordeaux

Droit social : François Petit
Maître de conférences à l'Université de Bordeaux

• IEJ de Lille

Droit administratif : Martine Cliquennois
Maître de conférences à l'Université de Lille II

Droit social : Bernard Bossu
Professeur à l'Université de Lille II

• IEJ de Nancy

Droit civil : Jean-Michel Gasser
Maître de conférences à la Faculté de droit de Nancy II

Droit administratif : Dominique Ritleng
Professeur à la Faculté de droit de Nancy II

Droit commercial : Thierry Lambert
Professeur à la Faculté de droit de Nancy II

Droit communautaire européen : Dominique Ritleng
Professeur à la Faculté de droit de Nancy II

Droit pénal : Jean-François Seuvic
Professeur à la Faculté de droit de Nancy II, Directeur de l'IEJ

Droit social : Pascale Étiennot
Maître de conférences à la Faculté de droit de Nancy II

• IEJ de Nice

Droit civil : Coralie Ambroise-Casterot
Professeur à l'Université de Nice

Droit communautaire européen : Joëlle Toesca-Zonino
Avocate au barreau de Grasse

Droit social : Alain Chirez
Professeur à l'Université de Nice

• IEJ de Paris II

Droit civil : Astrid Marais
Maître de conférences à l'Université de Paris II

Droit administratif : Patrick Fraisseix
Maître de conférences à l'Université de Paris VIII

Droit commercial : Patrice Hoang et Sophie Gjidara
Professeur à l'Université d'Orléans, Maître de conférences à l'Université de Paris II

Droit commercial (galop d'essai) : Nicolas Mathey
Professeur à l'Université d'Auvergne

Droit communautaire européen : Joël Cavallini
Maître de conférences à l'Université de Paris II

Droit communautaire européen (galop d'essai) : Jérôme Boisseau
Avocat au barreau de Paris

Droit pénal : Frédéric Debove
Maître de conférences à l'Université de Paris II, Directeur des études de l'IEJ

Droit pénal (galop d'essai) : Claudia Ghica-Lemarchand
Maître de conférences à l'Université de Brest

Droit social : Françoise Bousez
Maître de conférences à l'Université de Paris II

• IEJ de Paris XII

Droit civil : Antoine Bolze
Maître de conférences à l'Université de Paris XII, Directeur de l'IEJ

Droit commercial : Antoine Bolze
Maître de conférences à l'Université de Paris XII, Directeur de l'IEJ

• IEJ de Paris XIII

Droit social : Catherine Puigelier
Maître de conférences à l'Université de Paris XII, Directrice de l'IEJ

• IEJ de Rennes I

Droit commercial : Afif Daher
Maître de conférences à l'Université de Rennes I

• IEJ de Toulouse

Droit civil : Didier Krajeski
Maître de conférences à l'Université des Sciences sociales de Toulouse

Droit administratif : Pierre Esplugas
Maître de conférences à l'Université des Sciences sociales de Toulouse

Droit social : Lise Casaux-Labrunée
Professeur à l'Université des Sciences sociales de Toulouse

Première partie

ANNALES CORRIGÉES DE L'ÉPREUVE DE DROIT CIVIL

1. Annale corrigée de l'IEJ d'Angers

2. Annale corrigée de l'IEJ de Bordeaux IV

3. Annale corrigée de l'IEJ de Nancy II

4. Annale corrigée de l'IEJ de Nice

5. Annale corrigée de l'IEJ de Paris II

6. Annale corrigée de l'IEJ de Paris XII

7. Annale corrigée de l'IEJ de Toulouse I

Annale corrigée de l'IEJ d'Angers

SUJET

Effectuez le commentaire conjoint des deux décisions suivantes :

Cour de cassation, Civ. 1re 3 avril 2002

LA COUR : – Sur le premier moyen pris, en ses trois branches : – Attendu que Mme G... fait grief à l'arrêt confirmatif attaqué (Paris, 16 avril 1999) d'avoir rejeté sa demande en réparation du préjudice qu'elle estimait avoir subi du fait de la publication, par l'hebdomadaire « L... », d'un article faisant état de circonstances relevant de sa vie privée ; qu'il est reproché à la cour d'appel de s'être fondée sur des motifs inopérants, tirés de la publication des faits litigieux dans la presse contemporaine, de l'absence de gravité de l'atteinte invoquée, et d'avoir omis de rechercher si le sujet de l'article imposait de faire état des informations litigieuses ;

Mais attendu que la cour d'appel a fait ressortir, d'une part, que la rupture du couple constituait, non plus une révélation sur la vie privée, mais la relation de faits publics, et, d'autre part, le caractère anodin des indications portant sur les lieux de résidence de Mme G... et sa rencontre au restaurant avec son époux, ce caractère étant de nature à exclure l'atteinte invoquée ; qu'elle a ainsi légalement justifié sa décision sur ce point ;

Et sur le second moyen, ci-après annexé : – Attendu que ce moyen se heurte au pouvoir souverain reconnu aux juges du fond pour l'appréciation de l'ampleur du préjudice résultant de l'atteinte au droit de la personne sur son image ;

Par ces motifs, rejette [...].

Cour de cassation, Civ. 1re 23 avril 2003

LA COUR : – Attendu que, suite aux retentissements médiatiques de la relation extra-conjugale entretenue en août 1996 par le mari de Stéphanie G..., princesse de M..., avec une « strip-teaseuse », l'hebdomadaire Paris Match daté du 12 septembre 1996 a annoncé en couverture puis publié sur plusieurs pages un article essentiellement consacré aux réactions et sentiments supposés de l'épouse, et illustré de onze photographies ; que celle-ci a assigné la société éditrice Cogedipresse en dommages-intérêts pour atteintes à ses droits sur sa vie privée et sur son image, et en publication de la condamnation dans un prochain numéro du magazine ;

Sur le premier moyen, pris en ses cinq branches, tel qu'énoncé au mémoire en demande et reproduit en annexe :

Attendu que, pour retenir l'atteinte à la vie privée, la cour d'appel (CA Versailles, 2 novembre 2000) a relevé que, si l'incartade de l'époux avait constitué un événement d'actualité dont l'hebdomadaire pouvait légitimement rendre compte, les titres de couverture « Stéphanie humiliée... rupture ou pardon, la princesse meurtrie hésite encore », et, à l'intérieur, « Stéphanie, après l'affront, l'explication » constituaient une extrapolation non nécessaire à l'information des lecteurs et un détournement de l'objectif d'information ; qu'elle a, par là même, justifié l'équilibre qu'elle expose avoir recherché, à travers les sanctions prononcées, entre la liberté de l'information et le droit de chacun au respect de sa vie privée et familiale ; que par ailleurs, l'atteinte à ce dernier principe est indépendante du mode compassionnel, bienveillant ou désobligeant sur lequel elle est opérée ;

d'où il suit que le moyen n'est fondé en aucune de ses branches ;

Et sur le second moyen, pris en ses deux branches, pareillement énoncé et reproduit ;

Attendu que pour retenir l'atteinte à l'image, la cour d'appel, après avoir souverainement estimé qu'une participation volontaire de la plaignante aux photographies n'était pas établie, a relevé que plusieurs avaient été prises au téléobjectif, les unes dans un club privé en compagnie de son époux et témoignant du désarroi et des émotions les plus intimes qu'elle éprouvait, les autres dans un jardin privé où elle se trouvait en compagnie de son frère et assorties du commentaire le jour du scandale, Albert est là et console sa sœur ; qu'elle a ainsi légalement justifié sa décision, appréciant souverainement les modalités propres à assurer la réparation intégrale de la violation constatée ;

Par ces motifs, rejette...

CORRIGÉ

Le rapprochement des deux décisions ci-dessus rapportées, rendues à près d'un an d'intervalle par la première chambre civile de la Cour de cassation, est riche d'enseignements de par les innovations et précisions qu'il apporte au régime protecteur de la vie privée institué par l'article 9 du Code civil s'agissant tout spécialement des personnalités.

Dans la première espèce, une célèbre princesse du rocher monégasque faisait grief à un journal d'avoir, d'une part, relaté sa rupture avec son mari et fait état des circonstances de sa rencontre avec son époux dans un restaurant, et, d'autre part, porté à la connaissance du public des informations afférentes à ses lieux de résidence[1].

Dans la seconde espèce, la même princesse reprochait également à un autre hebdomadaire d'avoir publié un article évoquant non seulement la relation extra-conjugale entretenue par son mari, mais contenant aussi des développements consacrés aux réactions et sentiments supposés de cette dernière, le tout illustré de plusieurs photographies[2].

Dans l'une et l'autre affaire, la princesse monégasque sollicitait, à titre principal, l'octroi de dommages-intérêts en réparation du préjudice qu'elle prétendait avoir subi du fait des révélations illicites sur sa vie privée et de l'atteinte portée à son droit à l'image.

1. Civ. 1re, 3 avril 2002, *D.* 2002, jurisp. p. 3164, noge Chr. Bigot ; *CCE* 2002, n° 158, obs. A. Lepage ; *Petites affiches,* 6 mai 2002, note E. Durieux ; *JCP* 2003, éd. G, I, n° 120, n° 11, obs. E. Tricoire ; *D.* 2003, somm. com., p. 1543, obs. Chr. Caron ; *Dr. et patr.*, janv. 2003, p. 115, obs. Loiseau.

2. Civ. 1re, 23 avril 2003, *D.* 2003, jurisp., p. 1854, note Chr. Bigot ; *CCE*, n° 158, obs. A. Lepage ; *JCP* 2003, éd. G, II, n° 10805, note J. Ravanas.

Au soutien de la demande en réparation du préjudice qu'elle estimait avoir subi de par l'indiscrétion commise par ces organes de presse, la princesse soutenait notamment l'idée que la redivulgation des informations relatives à sa vie sentimentale était attentatoire au droit dont elle dispose relativement à la diffusion d'éléments relevant de sa vie privée, violation qui était de nature à déclencher une réparation pécuniaire sur le fondement de l'article 9 du Code civil.

Dans la première des décisions commentées – celle du 3 avril 2002 –, la Cour de cassation repousse la prétention formée par la princesse, fondée sur la prétendue méconnaissance du droit à sa vie privée, en approuvant les juges parisiens d'avoir considéré que la divulgation des informations litigieuses constituait d'une part, la révélation d'un fait public et que les indications livrées quant aux lieux de résidence présentaient, d'autre part, un caractère jugé anodin.

Dans l'autre espèce en revanche, la première chambre civile rejette l'ensemble des prétentions émises par la société éditrice de l'hebdomadaire condamné en cause d'appel par les juges versaillais. Tout en prenant soin de relever que l'adultère de l'époux était constitutif d'un événement d'actualité, circonstance de nature à motiver la légitimité de sa relation, la haute juridiction confirme l'atteinte portée à la vie privée, après avoir souligné que les intitulés des titres annonçant l'article consacré aux suites de cet épisode extra-conjugal, étaient tant constitutifs d'une extrapolation non nécessaire à l'information des lecteurs, que d'un détournement de l'objectif d'information. Elle écarte en outre le moyen visant à dénier l'atteinte au droit à l'image. Pour ce faire, elle rappelle le faisceau de circonstances constatées par les juges du second degré et propres à établir sa violation.

La mise en perspective de ces deux décisions contribue à souligner deux ordres de considérations. En premier lieu, elle permet d'observer, à l'instar de la relativisation contemporaine du droit à l'image entreprise par la Cour de cassation[3], une évolution du droit en la matière. Celle-ci est centrée sur un rééquilibrage de la dialectique des rapports entre le droit au respect de la liberté d'information, lesquels présentent, eu égard aux dispositions de la Convention européenne des droits de l'homme, une même valeur normative[4]. D'autre part, cet apport jurisprudentiel tend en outre à préciser, en des termes qui mériteraient toutefois clarification en raison de la persistance de certaines ambiguïtés, les conditions dans lesquelles la publication d'informations par un organe de presse est néanmoins susceptible de porter atteinte au droit à la vie privée de personnes très médiatiques. L'examen de ces deux points conduit à évoquer, tour à tour, le rétrécissement constaté des contours traditionnels de la sphère de la vie privée (§ I), puis les conditions dans lesquelles une atteinte illicite à ce droit peut être sanctionnée (§ II).

---

3. Sur cette évolution, v. Civ. 1re, 20 fév. 2001, *D.* 2001, somm. com., p. 1990, obs. A. Lepage, *JCP* 2001, éd. G, II, n° 10533, note J. Ravanas, *Gaz. Pal.* 2002, p. 641, concl. J. Sainte-Rose ; *RTD civ.* 2001, n° 3, p. 329, obs. J. Hauser, et Civ. 1re, 12 juill. 2001, *D.* 2002, jurisp., p. 1380, note Chr. Bigot, somm. com., p. 2298, obs. L. Marino, *CCE*, n° 117, obs. A. Lepage.

4. Art. 8 et 10 CEDH : Civ. 1re, 9 juill. 2003, *CCE*, n° 115, obs. A. Lepage.

§I VERS UN RÉTRÉCISSEMENT DE LA SPHÈRE DE LA VIE PRIVÉE

En considérant désormais qu'à partir du moment où une information a fait d'ores et déjà l'objet d'une première révélation au public, sa redivulgation ne permet plus à la personne concernée par cette nouvelle publication d'invoquer une atteinte à sa vie privée (B), la Cour de cassation contribue, par ces deux décisions, à infléchir une ligne jurisprudentielle jusqu'alors bien assise, dictée par le souci du titulaire de ce droit de maîtriser le support de la publication d'informations personnelles le concernant (A).

A. LA MAÎTRISE INITIALE DE LA REDIVULGATION DES FAITS RELEVANT DE LA VIE SENTIMENTALE

En vertu de l'article 9, al. 1, du Code civil, « chacun a droit au respect de sa vie privée ». Par cette formule lapidaire, ce texte consacre, en matière civile, un véritable principe général du droit au respect de la vie privée des individus. L'emploi du pronom indéfini « chacun » laisse augurer du large domaine d'application conféré à cette disposition. Entérinant cette idée, la Cour de cassation a d'ailleurs jugé, en des termes dépourvus d'ambiguïté, que « toute personne, quels que soit son rang, sa naissance, sa fortune, ses fonctions présentes et à venir, a droit au respect de sa vie privée »[5]. En pratique, les bénéficiaires de cette disposition légale protectrice sont, pour l'essentiel, les personnes de renom, célébrités du spectacle, hommes politiques, monarques..., même si nul n'ignore, pour ces derniers personnages publics, que les limites de ce cercle sont appréciées par les juges avec moins de rigueur que s'agissant d'un individu lambda.

Bien que le législateur n'ait précisé ni le contenu ni les contours de la sphère de la vie privée, le droit au respect de la vie privée peut être considéré comme « le droit de tenir les tiers en lisière d'un domaine réservé, de les tenir en respect, à distance, en recul... »[6]. Partant, il n'est guère douteux que la vie sentimentale, la vie conjugale et extra-conjugale d'une personne participent, au premier rang, des composantes de sa vie privée[7], à l'instar de son état de santé, du secret des correspondances, ou encore de la localisation de son domicile dont la divulgation demeure subordonnée à son autorisation[8]. En conséquence, la divulgation, par les organes de presse, de faits intéressant la vie sentimentale d'une personne – la plupart du temps une personne médiatique – constitue une atteinte illicite à sa vie privée[9], peu important que les révélations soient avérées ou le fruit de l'imagination, souvent fertile au demeurant, de certains hebdomadaires. Ainsi, le fait de porter à la connaissance du public l'existence d'un projet de

---

5. Civ. 1re, 23 oct. 1990, *Bull. civ.* I, n° 222, p. 158, *adde*, CA Paris, 1re ch. A, 1er fév. 1989, *D.* 1989, IR, p. 80.

6. G. Cornu, *Droit civil/Introduction, les personnes, les biens*, Montchrestien, 11e édition, 2003, n° 513, p. 240.

7. Si tant est que l'on accorde crédit à la distinction vie privée et intimité de cette vie privée (art. 9, al. 1 et 2 C. civ.), c'est assurément dans le second de ces cercles qu'il faut se placer.

8. TGI Paris, 2 juin 1976, *D.* 1977, jurisp. p. 364, 3e espèce, note R. Lindon. Sous réserve toutefois que cette dissimulation n'ait pas pour but de permettre à un débiteur de se dérober à l'exécution de ses obligations à l'égard de ses créanciers : CA Paris, 6 oct. 2000, *D.* 2001, somm., p. 2080, obs. A. Lepage.

9. Civ. 2e, 26 nov. 1975, *JCP* 1978, éd. G, II, n° 18811, note Revel, *D.* 1985, jurisp. p. 488, 1re espèce, note B. Edelman.

divorce de deux époux a été jugé comme constituant, de la part d'un journal, une intrusion injustifiée dans l'intimité de leur vie privée[10].

En revanche, chacun peut donner l'autorisation à un hebdomadaire de divulguer des faits intéressant sa vie privée. Bien souvent d'ailleurs, certaines personnalités exploitent avec quelques succès cette faculté. Outre la publicité, pas toujours du meilleur aloi, que leur procure le procédé, c'est aussi un moyen d'obtenir une rémunération tirée de l'exploitation d'un droit de nature extra-patrimoniale.

On ne peut dès lors s'étonner de ce que la jurisprudence a été confrontée à la question de savoir si la protection due au respect de la vie privée devait également jouer lorsque l'atteinte revendiquée résultait d'une redivulgation de renseignements connus puisque ayant déjà été l'objet d'une première révélation publique à propos de laquelle l'intéressé avait exprimé son consentement. Majoritairement, la jurisprudence jugeait que le fait pour un organe de presse de redivulguer ces informations était attentatoire au droit au respect du à la vie privée lorsque cette nouvelle publication intervenait sans autorisation spéciale de son auteur, y compris lorsque la révélation antérieure fut le fait de la personne elle-même[11]. En conséquence, l'autorisation donnée une première fois n'impliquait pas une renonciation à se prévaloir de cette prérogative pour l'avenir. Qui plus est, la tolérance, voire la complaisance passées d'une personne à l'égard des organes de presse, demeuraient insuffisantes à faire présumer un abandon du droit à se prévaloir du respect de sa vie privée dans le cadre de publications futures[12]. Tout au plus, un tel comportement pouvait-il influer sur la détermination du montant des dommages-intérêts susceptibles d'être alloués en réparation du préjudice occasionné par ces redivulgations.

La règle appliquée par la jurisprudence n'était toutefois pas intangible. Elle subissait un premier aménagement lorsqu'une œuvre reprenait les renseignements afférents à la vie privée, livrés par l'auteur lui-même, et que ces éléments de faits présentaient le caractère d'écrits historiques[13]. De même, tout en consacrant le principe d'une autorisation spéciale en vue d'une redivulgation, la jurisprudence reconnaissait qu'une personne, ayant elle-même fait état dans un ouvrage autobiographique d'informations afférentes à sa vie sentimentale, ne disposait pas, en toute circonstance, d'un pouvoir discrétionnaire de s'opposer à leur redivulgation[14].

L'orientation jusqu'alors observée par la jurisprudence puisait une explication dans l'idée que les personnes qui entendent dévoiler au public des informations intéressant leur vie privée doivent conserver la maîtrise de leur redivulgation en ayant la faculté de choisir le moyen de communication qui leur sert de support. En effet, en procédant ainsi, elles opèrent un double contrôle s'exerçant, non seulement sur l'étendue des éléments d'information qu'elles entendent livrer à la connaissance du public, mais aussi s'agissant des conditions dans lesquelles la publication intervient[15].

10. CA Paris, 7 oct. 1981, *D.* 1983, jurisp. p. 403, note R. Lindon.
11. Civ. 2e, 14 nov. 1975, *D.* 1976, jurisp. p. 421, note B. Edelman ; CA Versailles, 1re ch. A, 16 déc. 1999, *D.* 2000, IR, p. 40.
12. Civ. 2e, 6 janv. 1971, *D.* 1971, jurisp. p. 263.
13. En ce sens, Civ. 1re, 10 oct. 1995, *Bull. civ.* I, n° 356, p. 249.
14. TGI Paris, 1re ch., 4 fév. 1988, *JCP* 1988, éd. G, n° 21107, obs. E. Agostini.
15. CA Paris, 14 mars 1996, *D.* 1966, jurisp., p. 749 ; CA Versailles, 16 déc. 1999, *op. cit.*

Afin d'étayer cette première explication, l'on peut ajouter qu'en ayant sciemment fait le choix de livrer certains éléments de leur vie privée à un hebdomadaire en particulier, elles ont peut-être entendu sélectionner le public et le contexte dans lequel elles avaient l'intention de révéler ces informations en choisissant de s'adresser, à un moment donné, à tel support de presse plutôt qu'à tel autre. L'expression de ce consentement peut alors être compris comme attestant le souhait d'éviter que d'autres organes de presse, jugés peut-être moins respectables, ne s'emparent de ces informations et ne les restituent moyennant quelques altérations et déformations.

Bien que compréhensible et reposant sur un argument louable, la solution n'en demeure pas moins discutable. Son rigorisme contribuait à favoriser, voire à entretenir, non sans quelque once d'hypocrisie, une exploitation patrimoniale du droit au respect de la vie privée. La doctrine stigmatisait ce comportement[16]. Quelques rares juridictions du fond s'en étaient émues[17]. Malgré ces dissidences isolées, la Cour de cassation continuait, sans désemparer, de considérer que la révélation antérieure d'informations n'était pas de nature à justifier une nouvelle publication en l'absence d'autorisation de l'intéressé[18]. C'est d'ailleurs pour cette raison que, dans ces deux espèces, la princesse se plaignant d'une atteinte au droit au respect à sa vie privée, faisait valoir l'absence d'autorisation quant à la redivulgation des informations déjà publiées sur sa vie sentimentale.

Cette ligne traditionnelle de défense n'a cependant pas trouvé grâce aux yeux de la première chambre civile de la Cour de cassation. Procédant à un véritable retournement de sa jurisprudence en la matière, elle a jugé que la révélation antérieure d'informations afférentes à la vie sentimentale d'une célébrité princière constitue dorénavant un fait qui échappe à la sphère de la vie privée.

B. LES CONSÉQUENCES DE LA REDIVULGATION D'INFORMATIONS ANTÉRIEUREMENT RÉVÉLÉES AU PUBLIC

Dans l'affaire ayant donné lieu à l'arrêt rendu le 3 avril 2002, la demanderesse au pourvoi reprochait à la cour d'appel de s'être fondée sur un motif inopérant tiré d'une publication précédente des faits litigieux dans la presse. La première chambre civile lui rétorque que la rupture sentimentale du couple princier, circonstance par nature privée, constituait, « non plus une révélation sur la vie privée, mais la relation de faits publics »[19]. Dans la seconde espèce, la Cour de cassation confirme le nouveau principe qu'elle avait édicté au printemps 2002 en reconnaissant que « l'incartade de l'époux avait constitué un événement d'actualité », ce dont il résultait que « l'hebdomadaire pouvait légitimement rendre compte ».

---

16. Parmi d'autres. A. Bertrand, *Droit à la vie privée et droit à l'image*, Litec, 1999, préface X. Linant de Bellefonds, n° 97, p. 49.

17. TGI Paris, 1re ch., 8 sept. 1999, *D.* 2000, somm. com. p. 271, obs. Chr. Caron, *CCE* 2000, n° 54, obs. A. Lepage.

18. Civ. 1re, 30 mai 2000, *Bull. civ.* I, n° 167, p. 107, *CCE* 2000, com. n° 107, obs. A. Lepage, *RTD civ.* 2000, p. 801, obs. J. Hauser ; *adde*, CA Paris, 7 nov. 2001, *D.* 2002, somm. com., p. 2372, obs. L. Marino.

19. Se rangeant à cette nouvelle analyse, CA Toulouse, 10 déc. 2002, commenté par E. Tricoire, in *JCP* 2003, éd. G, I, n° 120, n° 11 (divulgation d'information intervenue avec l'assentiment express de l'intéressé).

L'idée qui sous-tend cette approche novatrice de l'appréhension de la sphère de la vie privée repose sur une inversion des prémisses du raisonnement jusqu'alors appliqué par la jurisprudence majoritaire : à partir du moment où la révélation d'un fait intéressant la vie privée, sentimentale en l'occurrence, d'une personne (renommée), a d'ores et déjà été dévoilée au public, la connaissance de cet élément, qui initialement ressortissait assurément au domaine de la vie privée, a désormais perdu ce caractère. La transmutation ainsi réalisée justifie son éviction de la sphère protectrice de la vie privée. Il résulte de cette métamorphose une disparition consécutive de la maîtrise de la redivulgation, laquelle conduit à priver son bénéficiaire de la faculté d'invoquer une atteinte à son droit dû au respect de sa vie privée lorsqu'un autre média, s'emparant de cette première révélation, procède librement à une nouvelle exploitation des faits litigieux connus. En procédant ainsi, il se borne à rendre compte, de manière légitime, d'un fait d'actualité, d'un événement public. La conséquence immédiate en est qu'aucun préjudice n'étant susceptible d'être caractérisé au profit du requérant, il ne peut dès lors être alloué de dommages-intérêts destinés à sanctionner une prétendue intrusion illicite dans la vie privée.

Le retournement de jurisprudence ainsi opéré mérite d'être salué. Au plan juridique, il recentre le droit au respect de la vie privée proclamé par l'article 9 du Code civil, sur son aspect extra-patrimonial. Dès lors, comme cela a été souligné, on doit reconnaître à cette approche le mérite de « condamne[r] la conception qui voit dans le droit au respect de la vie privée un véritable monopole d'exploitation que son titulaire peut entièrement maîtriser »[20]. Sur le terrain de l'opportunité, il met un terme à une pratique discutable consistant à appréhender le droit au respect de la vie privée sous un aspect purement patrimonial[21].

Ce faisant, la solution nouvelle tend, dans le même temps, à favoriser un rééquilibrage entre le droit au respect de la vie privée et la liberté de l'information au profit de cette dernière[22]. Dans la seconde espèce, la première chambre civile prend d'ailleurs le soin de souligner que les juges du second degré ont, par la solution apportée, « justifié l'équilibre [...] entre la liberté de l'information des lecteurs et le droit au respect de chacun de sa vie privée et familiale ». Il faut en conséquence considérer qu'il existe, du moins pour les personnes susceptibles de se prévaloir d'une certaine notoriété, une sorte de droit à l'information du public s'agissant de certains des éléments pourtant rattachés à la sphère de leur vie privée[23] duquel elles sont prisonnières. En conséquence, au nom du droit à l'information, le public a légitimement le droit d'être informé de la

20. Chr. Caron, in *D.* 2003, somm. com., p. 1544.

21. Sur la conception de la doctrine s'agissant de la nature de ce droit : E. Gaillard, « La double nature du droit à l'image et ses conséquences en droit positif français », *D.* 1984, chron., p. 161.

22. Sur l'avènement d'une légitimité de l'information, Chr. Bigot, « Protection des droits de la personnalité et liberté de l'information », *D.* 1998, p. 235 ; Ph. Malaurie, L. Aynès, *Les personnes, les incapacités*, Defrénois, 2004, n° 326, p. 122.

23. Sur le développement de cette idée : Chr. Bigot, note sous Civ. 1re, 23 avril 2003, *D.* 2003, jurisp. p. 1855. À rapprocher de la jurisprudence relative à la divulgation par voie de presse d'informations concernant le patrimoine individuel d'une personnalité du monde des affaires : CEDH, 21 janv. 1999, *D.* 1999, somm., p. 272, obs. N. Fricéro ; *JCP* 1999, éd. G, II, n° 10120, note E. Derieux ; *RTD civ.* 1999, p. 359, obs. J. Hauser, et p. 999, obs. J.-P. Margénaud.

rencontre entre une princesse et son époux au restaurant. Après tout, pourquoi pas[24]... En revanche, il n'est pas certain que pour un *quidam* cette même légitimité soit appréciée avec autant de bienveillance.

Cette reconnaissance de la redivulgation de faits publics n'est de surcroît pas sans rappeler le courant jurisprudentiel qui refuse de consacrer un droit à l'oubli s'agissant de faits, touchant certes à la vie privée d'une personne, mais livrés en leur temps à la connaissance du public par le truchement de comptes rendus de débats judiciaires[25].

La nouvelle orientation jurisprudentielle prônée par la Cour de cassation nous semble toutefois receler une zone d'ombre concernant sa portée. L'incertitude est d'autant plus prégnante qu'elle paraît avoir vocation à conditionner, pour l'avenir, l'étendue du régime protecteur de l'article 9 du Code civil. À défaut de précision factuelle, il semble que, dans l'une et l'autre espèces, la solution retenue reçoive application sans nuance, c'est-à-dire sans distinction aucune selon que la révélation litigieuse puise son origine dans l'initiative propre – donc partiellement maîtrisée *ab inito* – de son bénéficiaire, ou selon que l'information provienne d'une captation déloyale d'éléments résultant d'une immixtion illicite dans sa vie privée.

Dans la première éventualité, la révélation officielle des faits participant de la vie privée opère, lors de la première publication, transformation de cet élément secret en un fait public susceptible, en raison de sa précédente communication, d'être à nouveau porté à la connaissance du public par l'intermédiaire d'un autre média sérieux de s'emparer de cette information. La mutation qui se produit alors est d'autant plus compréhensible que l'intéressé lui-même a exercé, dès l'origine, un contrôle sur le contenu des informations qu'il entendait dévoiler par la voie de l'organe de presse qu'il a délibérément choisi. L'instigateur de ces révélations est dès lors bien mal venu à s'offusquer d'une prétendue atteinte à sa vie privée pour s'opposer à la circulation, par d'autres circuits, des éléments qu'il a sciemment souhaité divulguer au public, peut-être d'ailleurs dans l'unique but de susciter sa curiosité[26]. Une autre question est celle de savoir comment ces mêmes faits sont restitués lors de la redivulgation[27].

En revanche, dans la seconde hypothèse, lorsque la première publication est intervenue à l'insu de la victime, on peut éprouver quelques réserves à considérer que le fait qui lui a échappé ait franchi le seuil de la sphère protectrice de la vie privée et que, partant, son bénéficiaire ait subséquemment perdu la maîtrise de la redivulgation d'une information qu'il souhaitait conserver secrète. Légitimer une nouvelle publication sous

24. La question pourrait aussi trouver un prolongement sur le terrain de l'appréciation du lieu, public ou privé, du restaurant. Il serait peut-être également judicieux de distinguer, au sein de la catégorie des personnes célèbres, entre, d'une part, celles qui sont amenées à exercer de hautes responsabilités publiques et professionnelles (hommes politiques, directeurs de grandes entreprises), et, d'autre part, celles qui ne sont investies d'aucune responsabilité (artistes du spectacle notamment). Pour les premières d'entre elles, l'importance des mandats et fonctions qui leur sont confiés milite, dans une optique de transparence, en faveur d'une information régulière et précise du public. Pour la seconde catégorie de personnes, l'information revêt sans doute un caractère moins déterminant.

25. Civ. 1re, 20 nov. 1990, *JCP* 1992, éd. G, I, n° 21908, note J. Ravanas ; CA Paris, 13 sept. 2000, *D.* 2001, jurisp. p. 24, note M.-L. Rassat, Chr. Caron, *D.* 2001, somm. com., p. 2079, obs. A. Lepage.

26. Il s'agit dans ce cas de l'exploitation d'un moyen de communication.

27. V. *infra* § II.

prétexte du caractère public du fait se heurte à l'illicéité de la première publication[28]. Procéder ainsi revient à privilégier les circonstances de la révélation au détriment de la nature des faits litigieux. L'admettre serait de nature à encourager la prime à la mauvaise foi d'autant que toute nouvelle publication est de nature à réitérer l'atteinte à la vie privée.

En dépit de cette incertitude qui devra être dissipée, il reste que l'action de réexploiter un fait déjà porté à la connaissance du public n'est pas de nature à exonérer celui qui s'en empare de toute atteinte à la vie privée. La Cour de cassation fixe des limites à l'intrusion de la liberté de l'information dans cette sphère protégée.

§II ÉLÉMENTS D'APPRÉCIATION DE L'ATTEINTE ILLICITE À LA VIE PRIVÉE

En même temps qu'elle procède à un revirement de sa jurisprudence traditionnelle, la Cour de cassation livre d'intéressantes précisions sur la façon de caractériser l'atteinte à la vie privée. Dans la seconde espèce, elle enserre l'exercice de ce droit dans une limite légitime quand bien même la publication concernerait un fait désormais public (A). En outre, d'une manière plus générale, dans l'arrêt du 3 avril 2002, elle contribue à faire de la gravité de l'atteinte portée à cette prérogative un critère d'appréciation de l'illicéité de cette dernière (B).

A. LES LIMITES LIÉES À L'ATTEINTE DU DROIT DÛ AU RESPECT DE LA VIE PRIVÉE

Si l'épisode retraçant l'écart conjugal du mari, parce qu'il fut considéré comme un événement d'actualité en raison du retentissement médiatique qu'il avait suscité, n'interdisait pas, dès lors, une nouvelle relation, il n'en demeure pas moins que la narration par un hebdomadaire de cette incartade reste susceptible de porter atteinte à la vie privée de l'épouse bafouée. Si, en soi, le fait d'évoquer cette information précédemment portée à la connaissance du public n'est plus de nature à justifier une condamnation de l'organe de presse, en revanche, la façon dont cet événement est relaté est, elle, susceptible de justifier une telle sanction. En l'espèce, la Cour, après avoir rappelé l'intitulé des titres figurant tant en couverture de l'hebdomadaire qu'à l'intérieur de l'article consacré à cet événement, relève qu'ils constituaient une « extrapolation non nécessaire à l'information des lecteurs et un détournement de l'objectif d'information ».

La motivation ainsi retenue mérite approbation. Le grief adressé au journal consiste à avoir excédé les limites de la simple relation de l'élément d'actualité – en l'occurrence l'adultère de l'époux – en interprétant et prêtant à l'épouse des réactions et sentiments supposés. Or, de telles supputations qui ne reposent sur aucune assertion tangible, relèvent du seul domaine de la spéculation. N'étant pas indispensables à l'information des lecteurs, elles sont en conséquence constitutives d'une atteinte à la vie privée puisque

28. Faudra-t-il avoir égard à la complaisance passée de l'intéressé ?

l'information livrée contient une part d'éléments qui ne sont pas constitutifs d'éléments publics. Certains objecteront que la frontière ainsi tracée entre l'information et son extrapolation pêche par l'incertitude de sa ligne de démarcation. Peut-être, mais la dissociation ainsi établie n'en demeure pas moins nécessaire si l'on ne veut pas vider de sa substance l'article 9, al. 1 du Code civil, lequel dispose que « chacun a droit au respect de sa vie privée ». De toute évidence, il appartient au juge de se livrer à une appréciation *in concreto* des éléments de l'affaire pour discriminer les faits participant de l'information de ceux qui tirent une conclusion générale d'informations non fiables.

La Cour livre toutefois une indication destinée à guider le juge dans son appréciation de l'atteinte : elle précise que la violation du droit au respect de la vie privée est « indépendante du mode compassionnel, bienveillant ou désobligeant sur lequel elle est opérée »[29]. Par cette incise, elle suggère aux juges de fond de se livrer à une appréciation objective du fait litigieux. Peu important le ton de la publication et son objectif : ce qui compte c'est de savoir si le fait en question constitue une immixtion ou non dans la sphère de la vie privée.

On ajoutera, pour terminer l'évocation de cette limite, qu'en l'espèce, le renfort de l'atteinte au droit à l'image prononcé par les juges aurait pu limiter en faveur de cette appréciation. En effet, non seulement la participation de l'intéressée aux photographies n'était pas établie, mais encore il apparaît que certains des clichés avaient été pris au téléobjectif dans des lieux privés, circonstance de nature à corroborer la volonté manifeste de porter atteinte à sa vie privée.

B. LA GRAVITÉ DE L'ATTEINTE DU DROIT DÛ AU RESPECT DE LA VIE PRIVÉE

Pour contester la décision de la Cour d'appel de Paris rejetant sa demande en réparation du préjudice qu'elle prétendait avoir éprouvé, la demanderesse faisait grief à la juridiction du second degré d'avoir méconnu la gravité de l'atteinte invoquée. Pour considérer que la décision des juges parisiens était légalement justifiée, la haute juridiction indique que la Cour d'appel a bien mis en exergue « le caractère anodin des indications portant sur les lieux de résidence » de la princesse, « et sa rencontre au restaurant avec son époux ». Bref, en raison de leur caractère insignifiant, l'indication de ces éléments n'est pas de nature à constituer une atteinte à la vie privée, quand bien même ceux-ci participent de cette sphère[30]. Sans doute peut-on déceler, comme l'ont souligné les commentateurs de cet arrêt, une nouvelle application en l'espèce de l'adage *de minimis non curat praetor*[31].

---

29. Sur la référence à l'absence de malveillance dans la divulgation d'un article de presse, s'agissant au surplus de faits notoires concernant une actrice : TGI Paris, 1re ch., 16 janv. 1974, *D.* 1976, jurisp. p. 122, note R. Lindon.

30. Il semble qu'en cela cette décision remette en cause un arrêt précédent rendu le 30 mai 2000, *Mme S. c/ Le Figaro*, par cette même chambre de la Cour de cassation : décision citée par Chr. Bigot, *D.* 2003, jurisp., p. 1856, note 15.

31. En ce sens, Chr. Caron, *D.* 2003, somm. com., p. 1544, et sur cet adage, J. CARBONIER, « De minimis... » mélanges dédiés à J. Vincent, Dalloz, 1981, p. 30 ; *Flexible droit, pour une sociologie du droit sans rigueur*, 8e éd. LGDJ, 1995, p. 62.

Aussi, pour qu'une atteinte soit constituée, il faudrait, en revanche, que la révélation concerne des faits d'une certaine gravité, des éléments dont l'appréciation soit jugée décisive dans la constitution de l'atteinte. De toute évidence, cette pesée, relève de l'apanage du juge du fond. En se référant aux indications afférentes aux lieux de résidence de l'intéressée, on peut penser que les juges ont donné crédit à l'idée que les éléments livrés ne permettaient pas d'identifier avec suffisamment de précision ces lieux. Ainsi le fait d'indiquer que le domicile d'une personne est situé dans tel arrondissement revêt probablement un caractère anodin. En revanche, spécifier le numéro de la rue où elle est domiciliée tout en illustrant cette divulgation de la photographie de la façade de l'immeuble où celle-ci demeure présente assurément un caractère de gravité constitutif d'une atteinte à la vie privée[32].

Si la précision livrée par la première chambre civile est importante dans la mesure où elle laisse à penser que la référence au concept, au demeurant fuyant, de gravité constitue dorénavant un critère discriminant permettant de spécifier ou non l'atteinte à la vie privée, cette formation ne livre pourtant pas de clef permettant d'opérer précisément le départ entre un fait jugé anodin et celui qui revêt une certaine gravité. La difficulté, qui motive selon toute vraisemblance le mutisme de la Cour de cassation relativement à l'introduction de ce critère, tient sans doute à ce que le critère ainsi dégagé est largement emprunt de subjectivité, circonstance qui n'est assurément pas de nature à faciliter son maniement. Ainsi, et pour reprendre l'exemple ci-dessus utilisé, quelle appréciation portera le juge de la révélation par un hebdomadaire de la rue et de la ville dans laquelle une personnalité publique, une célébrité du spectacle par exemple, a élu domicile ? D'un côté, il lui sera loisible de considérer que cette information présente un caractère anodin dans la mesure où, finalement, la publication incriminée n'indique pas précisément le lieu de cette domiciliation. D'un autre côté, il pourra très bien estimer qu'il n'est guère difficile, pour qui s'arme d'un peu de patience, de finir par découvrir le domicile de l'intéressé, avec, on l'imagine sans peine, tout le cortège de sollicitations diverses qui est susceptible de s'ensuivre. De toute évidence, dans certains cas, la ligne de démarcation entre ces deux catégories de faits sera particulièrement délicate à tracer.

Dans le prolongement de cette première interrogation surgit la question de savoir comment il conviendra, à l'avenir, de combiner ce critère avec d'autres éléments susceptibles de porter atteinte à la vie privée[33]. Quelle sera en outre la part de l'anodin dans l'appréciation de la licéité de la violation de la vie privée ? Est-elle un critère déterminant ou est-ce simplement un critère parmi d'autres ? Autant de questions auxquelles il appartiendra à la jurisprudence d'apporter des éclaircissements.

Christophe LEFORT
Maître de conférences à l'Université d'Angers

32. Sur la divulgation de la résidence de la famille de Monaco : TGI Paris, *D.* 1977, jurisp. p. 364, 3e espèce, note R. Lindon.
33. On peut songer, par exemple, au mode de relation des événements : compassionnel, bienveillant, désobligeant, mais aussi la prise en considération de la personnalité de la victime elle-même.

Annale corrigée de l'IEJ de Bordeaux IV

SUJET

Veuillez résoudre le cas pratique suivant :

Monsieur Lucas Zino souhaite entièrement remettre à neuf le supermarché dont il est propriétaire et confie l'intégralité des travaux à un entrepreneur. Ce dernier sous-traite alors l'installation des vitrines réfrigérées à la société Titanic. Or, quelques jours après la réouverture du magasin, toutes les vitrines réfrigérées tombent en panne, ce qui entraîne la perte de tous les produits frais et congelés mis en rayon. Les vitrines ne présentent aucun défaut de fabrication et il semble donc que l'incident soit lié à l'installation. Monzieur Zino ne souhaite pas pour des raisons personnelles poursuivre l'entrepreneur, mais il envisage sérieusement une action contre la société Titanic.

Dès le lendemain, un autre événement va venir perturber l'existence de Monsieur Zino. Alors qu'il rentrait chez lui à une heure avancée de la nuit, Madame Mona Spirateur est brusquement projetée sur la route et tombe quelques mètres devant lui. Monsieur Zino n'a pas le temps de freiner et roule sur les jambes de Madame Spirateur. L'enquête a révélé par la suite que Madame Spirateur circulait sur un cyclomoteur dépourvu d'éclairage quand elle a été surprise par la présence d'un énorme chien qui se promenait sur le bas côté de la route. Elle a fait une embardée et a été éjectée, atterrissant pratiquement sous les roues du véhicule de Monsieur Zino. Madame Spirateur souffre de multiples fractures aux jambes et ne pourra assurer pendant environ six mois son métier de femme de ménage qu'elle exerce à temps plein mais pour lequel elle n'est déclarée qu'à mi-temps. Le compte rendu de l'enquête établit de plus que le véhicule de Monsieur Zino est légèrement endommagé et que le propriétaire du chien a été identifié.

Monsieur Zino est également en litige avec deux autres personnes. D'une part, Monsieur Yvan Burgueur, restaurateur, lui a passé commande de 100 kilos de bœuf, mais refuse aujourd'hui la livraison, prétendant qu'il n'a jamais passé une telle commande. Certes, Monsieur Zino ne dispose d'aucun écrit établissant l'existence de cette commande mais il a entre ses mains l'enregistrement d'une communication téléphonique au cours de laquelle Monsieur Burgueur reconnaît sa mauvaise foi. D'autre part, Monsieur Zino a vendu il y a trois mois un appartement à Madame Sarah Toustra. Cette dernière souhaitait en effet offrir ce bien à son petit-fils qui devait être muté dans le département de la Vienne. Or, elle vient d'apprendre qu'elle s'est trompée et que son petit-fils part en réalité travailler dans la ville de Vienne en Autriche. Elle vient donc d'écrire, un courrier à Monsieur Zino par lequel elle sollicite l'annulation de la vente, dans la mesure où ce dernier savait que c'est uniquement en raison de l'arrivée de son petit-fils que l'opération avait été conclue. Monsieur Zino ne souhaite pas revenir sur ce contrat, mais il est inquiet car par le même courrier Madame Toustra l'informe qu'un jugement la plaçant sous tutelle est sur le point d'être rendu.

Monsieur Zino vient vous demander conseil.

CORRIGÉ

Quatre événements viennent perturber l'existence de Monsieur Zino : la panne de ses vitrines réfrigérées, l'accident de la circulation dont il a été victime, le litige qui l'oppose à Monsieur Burgueur et les difficultés liées à la vente de l'un de ses immeubles. Il convient d'envisager successivement chacun de ces incidents.

§1 LA PANNE DES VITRINES RÉFRIGÉRÉES

Monsieur Zino a confié l'intégralité des travaux de rénovation de son supermarché à un entrepreneur, lequel a sous-traité l'installation des vitrines réfrigérées à la société Titanic. Or, toutes les vitrines réfrigérées tombent en panne, ce qui entraîne la perte de tous les produits frais et congelés mis en rayon.

L'intérêt de Monsieur Zino est d'obtenir réparation des préjudices subis. Il faut donc envisager une action en responsabilité, et pour cela commencer par identifier les personnes contre lesquelles il est possible d'agir. Il est précisé dans le cas que les vitrines ne présentent aucun défaut de fabrication : il faut donc exclure une action contre le fabricant. De plus, Monsieur Zino ne souhaitant pas, pour des raisons personnelles, poursuivre l'entrepreneur, seule une action contre la société Titanic est envisageable. Avant de rechercher si les conditions de la responsabilité de cette société sont réunies, il faut s'interroger sur la nature de cette responsabilité.

A. NATURE DE L'ACTION EN RESPONSABILITÉ ENGAGÉE PAR MONSIEUR ZINO CONTRE LA SOCIÉTÉ TITANIC

Monsieur Zino a conclu un contrat d'entreprise avec un entrepreneur pour la rénovation de son magasin. Un second contrat, de sous-traitance cette fois, a été conclu entre l'entrepreneur et la société Titanic pour l'installation des vitrines réfrigérées.

Ces deux contrats ont un but commun : concourir à la rénovation du supermarché, ils peuvent donc être considérés comme un groupe de contrats (un contrat principal et son sous-contrat). Or, dans un groupe de contrats, la nature de l'action en responsabilité entre cocontractants extrêmes a été très discutée. Ainsi, la première chambre civile de la Cour de cassation en totale opposition avec la troisième chambre civile a admis dans une hypothèse de sous-traitance que « lorsque le débiteur d'une obligation contractuelle a chargé une autre personne de l'exécution de cette obligation, le créancier ne dispose contre cette personne que d'une action de nature nécessairement contractuelle » (Civ. 1re, 8 mars 1988, confirmé par Civ. 1re, 21 juin 1988). L'assemblée plénière, saisie de cette controverse, a tranché le débat par un arrêt *Besse* du 12 juillet 1991 dans lequel elle affirme que « le sous-traitant n'étant pas contractuellement lié au maître de l'ouvrage, le respect de l'article 1165 du Code civil commande que son action en responsabilité contre ce dernier soit de nature délictuelle ». Cette jurisprudence n'ayant pas été remise en cause depuis, il faut conseiller à Monsieur Zino d'exercer une action en responsabilité civile délictuelle contre la société Titanic.

B. LES CONDITIONS DE MISE EN JEU DE LA RESPONSABILITÉ DÉLICTUELLE DE LA SOCIÉTÉ TITANIC

Les circonstances du cas ne permettent d'envisager qu'une action en responsabilité délictuelle fondée sur l'article 1382 du Code civil. Encore faut-il que les conditions d'une telle action soient réunies. Pour agir sur ce fondement Monsieur Zino doit tout d'abord établir l'existence d'un préjudice, puis l'existence d'une faute de la société Titanic, c'est-à-dire la démonstration que cette dernière ne s'est pas comportée comme le bon père de famille dans les mêmes circonstances. Il doit enfin prouver l'existence d'un lien de causalité entre cette faute et les préjudices qu'il a subis.

1. *Les préjudices subis par Monsieur Zino*

Monsieur Zino peut invoquer l'existence du préjudice matériel résultant de la perte de ses produits (perte éprouvée), mais également le préjudice matériel résultant du manque à gagner si, faute de vitrines, il ne peut vendre de produits frais pendant quelques jours (gain manqué). Pour être réparables ces préjudices doivent répondre à certaines exigences :

– Ils doivent tout d'abord être certains, ce qui signifie que leur réalisation ne doit faire aucun doute : cette condition est remplie.

– Ils doivent ensuite être directs, c'est-à-dire directement causés par le défaut d'installation : ce fait ne semble pas être mis en cause.

– Ils doivent enfin être légitimes, ce qui signifie que Monsieur Zino doit avoir un intérêt légitime à agir au sens de l'article 31 du NCPC : cette condition est également remplie.

Les préjudices subis par Monsieur Zino sont donc réparables.

2. *La faute et le lien de causalité*

La démonstration de la faute de la société Titanic pose à nouveau débat. Faut-il pour établir cette faute démontrer qu'un devoir général de prudence et de diligence a été méconnu par la société Titanic, ou la seule violation d'une obligation contractuelle dont cette société était débitrice suffit-elle à caractériser la faute. Deux courants se partagent la jurisprudence.

Le premier impose l'autonomie de la faute délictuelle par rapport au contrat : la faute doit alors être envisagée en elle-même indépendamment de tout point de vue contractuel, elle doit être détachable du contrat.

Le second considère que toute inexécution contractuelle, lorsqu'elle nuit à un tiers peut être qualifiée de faute délictuelle : « Les tiers à un contrat sont fondés à invoquer tout manquement du débiteur contractuel lorsque ce manquement leur a causé un dommage, sans avoir à apporter d'autres preuves ». Ce second courant a donné lieu à de nombreux arrêts (arrêts les plus récents : Civ. 1re, 18 juill. 2000 ; 13 fév. 2001) ; mais le premier reste vivace : pour preuve un arrêt récent de la chambre commerciale de la Cour de cassation du 8 octobre 2002.

Face à cette divergence, il faut envisager les deux situations :

– Si Monsieur Zino n'a qu'à démontrer l'inexécution par la société Titanic de son obligation de résultat pour établir sa faute, sa tâche sera aisée, dans la mesure où cette dernière avait l'obligation d'installer correctement les vitrines et que manifestement cette obligation n'a pas été exécutée. L'existence du lien de causalité entre la faute ainsi caractérisée et ses préjudices ne soulevant aucune difficulté, son action a donc toutes les chances d'aboutir.

– En revanche, s'il doit démontrer que la société Titanic a manqué à un devoir général de prudence et de diligence à son égard, indépendamment de tout point de vue contractuel, son action semble fortement compromise dans la mesure où rien dans le cas ne permet d'établir une telle faute.

§II L'ACCIDENT DE CIRCULATION SURVENU ENTRE MONSIEUR ZINO ET MADAME SPIRATEUR

Madame Spirateur circulait sur un cyclomoteur dépourvu d'éclairage quand elle a été surprise par la présence d'un énorme chien qui se promenait sur le bas côté de la route. Elle a fait une embardée et a été éjectée, atterrissant pratiquement sous les roues du véhicule de Monsieur Zino. Cet accident a fait deux victimes. Il faut décrire leurs préjudices, avant de rechercher les actions en réparation qui leur sont offertes.

A. LES PRÉJUDICES SUBIS PAR LES VICTIMES DE L'ACCIDENT

1. *Les préjudices subis par Madame Spirateur*

Madame Spirateur souffre de multiples fractures aux jambes. Elle subit donc un préjudice corporel, un préjudice d'agrément, car elle ne pourra pas pendant un certain temps jouir de toutes les joies de l'existence, un préjudice de douleur *(pretium doloris)* et un préjudice esthétique, si elle garde notamment des cicatrices ou une claudication. Elle subit également un préjudice économique car elle ne pourra assurer pendant environ six mois son métier de femme de ménage.

Ces préjudices sont-ils réparables ? Leur certitude et leur caractère direct ne semblent pas poser de difficulté.

En revanche, on peut s'interroger sur le caractère légitime du préjudice économique de Madame Spirateur. En effet, cette dernière exerce son métier de femme de ménage à temps plein mais elle n'est déclarée qu'à mi-temps. Peut-elle demander réparation de la perte de rémunération correspondant à son emploi non déclaré ? Si l'on considère que cette rémunération est un profit illicite, l'intérêt de Madame Spirateur à agir est illégitime. C'est dans ce sens que s'est d'ailleurs prononcé la deuxième chambre civile de la Cour de cassation dans un arrêt en date du 24 janvier 2002 par lequel les juges ont refusé de réparer la perte des rémunérations non déclarées. Cette solution est toutefois critiquée au motif de ce qui est illicite n'est pas la rémunération, mais l'économie faite par le salarié en n'étant pas déclaré (il échappe au paiement de certaines cotisations et fait des économies sur ses impôts sur le revenu). Il pourrait apparaître plus juste de se contenter de déduire les économies illicites de la somme représentant la perte des rémunérations non déclarées. En tout état de cause, le préjudice économique de Madame Spirateur ne sera pas intégralement indemnisé.

2. Les préjudices de Monsieur Zino

Monsieur Zino ne subit qu'un préjudice matériel puisque son véhicule a été légèrement endommagé. Ce préjudice est certain, direct et légitime.

B. LES ACTIONS EN INDEMNISATION OFFERTES AUX VICTIMES

Madame Spirateur et Monsieur Zino sont tous les deux victimes d'un accident de la circulation. La première question qui se pose est de savoir si la loi du 5 juillet 1985 est applicable aux actions qu'ils pourraient diriger l'un contre l'autre car en cas de réponse positive une action sur un autre fondement est impossible.

Monsieur Zino et Madame Spirateur peuvent également envisager une action contre le propriétaire du chien.

1. Actions de Monsieur Zino et Madame Spirateur l'un contre l'autre

a) Les conditions d'application de la loi du 5 juillet 1985

Pour que la loi de 1985 soit applicable, il faut que différentes conditions soient réunies.

Il faut tout d'abord établir la participation d'un véhicule terrestre à moteur : c'est le cas ici puisque l'accident fait intervenir deux véhicules terrestres à moteur : le cyclomoteur de Madame Spirateur et la voiture de Monsieur Zino.

Il faut ensuite démontrer l'existence d'un accident de la circulation. On entend par là un événement fortuit mettant en cause des véhicules en activité de circulation. C'est bien le cas.

Il faut encore prouver que le ou les véhicules terrestres à moteur sont impliqués dans l'accident de la circulation. Le véhicule impliqué est celui qui est intervenu à quelque titre que ce soit dans l'accident. Si le véhicule est heurté, l'implication est présumée. Dans le cas contraire, elle doit être démontrée. Le véhicule de Monsieur Zino est heurté, son implication est donc présumée. Le cyclomoteur n'a pas été heurté, mais la preuve de son intervention dans le processus accidentel est aisée à rapporter : les deux véhicules sont donc impliqués.

Il faut enfin que les dommages dont la victime demande réparation soient imputables à l'accident. Il doit donc exister un lien de causalité entre ces dommages et l'accident. Les dommages subis par Monsieur Zino et Madame Spirateur ont bien été causés par l'accident.

La loi du 5 juillet 1985 est applicable. Elle peut donc être invoquée par les victimes de cet accident contre le conducteur ou le gardien de chaque véhicule impliqué. Madame Spirateur peut donc agir sur le fondement contre Monsieur Zino et Monsieur Zino contre Madame Spirateur.

b) Monsieur Zino et Madame Spirateur peuvent-ils être déchus en totalité ou en partie de leur droit à indemnisation ?

Pour savoir si Madame Spirateur peut se voir opposer une faute éventuelle réduisant son droit à indemnisation, il faut au préalable définir si elle est une victime conducteur ou non conducteur. Elle a été éjectée avant de se retrouver sous les roues du véhicule de Monsieur Zino. Dans cette circonstance pour décider si la victime conserve sa qualité de conducteur, la jurisprudence opère une distinction : si l'accident se déroule en un seul trait de temps, la Cour de cassation considère que la victime ne perd pas sa qualité de conducteur. Application récente de ce principe : Civ. 2e, 6 février 2003. Manifestement les faits relatés démontrent que Madame Spirateur a été heurtée immédiatement après avoir été éjectée : elle conserve donc sa qualité de conducteur. Cette donnée est essentielle, car de ce fait elle peut se voir opposer tant pour ses dommages aux biens que pour ses dommages à la personne sa propre faute. Art. 4 de la loi : la faute du conducteur a pour effet de limiter ou d'exclure l'indemnisation des dommages qu'il a subis. C'est le juge qui apprécie de manière souveraine si l'effet de la faute est d'exclure ou de limiter l'indemnisation (ch. mixte, 28 mars 1997). Madame Spirateur a commis une faute en circulant la nuit sans éclairage, car le bon père de famille ne se serait pas comporté de la sorte dans de telles circonstances. Une telle faute a été considérée par la jurisprudence comme susceptible de restreindre son droit à indemnisation (Crim., 10 janv. 2001). Madame Spirateur verra donc son action contre Monsieur Zino aboutir, mais son indemnisation sera réduite.

Quant à Monsieur Zino, sa qualité de conducteur n'est pas discutée. A-t-il commis une faute ? Certes, il n'a pas gardé la maîtrise de son véhicule, mais le bon père de famille dans les mêmes circonstances aurait-il pu éviter le choc ? Monsieur Zino verra donc son action contre Madame Spirateur aboutir, mais si la faute est retenue, son indemnisation sera également réduite.

2. *Actions contre le propriétaire du chien*

Monsieur Zino et Madame Spirateur peuvent considérer que le chien est à l'origine de tous leurs dommages et envisager une action contre le propriétaire du chien sur le fondement de l'article 1385 du Code civil. Pour qu'une telle action puisse aboutir ils devront démontrer que les conditions de mise en jeu de cette responsabilité sont remplies.

Ils doivent ainsi établir tout d'abord que le chien est approprié, qu'il n'est pas un animal abandonné. Pour Monsieur Zino et Madame Spirateur ce point ne posera pas de problème, car le propriétaire a été identifié.

Ils devront ensuite établir le fait de l'animal, c'est-à-dire prouver l'intervention matérielle de ce dernier et prouver que c'est bien le comportement anormal ou la position anormale de l'animal qui est la cause du dommage. Le chien est bien intervenu dans l'accident. A-t-il eu un comportement anormal ou une position anormale ? Le fait pour un chien d'errer la nuit le long d'une route peut être considéré comme anormal. De plus, sans cette présence, ni Monsieur Zino ni Madame Spirateur n'auraient subi de dommages. L'anormalité de ce comportement est donc bien la cause de leurs dommages.

Monsieur Zino et Madame Spirateur devront enfin établir que la personne poursuivie avait bien au moment des faits la garde du chien. Le propriétaire est présumé gardien. C'est donc contre lui que vont agir Monsieur Zino et Madame Spirateur. À charge pour ce dernier de démontrer éventuellement qu'il avait transféré la garde de l'animal à un tiers.

Exonération : faute de la victime ou force majeure. Le propriétaire du chien pourra opposer à Madame Spirateur sa faute consistant à rouler sans éclairage pour limiter son indemnisation.

§III LE LITIGE OPPOSANT MONSIEUR ZINO À MONSIEUR BURGUEUR

Monsieur Zino déclare que Monsieur Yvan Burgueur lui a passé commande de 100 kilos de bœuf, ce que ce dernier nie aujourd'hui. Pour pouvoir contraindre Monsieur Burgueur à honorer ses engagements, Monsieur Zino doit pouvoir prouver le contrat qu'il invoque. Or, il ne dispose d'aucun écrit établissant l'existence de cette commande. Il ne possède que l'enregistrement d'une communication téléphonique au cours de laquelle Monsieur Burgueur reconnaît sa mauvaise foi. Deux questions se posent : quel est le système de preuve applicable ? L'enregistrement est-il un mode de preuve recevable ?

A. LE SYSTÈME DE PREUVE APPLICABLE

Il s'agit d'apporter la preuve de l'existence et du contenu d'un contrat de vente et donc d'un acte juridique. La preuve d'un tel acte est-elle soumise à l'exigence d'un écrit posée par l'article 1341 du Code civil ? Il apparaît que le contrat en cause a été conclu entre deux commerçants. Dès lors conformément à l'article 109 du Code de commerce, la preuve des actes juridiques comme des faits juridiques peut être apportée par tous moyens. La preuve est libre, et donc Monsieur Zino n'a pas nécessairement à produire un écrit, il peut avoir recours notamment à des témoignages ou des présomptions. Peut-il pour autant produire l'enregistrement d'une communication téléphonique ?

B. RECEVABILITÉ DE L'ENREGISTREMENT TÉLÉPHONIQUE

En matière commerciale la preuve est libre mais là comme ailleurs la preuve est soumise à une exigence de loyauté. Certains modes de preuve sont illicites car déloyaux. Il en est notamment ainsi des modes de preuve qui portent atteinte au droit qu'a chacun au respect de sa vie privée (art. 9, C. civ.). Or, l'enregistrement d'images ou de paroles à l'insu d'une personne a été considéré comme portant atteinte à la vie privée (Soc., 20 nov. 1991 : à propos d'un salarié).

§IV LA VENTE DE L'IMMEUBLE

Monsieur Zino a vendu il y a trois mois un appartement situé dans le département de la Vienne à Madame Sarah Toustra. Cette dernière sollicite aujourd'hui l'annulation de la vente au motif qu'elle s'est trompée et que son petit-fils part en réalité travailler dans la ville de Vienne en Autriche. De plus, un jugement plaçant Madame Toustra sous tutelle est sur le point d'être rendu. En fait Monsieur Zino craint de voir cette vente remise en cause. Il faut donc s'interroger d'une part sur l'incidence éventuelle de l'erreur invoquée par Madame Toustra et d'autre part sur l'incidence éventuelle de mise sous tutelle prochaine de Madame Toustra.

A. INCIDENCE DE L'ERREUR INVOQUÉE PAR MADAME TOUSTRA

Madame Toustra invoque le fait de s'être trompée pour demander la nullité du contrat. Or, toutes les erreurs ne sont pas susceptibles d'entraîner la nullité du contrat, art. 1110 : « l'erreur n'est cause de nullité que si elle porte sur la substance même de la chose ou si elle tombe sur la personne avec laquelle on a l'intention de contracter lorsque cette considération est la cause principale de la convention ».

Y a-t-il en l'espèce erreur sur la substance ? Le fait de s'être trompé sur le lieu de mutation de son petit-fils pour lequel elle achetait l'appartement n'est pas une erreur sur la substance. En effet, l'erreur ne porte pas sur les qualités de la chose, mais sur un motif extérieur à l'objet du contrat. La jurisprudence considère qu'il y a dans ce cas erreur sur les motifs.

L'erreur sur les motifs peut-elle être une cause de nullité de la convention ? La Cour de cassation a toujours admis qu'une erreur sur les motifs puisse être une erreur opérante sous certaines conditions. Il faut en effet que le motif sur lequel porte l'erreur ait été incorporé au contrat : les parties doivent en avoir fait une condition du contrat. Un arrêt (Civ. 1re, 13 fév. 2001) précise qu'il ne suffit pas que le motif soit déterminant et qu'il soit connu de l'autre partie. Il faut « une stipulation expresse qui aurait fait entrer ce motif dans le champ contractuel en l'érigeant en condition de ce contrat ». Il semble donc qu'une stipulation expresse soit désormais nécessaire. Un autre arrêt plus récent (Civ. 3e, 24 avril 2003) reprend cette solution. Madame Toustra ne pourra donc voir son action aboutir que si le contrat conclu avec Monsieur Zino portait une telle stipulation.

B. INCIDENCE DE LA MISE SOUS TUTELLE PROCHAINE DE MADAME TOUSTRA

Si une procédure de tutelle est lancée c'est que Madame Toustra souffre d'une altération de ses facultés personnelles, telle qu'elle doit être représentée d'une manière continue dans les actes de la vie civile (art. 492, C. civ.).

Toutefois, à l'heure où Madame Toustra écrit, elle n'est pas encore sous tutelle. Elle est donc juridiquement capable comme elle l'était en principe au moment de la conclusion de la vente. Son placement prochain sous tutelle peut-il lui permettre de remettre en cause le contrat conclu avec Monsieur Zino ? Si les actes passés postérieurement au jugement d'ouverture de la tutelle sont nuls de plein droit, les actes passés antérieurement restent valables. Cependant l'article 503 du Code civil admet une exception :

« Les actes antérieurs pourront être annulés si la cause qui a déterminé l'ouverture de la tutelle existait notoirement à l'époque où ils ont été faits ».

Pour qu'après le jugement son tuteur puisse remettre en cause la vente, il sera nécessaire de démontrer la réunion de certaines conditions.

Il faudra en effet tout d'abord établir que Madame Toustra souffrait déjà à l'époque de la vente (et pas au moment de l'acte) de l'altération de ses facultés mentales qui a justifié son placement sous tutelle.

Il faut enfin établir que cette altération était notoire : on entend en principe par là qu'elle était connue de manière générale. Toutefois, une notoriété générale n'est pas exigée si la preuve est apportée que le cocontractant connaissait la situation de l'intéressée.

Madame Toustra a donc en théorie la possibilité d'obtenir l'annulation de la vente, à charge pour son représentant d'établir l'altération de ses facultés mentales à l'époque de l'acte. L'étourderie dont Madame Toustra a fait montre peut être un indice, mais ce n'est pas suffisant. La nullité invoquée est une nullité relative et facultative : le juge peut donc tenir compte de la bonne foi du contractant et refuser d'annuler la vente.

Enfin, il est important de noter que la Cour de cassation impose aux juges du fond lorsqu'ils constatent que les conditions de l'article 503 du Code civil font défaut, de rechercher si une nullité fondée sur l'article 489 du Code civil ne peut être recherchée. Dans notre affaire il n'existe pas assez d'éléments pour discuter de l'existence ou non d'un trouble mental au moment de l'acte.

F. GONTHIER
Maître de conférences à l'Université de Bordeaux

Annale corrigée de l'IEJ de Nancy II

SUJET

Veuillez résoudre le cas pratique suivant :

La société ABT a conclu avec la société BTR un contrat en vertu duquel la société ABT doit assurer l'aménagement de véhicules industriels appartenant à la société BTR, au rythme de trois véhicules par trimestre.

Une clause du contrat prévoit qu'en cas de non-respect des délais par la société ABT, celle-ci devra verser une somme de 1 000 euros pour tout dépassement inférieur ou égal à 10 jours et de 3 000 euros au-delà, en raison du préjudice que ce retard cause à la société BTR. Dès la première échéance, un retard de 15 jours a pu être constaté. La société ABT tente de l'expliquer par une remise tardive par la société BTR des véhicules à aménager et par des instructions sur les aménagements données au compte-gouttes.

La société BTR est particulièrement agacée par ces premières difficultés. Elle constate en outre que certains aménagements, certes mineurs, n'ont pas été faits. Elle n'a toujours pas payé la société ABT et envisage dès à présent de remettre en question la continuation des relations contractuelles. Elle vient de recevoir une mise en demeure de la part de la société ABT de verser le prix des aménagements effectués (40 000 euros).

La société BTR vous consulte.

CORRIGÉ

Ce cas pratique contient exclusivement des problèmes relatifs à l'inexécution ou la mauvaise exécution des obligations contractuelles entre les parties contractantes. En effet, aucune irrégularité de formation du contrat n'apparaît à la lecture de l'énoncé des faits.

Celui-ci peut être très brièvement résumé comme suit :

La société ABT s'est engagée contractuellement à effectuer l'aménagement de véhicules industriels appartenant à la société BTR contre une somme d'argent et ce, selon un rythme trimestriel. Or, la société BTR reproche à la société ABT d'avoir remis les véhicules avec retard et de n'avoir pas effectué toutes les obligations à sa charge.

Elle refuse donc de verser la somme prévue. La société ABT se défend en invoquant des fautes de la société BTR, à l'origine, selon elle, des retards et manquements qui lui sont reprochés. Elle met en demeure la société BTR de lui verser le prix convenu. La société BTR nous consulte en indiquant qu'elle souhaiterait mettre fin aux relations contractuelles.

Pour répondre aux interrogations de la société BTR, il faut dans un premier temps examiner l'inexécution des obligations de la société ABT (§I) avant de voir dans un second temps les sanctions envisageables (§II).

§I L'INEXÉCUTION DES OBLIGATIONS

Il y a deux obligations qui n'ont pas été exécutées par la société ABT.

A. LE NON-RESPECT DES DÉLAIS

Il s'agit à n'en pas douter de délais impératifs au regard de la volonté des parties, comme l'indique clairement la clause prévoyant la sanction du dépassement du délai, à savoir le paiement d'une somme de 1 000 euros pour un retard ne dépassant pas 10 jours et de 3 000 euros pour tout retard supérieur.

Il est également évident que l'obligation constitue une obligation de résultat – c'est-à-dire une obligation d'obtenir le résultat prévu, en l'occurrence le respect des délais – tant au regard du type d'obligation qui ne comporte pas d'aléa d'exécution qu'à celui de la volonté des parties, comme l'atteste la clause relative à la sanction de l'inexécution. Cela permet à la société BTR de pouvoir invoquer l'inexécution de l'obligation sans avoir à établir une quelconque faute de la part de la société ABT.

En revanche, la société ABT pourra éventuellement soutenir que le retard a été provoqué par une faute de la société BTR à la condition de prouver que le retard a bien été causé par la remise tardive des véhicules ou/et par le caractère tardif des informations données par la société BTR. En effet la jurisprudence exige que les contractants exécutent de bonne foi le contrat, ce qui implique également un devoir de loyauté du créancier à l'égard du débiteur pour lui permettre de respecter ses obligations contractuelles.

B. L'INEXÉCUTION DE CERTAINS AMÉNAGEMENTS

Dès lors que la prestation relative aux aménagements a été prévue contractuellement, elle doit être exécutée. L'obligation semble être de résultat car rien dans les faits ne permet de considérer qu'il y a une difficulté dans la réalisation de ces aménagements qui rend leur réalisation aléatoire. Comme pour la première obligation, il suffit que la société BTR établisse l'absence de ces aménagements même mineurs pour que l'inexécution partielle de l'obligation de la société ABT soit retenue. Comme pour la première obligation également, cette société pourrait éventuellement invoquer une faute de la société BTR qui ne lui aurait pas donné toutes les instructions utiles. Toutefois, la société ABT n'invoque que des instructions données au compte-gouttes, et non une absence d'information.

§II LES SANCTIONS APPLICABLES

Il nous faut envisager les différentes sanctions susceptibles de répondre aux demandes de la société BTR.

A. L'EXCEPTION D'INEXÉCUTION

Il ne s'agit pas à proprement parler d'une sanction mais d'une mesure de riposte provisoire pour faire pression sur le débiteur afin que celui-ci exécute son obligation contractuelle. Elle est admise dans les contrats qui contiennent des obligations interdépendantes, ce qui est le cas en l'espèce, et ne nécessite pas de mise en demeure préalable.

L'exception d'inexécution permet au créancier d'une obligation, en l'occurrence la société BTR, de suspendre l'exécution de sa propre obligation (le versement de 40 000 euros) en attendant l'exécution de l'obligation de son débiteur. Le but de cette exception est bien sûr de contraindre le débiteur à s'exécuter. Toutefois, il faut que la riposte du créancier soit proportionnée à l'inexécution. Or il n'est reproché à la société ABT qu'un défaut d'aménagements mineurs, le retard n'étant sanctionné que par une indemnité de 3 000 euros. Ainsi, l'inexécution d'aménagements mineurs (à la supposer imputable à la société ABT) ne saurait justifier le non-versement de la totalité du prix restant. La mise en demeure de payer cette somme faite par la société ABT à la société BTR pourrait ainsi aboutir à la condamnation de cette dernière au versement du prix ou tout au moins d'une grande partie de celui-ci (diminué du montant de la clause sanctionnant le retard, si celui-ci est imputable à la société ABT) ainsi qu'aux dommages-intérêts moratoires calculés à compter de la mise en demeure sauf prévision d'intérêts conventionnels, voire à des dommages-intérêts compensatoires en cas de préjudice particulier, par le jeu de la responsabilité contractuelle.

Toutefois une retenue provisoire d'un montant du prix proportionné à l'inexécution des aménagements serait parfaitement légitime. Au cas où elle n'inciterait pas suffisamment la société ABT à s'exécuter, l'exécution forcée pourrait être demandée en justice bien qu'il s'agisse d'une obligation de faire. La jurisprudence a en effet admis de nombreuses exceptions directes ou indirectes à la règle de l'article 1142 du Code civil lorsqu'il ne s'agit pas d'obligations d'ordre personnel.

En revanche, le recours à la technique de l'exception d'inexécution ne prive pas la société BTR de son droit de demander la résolution du contrat et/ou des dommages-intérêts.

B. LA RÉSOLUTION DU CONTRAT

Inscrite à l'article 1184 du Code civil, la résolution judiciaire est la seule voie possible pour obtenir l'effacement rétroactif du contrat synallagmatique, aucune clause de résolution de plein droit n'ayant été insérée dans le contrat. Cette solution serait tout à fait adaptée au désir de la société ABT de mettre fin aux relations contractuelles.

Il n'est pas nécessaire d'effectuer une mise en demeure préalable, l'assignation valant mise en demeure (voir Cass. civ. 1re, 23 janv. 2001).

Toutefois, une condition est exigée : l'inexécution totale ou partielle doit avoir une importance suffisante pour justifier l'anéantissement du contrat (voir Cass. civ., 27 nov. 1950 ; Cass. com., 2 juill. 1996 qui exige l'inexécution d'une obligation essentielle déterminante de la conclusion du contrat). Il apparaît pour le moins douteux qu'en l'espèce l'inexécution de ses obligations par la société ATB puisse être considérée d'une importance telle qu'elle justifie l'anéantissement du contrat.

Le juge qui garde une appréciation des solutions les plus adéquates pourrait ainsi retenir soit la sanction des dommages-intérêts au bénéfice de BTR, soit l'exécution forcée des aménagements à effectuer, ainsi que le paiement du prix, soit même tenir compte des fautes de la société BTR pour retenir une résolution aux torts réciproques, ce qui entraînerait une appréciation de la proportion des réparations dues par chaque partie à l'autre (voir Cass. com., 6 mars 1984), soit refuser purement et simplement la résolution demandée.

En cas de résolution du contrat, la clause pénale survit en principe à la résolution (voir pour l'application de cette solution en cas de résolution de plein droit, Cass. civ. 3e, 6 janv. 1993 et Paris, 23 oct. 1998). En outre, il est probable qu'une telle résolution ne joue que pour l'avenir en raison des difficultés d'obtenir un effacement rétroactif des prestations déjà effectuées.

C. LA RÉSILIATION UNILATÉRALE POUR L'AVENIR

1. La résolution unilatérale

Depuis un arrêt du 13 octobre 1998, la première chambre civile de la Cour de cassation admet la possibilité pour un contractant de mettre fin aux relations contractuelles à durée déterminée en cas de manquement(s) grave(s) de son cocontractant (Cass. civ. 1re, 20 fév. 2001 et 9 juill. 2002). En admettant que ce principe soit retenu dans les relations commerciales, il faut qu'un manquement grave existe, ce dont on peut douter. Certains auteurs soulignent qu'une telle résolution doit être précédée d'une mise en demeure, et ne vaudrait que pour l'avenir. De surcroît, elle n'est pas sans danger. En effet, si la société ABT conteste les manquements qui lui sont reprochés et si elle obtient gain de cause en justice, la société BTR pourrait être condamnée à des dommages-intérêts (la Cour de cassation précisant que la résolution unilatérale est aux risques et périls du contractant qui l'exerce), voire selon D. Mazeaud à la continuation du contrat.

2. La résiliation unilatérale

Celle-ci n'est envisageable que pour les contrats à durée indéterminée. On peut douter qu'en l'espèce le contrat ait cette nature, s'agissant d'aménagements sur des véhicules en nombre sans doute limité qui appartiennent à la société BTR.

Si néanmoins une telle hypothèse était retenue, une résiliation unilatérale est toujours possible en raison de la prohibition des engagements perpétuels, à la condition toutefois de respecter un préavis. La société BTR ne doit pas commettre d'abus de droit, mais elle pourrait invoquer les problèmes d'exécution qui sont déjà apparus pour ne pas encourir ce dernier reproche (il est à noter à titre simplement informatif qu'en vertu de l'article L. 442-6, 1-5°, C. com., hors cas de force majeure ou d'inexécution par le cocontractant de ses obligations, un commerçant ne peut rompre une relation commerciale établie qu'en respectant un préavis sauf à engager sa responsabilité).

Il faut souligner toutefois qu'une telle résiliation ne vaut que pour l'avenir et ne dispense pas la société BTR d'exécuter son obligation de paiement pour les prestations déjà effectuées par la société ABT.

D. LA DEMANDE DE DOMMAGES-INTÉRÊTS

Il faut sur ce point distinguer le cas du retard de celui des aménagements.

1. À propos du retard

Le contrat contient une clause que l'on peut qualifier sans difficulté de clause pénale (art. 1226, C. civ.). La Cour de cassation (Cass. civ. 1re, 10 oct. 1995) exige que plusieurs conditions soient remplies pour que la qualification de clause pénale puisse être retenue. Il faut une clause du contrat, prévoyant à l'avance en cas d'inexécution d'une obligation contractuelle une sanction forfaitaire. La clause pénale a donc un caractère comminatoire.

En l'espèce ces conditions sont respectées.

Conformément à l'alinéa premier de l'article 1152 du Code civil, la clause pénale a force obligatoire et pourra être invoquée par la société BTR à l'encontre de la société ABT sans qu'il soit nécessaire d'effectuer une mise en demeure, laquelle est d'ailleurs inutile en cas d'exécution tardive (voir Cass. civ. 3e, 9 juin 1999). Il faut cependant que ce retard ne soit pas dû à une faute de la société BTR sinon l'inexécution ne pouvant être imputée à la société ABT, la clause pénale ne pourra pas jouer ou ne jouera que dans la proportion du retard imputable à la société ABT.

Deux observations doivent être faites.

En premier lieu, il est peu probable que l'article 1152 al. 2 du Code civil trouve à s'appliquer. Ni la société ABT ni la société BTR ne pourront sans doute obtenir une modification du montant fixé dans la clause, qui n'apparaît pas à première vue excessif ni dérisoire, au regard du préjudice que pourrait invoquer la société BTR.

En second lieu, si l'existence d'une clause pénale n'empêche pas de pouvoir demander la résolution du contrat (Cass. civ. 3e, 22 fév. 1978), il est loin d'être certain qu'une telle demande aboutisse. Le problème de la survie de la clause en cas de résolution du contrat doit être rappelé (voir plus haut).

2. Les aménagements manquants

La règle de l'article 1147 du Code civil s'applique. Une mise en demeure préalable du débiteur est cependant nécessaire (article 1146, C. civ.).

Il faut trois conditions pour que la responsabilité de la société ABT soit retenue :

1° L'inexécution d'une obligation contractuelle. En l'espèce, c'est le non-respect d'effectuer certains aménagements. S'agissant d'une obligation de résultat, il suffira de démontrer que le résultat n'est pas atteint ;

2° L'existence d'un préjudice qui sera sans doute assez faible, ce qui rend l'action en justice sur ce seul fondement peu intéressante ;

3° Un lien de causalité entre l'inexécution et le préjudice. Le débiteur pourra toutefois écarter sa responsabilité en démontrant une cause étrangère, telle que la faute du créancier qui peut exonérer même partiellement le débiteur.

En conclusion, la société BTR pourra principalement se fonder sur le jeu de la clause pénale dont elle pourra déduire le montant du prix et sur l'exception d'inexécution à la condition qu'elle soit utilisée de façon proportionnelle aux manquements constatés. Ainsi, l'exception d'inexécution lui permettra peut-être d'obtenir de son débiteur l'exécution des aménagements non encore effectués. Dans le cas contraire, une action en justice dans ce but peut être envisagée (en y incluant une demande de dommages-intérêts), mais elle est d'un intérêt pratique limité. Quant aux possibilités de mettre fin aux relations contractuelles : la résolution judiciaire paraît difficile à obtenir, la résolution unilatérale est dangereuse, seule la résiliation unilatérale pourrait être envisagée, mais dans l'hypothèse d'un contrat à durée indéterminée.

Jean-Michel GASSER
Maître de conférences à la Faculté de droit de Nancy II

CAS PRATIQUE – SESSION 2003

Annale corrigée de l'IEJ de Nice

SUJET

Veuillez résoudre le cas pratique suivant :

Bulle Dupond vient vous consulter à propos de diverses difficultés qu'elle a rencontrées. À vous de les résoudre.

Tout d'abord, Bulle vient de se marier avec René D'Ozer mais elle trouve l'association nom-prénom difficile à porter et vous demande quelles sont toutes les options qui s'ouvrent à elle.

De plus, Bulle Dupond vient d'accoucher d'un enfant qu'elle et son mari souhaitent appeler *« Ile d'Oléron »*, l'enfant ayant été conçu en ces lieux. Mais, lors de la déclaration, l'officier de l'état-civil estime le choix de ce prénom contraire à l'intérêt de l'enfant. Bulle Dupont se demande ce qui peut se passer et si son bébé pourra conserver le prénom qu'elle et son mari ont choisi. Après tout, argumente-t-elle, il est possible d'appeler son enfant *Margaux,* tout comme le village viticole médocain.

Ensuite, Bulle et son mari sont partis en voyage de noces dans les Alpes.

Pendant son séjour, M. D'Ozer décide de se baigner dans la piscine de l'hôtel. Il plonge à pic du rebord de la piscine et, touchant le fond carrelé, il se cogne la tête et manque de se noyer.

Pendant ce temps, Mme Dupond décide d'apprendre à diriger un ULM. Après deux leçons, son moniteur, M. Jacques, la laisse exécuter un vol en solitaire. Hélas, Mme Dupond, après une fausse manœuvre, s'écrase lourdement sur le sol et se fracture les os du bras gauche.

Enfin, au retour de leur voyage de noces, Bulle et son mari ont eu un accident. En effet, alors qu'ils circulaient en voiture sur une nationale, un motocycliste a surgi sur la route et a surpris l'automobiliste qui venait en face d'eux, M. Martin. Ce dernier a fait une embardée pour éviter le motocycliste et Monsieur D'Ozer, afin de prévenir le choc avec le véhicule de M. Martin, est sorti de la route. Ses roues ont patiné sur l'herbe glissante et il a fini par s'encastrer dans un arbre.

CORRIGÉ

§ I LE NOM ET LE PRÉNOM DE LA FEMME MARIÉE

Bulle Dupond se marie avec René D'Ozer. Elle trouve l'association nom-prénom difficile à porter et se demande quelles sont toutes les options qui s'ouvrent à elle.

Madame Dupond, épouse D'Ozer, voit plusieurs possibilités s'offrir à elle afin d'éviter l'association ridicule.

– Si elle souhaite conserver son prénom, il lui est toujours possible d'user de son nom de jeune fille. En effet, le mariage ne fait pas perdre à Bulle « son nom de famille »[1]. L'épouse a le droit de conserver l'usage de celui-ci et de se faire désigner par lui[2]. L'usage du nom du mari n'est pas, pour elle, une obligation, un devoir du mariage.

Au contraire, même, elle peut s'appuyer sur l'article 1er de la loi du 6 fructidor an II, précisant que *« aucun citoyen ne pourra porter de nom ni de prénom autres que ceux exprimés dans son acte de naissance : ceux qui les auraient quitté sont tenus de les reprendre ».*

Il est, bien évidemment, totalement impossible qu'elle change le nom de son mari, n'en ayant que l'usage. Cependant, il se peut qu'elle souhaite conserver l'usage du nom de son mari : le droit lui offre-t-il des possibilités ? L'article 60 du Code civil relatif au changement de prénom, exige la démonstration d'un intérêt légitime. Peut-elle demander, sur ce fondement, un changement de prénom ?

La Cour de cassation a rappelé qu'une convenance personnelle était exclusive d'un intérêt de nature à justifier une demande[3]. Le juge appréciera dans ce cas si Bulle justifie d'un intérêt légitime ou si ce changement ne relève que d'une convenance personnelle.

Cependant, la solution peut varier en fonction de l'état-civil de Bulle. En l'absence de précision sur la présence ou l'absence d'un second prénom, il convient de distinguer :

– Si elle ne possède pas de second prénom : l'article 60 offre la possibilité de changer de prénom ou d'adjoindre un second prénom. Le juge peut-il refuser d'accéder à une telle requête au motif qu'elle a la possibilité d'user de son nom de jeune fille ?

L'usage du nom du mari est, pour la femme mariée, un droit qui ne peut lui être refusé[4]. Le juge ne saurait donc, en principe, en tirer un argument et devrait reconnaître qu'elle fait bien ici la démonstration d'un intérêt légitime. Bulle pourrait donc, *a priori,*

---

1. Nouvelle appellation depuis la loi du 4 mars 2003.
2. Cass. civ. 1re, 6 fév. 2001, *Bull. civ.* I, n° 25, *D.* 2003, 633, note Laroche-Gisserot, *Defrénois* 2001, 590, obs. Massip ; Civ. 3e, 24 janv. 2001, *Bull. civ.* III n° 9, *Defrénois* 2001, 590, obs. Massip.
3. Civ. 1re, 3 juin 2003, n° de pourvoi : 00-21804 (inédit titré).
4. La doctrine considère qu'elle peut imposer que les tiers la désigne sous son nom de femme mariée (cf. F. Terré et D. Fenouillet, *Les personnes, la famille, les incapacités,* Dalloz 1996, n° 166), sous réserve des règles relatives aux rapports avec les administrations (Civ. 1re, 6 fév. 2001, préc. ; Civ. 3e, 24 janv. 2001, préc.). Dans ces cas, la femme mariée peut imposer aux services administratifs d'être désignée sous son nom « de jeune fille ».

soit changer de prénom, soit demander l'adjonction d'un second prénom, l'article 57 al. 2 lui permettant d'user dans la vie courante du prénom de son choix.

– Si elle possède un second prénom : le juge peut refuser le changement de prénom en arguant de l'absence d'intérêt légitime puisque selon l'alinéa 2 de l'article 57 *« tout prénom inscrit dans l'acte de naissance peut être choisi comme prénom usuel »*. Autrement dit, on peut porter le prénom de son choix. D'ailleurs, la Cour de cassation a rappelé dans un arrêt du 4 avril 1991[5] qu'il n'existait aucun motif légitime permettant de demander l'interversion des prénoms. Par conséquent, si Bulle possède un second prénom, le juge n'autorisera certainement pas le changement, puisqu'il ne reconnaîtra pas l'existence d'intérêt légitime à en changer. Il suffira à Bulle d'utiliser le second prénom qu'elle possède déjà.

§II LE CHOIX DU PRÉNOM DE L'ENFANT

Mme Dupond vient d'accoucher d'un enfant qu'elle et son mari souhaitent appeler « Ile d'Oléron ». Lors de la déclaration, l'officier de l'état-civil estime le choix de ce prénom contraire à l'intérêt de l'enfant. Bulle s'inquiète de savoir si le bébé pourra conserver le prénom qu'elle a choisi avec son époux.

L'officier de l'état-civil ne peut refuser d'inscrire le prénom choisi[6]. En vertu de l'alinéa 3 de l'article 57, il en avise le procureur de la République. Si ce dernier confirme l'analyse de l'officier de l'état-civil, il saisit le juge aux affaires familiales (art. 57, al. 4) qui, s'il estime le prénom contraire à l'intérêt de l'enfant, ordonne la suppression de celui-ci des registres de l'état-civil.

Ensuite, selon l'article 57, al. 4, le juge aux affaires familiales demande aux parents de choisir un autre prénom ; à défaut d'entente, c'est le juge lui-même qui attribue un prénom.

En l'espèce, il existe un risque effectif que le prénom ne soit pas accepté, en dépit de l'évolution de la jurisprudence.

En effet, les tribunaux sont devenus très ouverts à l'égard des désirs divers et variés des parents en matière de prénom : ainsi, Madame et Monsieur Renaut ont pu prénommer leur fille Mégane[7]. De même, il est possible d'appeler son enfant Zébulon[8], ou de lui donner le nom d'un monument religieux (Tokalie)[9]. Les tribunaux, qui généralement prennent en compte la consonance ridicule, péjorative ou complexe pour refuser

5. Cass. civ. 1re, 4 avril 1991, *Bull. civ.* I n° 117, *Defrénois* 1991, p. 941, note Massip : la Cour de cassation a rejeté la demande d'interversion de l'ordre du premier et du second prénom au motif que « rien ne s'oppose à ce que soit utilisé, en tant que prénom usuel, l'un quelconque des prénoms figurant sur les registres de l'état-civil et qu'un tel usage s'impose aux tiers comme aux autorités publiques ». La requérante ne justifiait donc d'aucun intérêt légitime. Pour une demande de changement de prénoms au bénéfice de leurs diminutifs : Civ. 1re, 20 fév. 1996, *Bull. civ.* I n° 98, *Defrénois* 1997, p. 1198, note Ruel (demande rejetée).

6. Au contraire des dispositions antérieures à la réforme issue de la loi du 8 janv. 1993.

7. Rennes, 4 mai 2000, *JCP* 2001, IV, 2655.

8. Besançon, 18 nov. 1999, *D.* 2001, 1133, note Philippe.

9. Caen, 30 avril 1998, *RTD civ.* 1999, 813, obs. Hauser.

le choix des parents, n'ont pas considéré, dans ces cas, que de tels prénoms seraient handicapants dans la vie sociale des enfants. Dont acte.

En revanche, dans l'affaire *Fleur de Marie*, portée devant la Cour européenne des droits de l'homme, les juridictions françaises avaient refusé un tel prénom[10]. Les juges avaient proposé « Fleur-Marie » à la place, choix que les parents refusaient. La Cour européenne a estimé que « l'arbitrage » du juge révélait un juste équilibre entre l'intérêt de l'enfant et le respect du choix des parents[11]. En l'occurrence, et contrairement à ce qu'affirmaient les parents, aucune violation de l'article 8 de la convention ne pouvait être constatée.

Mme Dupond et son époux risquent probablement de devoir changer d'avis : « Ile d'Oléron » peut ne pas être accepté. Il semble en effet que le prénom soit à la fois complexe et quelque peu ridicule. Mais la subjectivité du juge qui sera appelé à statuer peut amener celui-ci à accepter ce choix, à l'instar de Zébulon.

En cas de refus du prénom « Ile d'Oléron » et si les parents ne font pas connaître un nouveau choix, c'est le juge qui déterminera lui-même un prénom.

§III LA RESPONSABILITÉ CONTRACTUELLE DES PRESTATAIRES DE SERVICES HÉBERGEANT DES CLIENTS

Bulle et son mari sont partis en voyage de noces dans les Alpes. Pendant son séjour, M. D'Ozer décide de se baigner dans la piscine de l'hôtel. Il plonge à pic du rebord de la piscine et, touchant le fond carrelé, se cogne la tête et manque de se noyer.

Monsieur D'Ozer semble à l'évidence être client de l'hôtel possédant la piscine dans laquelle il se baigne. Par conséquent, un contrat le lie à cet établissement[12]. En raison du principe d'absence d'option entre responsabilité contractuelle et responsabilité délictuelle, et de non-cumul de celles-ci, Monsieur D'Ozer devra agir en responsabilité contractuelle[13]. L'article 1384 alinéa 1er est inapplicable en l'espèce.

Le terrain étant contractuel, il convient de s'interroger sur la nature de l'obligation à laquelle est tenue l'hôtelier. En effet, dans le contrat d'hôtellerie, il existe une obligation principale (celle de fournir la prestation convenue) et une obligation accessoire de sécurité, dégagée par la jurisprudence, sur le fondement de l'article 1147 du Code civil. Cette obligation est-elle de moyens ou de résultat ? Autrement dit, le client devra-t-il ou non prouver la faute afin d'obtenir une indemnisation ?

---

10. Civ. 1re, 1er oct. 1986, *Bull. civ.* I n° 232 ; *D.* 1986, IR 457 ; *JCP* 1987, II, 20894, note Agostini. Cet arrêt a été rendu avant la réforme opérée par la loi du 8 janvier 1993.

11. Jurisprudence fondée sur l'article 8 Conv. EDH. Cf. arrêt Cour EDH, du 24 oct. 1996, *Guillot c/ France*, n° de la requête : 00022500/93.

12. En revanche, si M. D'Ozer avait eu un accident dans l'établissement avant d'avoir contracté avec celui-ci, le terrain aurait été nécessairement délictuel : Civ. 2e, 7 mai 2002, *Bull. civ.* II n° 1992, *D.* 2003, somm. 461, obs. Jourdain (1re esp.) : cas d'une personne ayant été blessée avant d'avoir eu le temps de prendre une chambre.

13. La jurisprudence a tranché depuis longtemps en défaveur d'une possibilité de cumul : Civ., 11 janv. 1992, *DP* 1922, 1, 16 ; *Grands arrêts*, éd. Dalloz, n° 177. Il n'existe donc, en principe aucun droit d'option (cf. F. TERRÉ, PH. SIMLER et Y. LEQUETTE, *Droit des obligations*, Dalloz, 8e éd., 2002, n° 868 s.). Cf. encore : Civ. 1re, 9 juin 1993, *JCP* 1994, II, 22264, note Roussel ; Civ. 1re, 19 mars 2002, *Contrats, conc., consom.* 2002, comm. 106, obs. Leveneur.

Selon la Cour de cassation, l'obligation de sécurité est une obligation de moyens puisque la démonstration d'une faute est exigée[14].

Monsieur D'Ozer devra donc démontrer que l'hôtelier n'avait pas mis tous les moyens en œuvre pour s'assurer de la sécurité des clients utilisant la piscine. Le fait que Monsieur D'Ozer ait plongé « à pic » du rebord de la piscine ne saurait constituer une faute de sa part qui viendrait réduire son indemnisation.

En revanche, Monsieur D'Ozer ayant failli se noyer, il est possible de se demander si la piscine était correctement surveillée.

Si Monsieur D'Ozer ne parvient pas à démontrer la faute, il ne pourra obtenir aucune réparation de son préjudice.

§IV LA RESPONSABILITÉ CONTRACTUELLE DES MONITEURS DE SPORTS DANGEREUX

Mme Dupond décide d'apprendre à diriger un ULM. Après deux leçons, son moniteur, M. Jacques, la laisse exécuter un vol en solitaire. Hélas, Mme Dupond, après une fausse manœuvre, s'écrase lourdement sur le so et se fracture les os du bras gauche.

Là encore, l'action sera contractuelle, Madame Dupond étant contractuellement liée à son moniteur, M. Jacques.

Les écoles et moniteurs sportifs sont tenus d'une obligation principale d'enseignement ainsi que d'une obligation accessoire de sécurité (art. 1147, C. civ.). La nature de cette dernière a été définie par les juridictions. La Cour de cassation a décidé (civ. 1re, 21 nov. 1995[15]) que les clubs sportifs et les moniteurs ne sont tenus en ce qui concerne la sécurité de leurs adhérents qu'à une obligation de moyens. Par conséquent, la victime doit toujours prouver la faute.

En effet, l'élève étant actif[16], l'aléa[17] étant grand[18], on ne saurait faire peser sur le moniteur une obligation de sécurité de résultat[19].

Cependant, en matière de sport dangereux, cette obligation de moyens doit être *« appréciée avec plus de rigueur »*[20]. Autrement dit, il s'agit d'une obligation de moyens renforcée. La responsabilité des professionnels est ici alourdie afin de faciliter la réparation des dommages subis par les victimes. Madame Dupond aura donc seule-

14. Cass. civ. 1re, 22 mai 1991, *Bull. civ.* I n° 163, *RTD civ.* 1991, 757, obs. Jourdain.

15. Cass. civ. 1re, 21 nov. 1995, *Bull. civ.* I n° 424.

16. Le critère de l'activité du créancier de l'obligation : si le créancier de l'obligation est actif, l'obligation sera de moyens : en revanche, s'il est passif (il se laisse diriger, il est en copilotage par ex.) c'est une obligation de résultat.

17. Le critère de l'aléa : si l'aléa dans l'exécution est important, on qualifiera l'obligation, d'obligation de moyens.

18. La jurisprudence appliquait alternativement ces deux critères dégagés par la doctrine : critère de l'activité/passivité du créancier de l'obligation, ou critère de l'aléa.

19. En revanche, dans le cas où l'élève est purement passif, le moniteur conduisant seul la manœuvre, l'obligation de sécurité est alors de résultat : Civ. 1re, 21 oct. 1997, *JCP* 1998, II, 10103, note Varet : « l'organisateur d'un vol en parapente et le moniteur sont tenus d'une obligation de résultat en ce qui concerne la sécurité de leurs clients pendant les vols au cours desquels ceux-ci n'ont joué aucun rôle effectif ».

20. Cass. civ. 1re, 16 oct. 2001, *Bull. civ.* I n° 260, *D.* 2002, somm. 2711, obs. Lacabarats ; *JCP* 2002, II, 10194, note Lièvremont ; *Contrats, conc., consom.* 2002, n° 21, obs. Leveneur ; *RTD civ.* 2002, 107, obs. Jourdain.

ment à démontrer l'existence d'une faute légère. En l'espèce, elle est évidente[21] : le fait de laisser une élève novice exécuter un vol en solitaire après seulement deux leçons relève de l'inconscience : la faute d'imprudence est caractérisée.

Madame Dupond obtiendra donc sans difficulté, sur le fondement de l'article 1147 du Code civil, l'indemnisation du préjudice subi.

§V LA RESPONSABILITÉ EN CAS D'ACCIDENT DE LA CIRCULATION

Enfin, au retour de leur voyage de noces, Bulle et son mari ont eu un accident. En effet, alors qu'ils circulaient en voiture sur une nationale, un motocycliste a surgi sur la route et a surpris l'automobiliste qui venait en face d'eux, M. Martin. Ce dernier a fait une embardée pour éviter le motocycliste et M. D'Ozer, afin de prévenir le choc avec le véhicule de M. Martin, est sorti de la route. Ses roues ont patiné sur l'herbe glissante et M. D'Ozer a fini par s'encastrer dans un arbre.

Les époux D'Ozer circulant sur une Nationale dans une voiture, c'est la loi du 5 juillet 1985 qui est applicable (article 1er).

Plusieurs questions se posent :

A. TOUT D'ABORD, Y A-T-IL IMPLICATION AU SENS DE LA LOI DE 1985 ?

La Cour de cassation a toujours très clairement indiqué que *« l'absence de contact entre la victime et un véhicule automobile n'exclut pas par elle-même l'implication »*[22]. Par conséquent, il importe peu qu'il n'y ait eu aucun contact, aucun choc physique entre les différents véhicules[23]. Monsieur et Madame D'Ozer sont bien, au sens de la loi, victimes d'un accident de la circulation et pourront rechercher la responsabilité des conducteurs des autres véhicules.

B. ENSUITE, QUELS VÉHICULES SONT IMPLIQUÉS ?

En effet, plusieurs véhicules ont participé à la production de l'accident : le motocycliste et la voiture de M. Martin. Il s'agit donc d'un accident complexe. Selon la Cour de cassation il est possible de rechercher la responsabilité de tous les conducteurs impliqués dans l'accident complexe ou successif[24].

---

21. Cette faute paraît même être une faute lourde. Mais la démonstration de ce caractère n'est pas exigé ici. La faute légère suffit.

22. Cass. civ. 2e, 14 nov. 2002, *Bull. civ.* II n° 252.

23. Véhicules qui sont tous des véhicules terrestres à moteurs entrant dans le champ d'application de la loi : art. 1er de la loi.

24. Solution traditionnelle : ex : Civ. 2e, 17 mai 1995, *D.* 1996, 307, note Radé ; Civ. 2e, 24 juin 1998, *Bull. civ.* II n° 205, *JCP* 1998, I, 187, n° 35, obs. Viney, *RTD civ.* 1998, 922, obs. Jourdain ; Civ. 2e, 12 oct. 2000, *RCA* 2001, n° 16, note Groutel ; Civ. 2e, 11 janv. 2001, *RCA* 2001, n° 81, note Groutel ; 11 juill. 2002, *Bull. civ.* II n° 160.

L'imputation du dommage à l'accident est présumée. Tous les véhicules qui sont impliqués sont présumés avoir participé à la production du dommage[25].

En conséquence, M. D'Ozer peut rechercher la responsabilité du cyclomotoriste et de M. Martin, tous deux impliqués. La présomption d'imputabilité étant réfragable[26], les deux conducteurs pourront toujours tenter de démontrer qu'en dépit de l'implication de leur véhicule à l'accident complexe, ils n'ont eu aucune part dans la production du dommage. Cependant, en l'espèce, le lien de causalité paraît évident : sans les embardées successives des deux véhicules, M. D'Ozer ne serait pas sorti de la route.

C. ENFIN, QUELS SONT LES RECOURS RÉCURSOIRES ?

Monsieur D'Ozer pourra donc demander réparation à Monsieur Martin et au conducteur de la moto. Il pourra assigner l'un ou l'autre en justice, à charge ensuite, pour le conducteur condamné de se retourner contre le coauteur de l'accident : cette action récursoire sera fondée sur les articles 1382 et 1251 du Code civil[27]. En effet, la Cour de cassation applique ici le droit commun et s'appuie sur les mécanismes de la subrogation[28].

La contribution à la dette aura lieu en proportion des fautes respectives[29].

Coralie AMBROISE-CASTEROT
Agrégée des Facultés, Professeur à l'Université de Nice

---

25. Cass. civ. 2e, 25 mars 1991, *Bull. civ.* II n° 96, *RTD civ.* 1991, 551, obs. Jourdain ; 28 juin 1989, *JCP* 1990, II, 21508, note Montanier, *RTD civ.* 1990, 96, obs. Jourdain ; 7 fév. 1996, *Bull. civ.* II n° 32, *RTD civ.* 1996, 406, obs. Jourdain ; 19 fév. 1997, *Bull. civ.* II n° 41, *D.* 1997, 384, note Radé, *JCP* 1998, II, 10005, note Brun, *RCA* 1997, comm. 163, obs. Groutel.

26. Il s'agit d'une présomption de fait.

27. Cass. civ. 2e, 14 janv. 1998, *Bull. civ.* II n° 6, *D.* 1998, 174, note Groutel, *JCP* 1998, II, 10045, note Jourdain. Cf. également, à propos de l'action de l'assureur : Civ. 2e, 1er mars 2001, *Bull. civ.* II n° 31, *RTD civ.* 2001, 609, obs. Jourdain ; 20 juin 2002, *Bull. civ.* II n° 136, *D.* 2002, 2173.

28. En effet, la Cour de cassation refuse désormais d'appliquer les mécanismes propres à la loi Badinter. Pour un historique des revirements jurisprudentiels en la matière, cf. F. TERRÉ, PH. SIMLER et Y. LEQUETTE, *Droit des obligations,* Dalloz, 8e éd., 2002, n° 982.

29. Cass. civ. 2e, 20 juin 2002, préc.

Annale corrigée de l'IEJ de Paris II

SUJET

Cas pratique :

En ouvrant son journal quotidien, Isabelle Padebulle, célèbre peintre à l'origine du mouvement artistique des « noctambules-somnambules », a la mauvaise surprise de voir relatée la dispute qu'elle a eue avec son ancien amant, le non moins célèbre Edouardo de la Mancha, lors d'une soirée organisée au restaurant « Jules ». Certes, tout le monde sait que ce couple a rompu, la nouvelle ayant fait, avec l'accord du couple, la Une de plusieurs magazines à scandale. Mais Isabelle souhaite mettre un terme à l'étalage public de sa vie sentimentale pour oublier cette douloureuse rupture. En outre, l'article indique que l'étiquette, qui dépassait involontairement de la chemise d'Isabelle, portait la marque « Uia ». Isabelle qui se prétend, selon son expression, « Femme dans son Unicité », craint de voir toutes ses amies arborer les mêmes vêtements qu'elle... Quel drame ! De plus, elle redoute la ruée de ses fans au restaurant « Jules », ce qui l'empêcherait d'y venir tranquillement dîner avec son nouvel amant, Antonio Ricardo. Elle vous demande si elle a des chances d'obtenir réparation de ces préjudices.

S'énervant contre ce journal, elle entreprend de le déchirer et de faire, avec les morceaux, un tableau qu'elle nommera « tableau-poubelle ». Prise d'un tic nerveux, elle se blesse grièvement à l'œil avec les ciseaux. Avant de s'évanouir, elle a le temps de joindre son médecin, le Docteur Lelali, et de le prévenir qu'elle s'oppose, en tant que membre de « la confrérie des mandibules » – confrérie qualifiée par certains de secte –, à toute transfusion sanguine. Arrivé sur place, le Docteur Lelali constate l'état désespéré d'Isabelle Padebulle. Il décide alors de transfuser sa patiente pendant l'opération qui devait lui sauver la vie. Isabelle Padebulle, à son réveil, n'éprouve aucune gratitude pour son sauveur et souhaite l'attaquer en justice sur les conseils du « grand maître » de la « confrérie des mandibules », venu en personne, prendre de ses nouvelles. Quelles sont ses chances de succès ?

Le « grand maître » a indiqué à Isabelle Padebulle qu'elle risquait, depuis qu'elle a reçu une transfusion sanguine, d'être exclue de « la confrérie des mandibules » et que sa vie était, par conséquent, en danger. Dans sa grande mansuétude, le « grand maître » lui expose qu'elle pourra racheter son salut en lui cédant le « tableau-poubelle ». Isabelle lui vend donc son tableau au prix de 10 000 euros. Aujourd'hui sortie de l'emprise de « la confrérie des mandibules », elle juge dérisoire le prix de vente du tableau au regard de sa notoriété. Aussi aimerait-elle récupérer le « tableau-poubelle ». Le peut-elle ?

À sa sortie de l'hôpital, Isabelle décide de partir faire une cure de repos à Évian. Son amant Antonio Ricardo ne la suivra malheureusement pas. Tout au plus daigne-t-il l'accompagner à la gare afin d'aider Isabelle à déposer ses bagages dans le compartiment. Envoûté par les yeux bleus d'Isabelle, il n'entend pas, au moment des adieux, le signal sonore indiquant le départ du train. Mais en sentant les soubresauts du train qui démarre, il se rend compte que, pour échapper à une cure forcée de repos à Évian, il lui faudra sauter du train en marche. Porté par les ailes de l'amour, il sait bien qu'il réussira ce saut, contrairement à l'agent de la SNCF qui lui demande de rester à bord. Antonio Ricardo se trompe. Glissant entre le quai et le train, il se blesse grièvement à la jambe. Il vous demande de le conseiller sur ses chances d'obtenir de la SNCF la réparation de son préjudice.

Enceinte de quatre mois, Isabelle craint, en raison de ses antécédents familiaux, de donner naissance à un enfant atteint d'amyotrophie spinale infantile, maladie génétique lourdement handicapante. Sachant qu'une telle anomalie génétique peut être diagnostiquée par le biais d'une amniocentèse, elle demande à son médecin, le docteur Danlalune, de réaliser une telle amniocentèse après avoir indiqué à ce dernier qu'en cas de résultats positifs elle se soumettrait à une interruption de grossesse. Rendez-vous est pris, quelques jours plus tard, à l'hôpital où le Docteur Danlalune exerce. Dans la salle d'attente de l'hôpital, Isabelle rencontre son amie Anatola Pancrabulle, qui vient, elle aussi, de subir une amniocentèse. En recevant quelques semaines plus tard les résultats de l'examen, Isabelle est rassurée d'apprendre que l'enfant à naître n'est porteur d'aucune maladie génétique. Et pourtant, Isabelle donne naissance à un enfant atteint d'amyotrophie spinale infantile. Le Docteur Danlalune, avait, en effet, par erreur, inversé les résultats des analyses pratiquées sur Isabelle et Anatola, du fait de la ressemblance existant entre leurs deux noms. Que peut faire Isabelle ?

NB : Il s'agit d'une épreuve de droit civil qui ne justifie aucun développement pénal.

CORRIGÉ

§I SUR L'ATTEINTE À LA VIE PRIVÉE

Le journal retrace plusieurs faits relatifs à la vie d'Isabelle Padebulle : sa rupture et sa dispute avec son ancien amant dans un restaurant ainsi que la marque de ses vêtements. La question est donc de savoir si le journal a porté atteinte au droit au respect de la vie privée d'Isabelle Padebulle en divulguant de tels faits.

A. S'AGISSANT DE LA RUPTURE

L'article 9 du Code civil dispose que *« chacun a droit au respect de sa vie privée »*. Bien évidemment, une rupture sentimentale relève de la vie privée d'une personne (Paris, 7 octobre 1981, *D.* 1983.403, note Lindon). Mais la généralité de l'article 9 explique que la jurisprudence ait précisé les contours de ce droit subjectif en fixant des limites à son exercice. La première chambre civile de la Cour de cassation, le 3 avril 2002, a ainsi, notamment, considéré que la relation de faits publics n'était pas susceptible de constituer une atteinte à la vie privée (*Bull. civ.* I, n° 110, p. 85). Une fois révélée, la rupture sentimentale est donc un fait public échappant à l'emprise de la vie privée. Isabelle Padebulle n'avait donc pas à donner son autorisation à la redivulgation de cette information (*contra* Cass. civ. 1re, 30 mai 2000), l'arrêt du 3 avril 2002 étant interprété comme posant le principe que le droit au respect de la vie privée s'épuise par la première divulgation faite avec le consentement de l'intéressé (en ce sens, A. Lepage, obs. Cass. civ. 1re, 3 avril 2002, *D.* 2003, somm. 1543).

B. S'AGISSANT DES DIVULGATIONS CONCERNANT LA DISPUTE DES ANCIENS AMANTS DANS UN RESTAURANT DE LA MARQUE DE VÊTEMENTS DE MLLE PADEBULLE

Depuis l'arrêt du 3 avril 2002, les faits, s'ils sont jugés anodins, peuvent être licitement portés à la connaissance du public, sans que leur divulgation n'ait à être autorisée par les titulaires du droit au respect de la vie privée. L'arrêt du 3 avril 2002 opère un revirement de jurisprudence[1] (antérieurement : Cass. civ. 1re, 30 mai 2001). Alors qu'auparavant la divulgation de faits anodins constituait une violation du droit au respect de la vie privée causant à son titulaire un préjudice peu important dont la réparation était dès lors limitée, aujourd'hui, elle échappe en elle-même à la protection du droit. Encore faut-il que les juges décident de qualifier les faits d'anodins. Le feront-ils ? La réponse est délicate car nécessairement empreinte de subjectivité. Ce qui est anodin pour certains ne le sera pas pour d'autres. Pour introduire dans cette approche une certaine dose d'objectivité, il convient de rechercher l'opinion du plus grand nombre. Il y a alors de fortes chances pour que la révélation de la marque de vêtement d'Isabelle Padebulle soit jugée, en raison de son caractère futile, anodine. De même, à la lumière de l'arrêt du 3 avril 2002, il semble que la rencontre au restaurant des anciens amants puisse être considérée de la même manière.

En conclusion, si Isabelle Padebulle décidait d'agir contre le journal sur le fondement de la violation du droit au respect de sa vie privée, il y a bien peu de chances que sa demande ait des chances de prospérer.

§II SUR L'ATTEINTE À L'INTÉGRITÉ CORPORELLE

Isabelle Padebulle a subi une transfusion sanguine contre sa volonté. Un médecin doit-il être sanctionné lorsqu'il porte atteinte au corps humain d'une personne sans le consentement de celle-ci afin d'en sauvegarder la santé ? L'article 16-3 alinéa 2 du Code civil, inséré dans ce code par la loi du 29 juillet 1994, dispose que *« le consentement de l'intéressé doit être recueilli »* avant de porter atteinte à son corps humain *« hors le cas où son état rend nécessaire une intervention thérapeutique à laquelle il*

1. Un arrêt de la 1re chambre civile de la Cour de cassation du 23 avril 2003 confirme la nouvelle approche faite du droit au respect de la vie privée, initiée par la Cour de cassation le 3 avril 2002. Il énonce, en effet, que « le divorce était un fait d'actualité, officiel et notoire, dont le rappel » n'excédant « pas les limites de la liberté d'information » ne saurait être constitutif d'une atteinte à la vie privée (Cass. civ. 1re, 23 avril 2003 (2 arrêts), D. 2003.1855, note C. Bigot).

n'est pas à même de consentir ». Le fait d'être membre d'une secte place-t-il la personne hors d'état de consentir ?

Le Conseil d'État, dans un arrêt du 26 octobre 2001, semble l'avoir considéré en refusant d'estimer fautif le médecin qui avait pratiqué contre la volonté d'un témoin de Jéhovah une transfusion sanguine dans le seul but de tenter de le sauver.

La solution allait-elle être la même après la réforme opérée par la loi du 4 mars 2002 relative aux droits des malades ? L'article L. 1111-4 du Code de la santé publique, issue de cette loi, est très clair pour interdire au médecin d'intervenir contre la volonté de la personne. Il énonce, en effet, que *« le médecin doit respecter la volonté de la personne après l'avoir informée des conséquences de ses choix. Si la volonté de la personne de refuser ou d'interrompre un traitement met sa vie en danger, le médecin doit tout mettre en œuvre pour la convaincre d'accepter les soins indispensables. Aucun acte médical ni aucun traitement ne peut être pratiqué sans le consentement libre et éclairé de la personne et ce consentement peut être retiré à tout moment ».*

Pourtant, interprétant cet article, les juridictions administratives ont maintenu la solution selon laquelle les médecins peuvent ignorer le refus d'un témoin de Jéhovah de recevoir une transfusion sanguine lorsqu'ils accomplissent, dans le but de sauver le patient, un acte indispensable à sa survie et proportionné à son état, après avoir tout mis en œuvre pour le convaincre d'accepter les soins indispensables (CE, 16 août 2002 et TA Lille, 25 août 2002, le tribunal, en l'espèce, considère que le refus de respecter la volonté de la patiente ne se justifiait pas par l'existence d'un danger immédiat pour la vie : *D.* 2002. IR.2581).

En l'espèce, puisque la transfusion apparaissait indispensable pour sauver Isabelle Padebulle, le médecin ne sera pas sanctionné pour avoir méconnu la volonté de celle-ci de ne pas recevoir cette transfusion.

§III SUR LE CONTRAT DE VENTE DU TABLEAU

Isabelle Padebulle, membre d'une secte, a consenti à la vente de son tableau afin d'échapper à son exclusion de la secte. Pour récupérer le tableau, elle peut soutenir que la vente est nulle. Sur quels fondements ?

Jugeant le prix de 10 000 euros dérisoire, elle pourrait être tentée de se placer sur le terrain de la vileté du prix (art. 1591, C. civ.) et d'absence d'objet. La vente sera alors frappée de nullité absolue. Pourtant, il est très incertain que les juges, qui apprécient souverainement si le prix stipulé est ou non dérisoire (ex : Civ. 3e, 26 mars 1969, *Bull.* III, n° 265), considèrent qu'un prix de 10 000 euros revête ce caractère vil. Tout au plus pourra-t-il être lésionnaire mais, la lésion n'étant pas une cause générale de nullité des conventions, ne sera pas, en l'espèce, admise.

Aussi, plutôt que de se fonder sur le caractère dérisoire du prix, convient-il d'invoquer le vice de violence. Aux termes de l'article 1112 du Code civil, *« il y a violence, lorsqu'elle est de nature à faire impression sur une personne raisonnable, et qu'elle peut lui inspirer la crainte d'exposer sa personne ou sa fortune à un mal considérable et présent ».* En l'espèce, la menace est physique. Il s'agit d'une menace de mort, à peine voilée, puisque, selon les termes du grand maître, l'exclusion d'Isabelle de la secte pourrait mettre sa vie en danger. Le sentiment de crainte qui en résulte est apprécié *in concreto,* en fonction de la personne qui en est victime. L'appartenance d'Isabelle à une secte est certainement de nature à la rendre plus vulnérable à la menace du grand maître et à faire naître chez elle un sentiment de crainte ayant déterminé son consentement à la vente du tableau (pour un exemple d'admission de violence morale dans un cas similaire : Cass. civ. 3e, 13 janvier 1999, *Bull.* III, n° 11).

Aussi, Isabelle, en invoquant ce vice de violence a toutes les chances d'obtenir la nullité de la vente et ainsi de récupérer son tableau.

§IV SUR L'ACCIDENT DONT A ÉTÉ VICTIME M. RICARDO

M. Ricardo qui accompagnait Mlle Padebulle s'est blessé en sautant du train en marche. N'étant pas lui-même voyageur, il pourra agir contre la SNCF sur le terrain délictuel, et plus précisément, sur le fondement de la responsabilité du fait des choses dont la SNCF a la garde (art. 1384 alinéa 1, C. civ.). Il a certainement commis une faute en descendant du train en marche au mépris de la plus élémentaire prudence et malgré les injonctions d'un agent de la SNCF. La question est de savoir si cette faute exonère totalement ou partiellement le gardien de sa responsabilité.

Une exonération totale de responsabilité supposerait que cette faute remplisse les caractères de la force majeure. La Cour de cassation, à tout le moins la deuxième chambre civile, témoigne d'une rigueur certaine à l'encontre de la SNCF, gardienne du train. Dans plusieurs arrêts récents, la deuxième chambre civile (23 janvier 2003, 27 février 2003, *RCA* 2003, com. 95 et 96, voir S. Hocquet-Berg, « Gardien cherche force majeure... désespérément », *RCA* 2003, chron. 12, *RTDC* 2003.301, obs. P. Jourdain) a, en effet, jugé que le comportement aberrant ou très dangereux de la victime (23 janvier) ne suffisait pas à lui conférer le caractère d'un cas de force majeure exonérant totalement le gardien de sa responsabilité. Pour être totalement exonératoire, la faute de la victime doit donc revêtir, selon la deuxième chambre civile de la Cour de cassation, les trois éléments constitutifs de la force majeure que sont l'imprévisibilité, l'irrésistibilité et l'extériorité, alors même que l'on pensait la condition d'imprévisibilité en voie d'abandon (sous l'impulsion de la première chambre civile et de la chambre commerciale de la Cour de cassation). Le comportement de M. Ricardo ne sera certainement pas jugé imprévisible pour la SNCF qui, en laissant pénétrer dans le train des personnes venues accompagner un voyageur, doit prévoir que celles-ci pourront chercher à en descendre au moment où le train démarre d'autant plus que les portières ne sont pas bloquées à cet instant-là.

L'exonération partielle de responsabilité sera donc seule admise dès lors que la SNCF prouvera, sans difficulté, que la faute de la victime a contribué à son dommage en descendant du train malgré le départ de celui-ci et les injonctions contraires de l'agent.

§V SUR LA NAISSANCE D'UN ENFANT HANDICAPÉ

Isabelle Padebulle a donné naissance à un enfant handicapé, alors que le médecin lui avait faussement indiqué que l'enfant à naître serait indemne de toute pathologie. Le juge administratif – compétent dès lors que l'amniocentèse a été réalisée dans un hôpital – ordonnera-t-il la réparation du préjudice d'Isabelle et de celui de son enfant ?

L'article 1er de la loi du 4 mars 2002 a combattu la jurisprudence *Perruche* (Ass. plén., 17 novembre 2000, *Bull. civ.* n° 9) qui avait admis tant la réparation du préjudice des parents que celui de l'enfant. Cet article dispose que « *Lorsque la responsabilité d'un professionnel ou d'un établissement de santé est engagée vis-à-vis des parents d'un enfant né avec un handicap non décelé pendant la grossesse à la suite d'une faute caractérisée, les parents peuvent demander une indemnité au titre de leur seul préjudice. Ce préjudice ne saurait inclure les charges particulières découlant, tout au long de la vie de l'enfant, de ce handicap. La compensation de ce dernier relève de la solidarité nationale* ». L'article 1 de la loi exclut donc la réparation du préjudice de l'enfant. S'agissant du préjudice des parents, dorénavant, seul le préjudice moral des parents relève de la responsabilité civile. Toutes les autres charges liées au handicap de l'enfant sont censées être compensées par la solidarité nationale.

Il y a donc lieu de se demander si les conditions de la réparation du préjudice moral d'Isabelle Padebulle se trouvent réunies. Ces conditions sont au nombre de trois : une faute, et plus précisément une faute « caractérisée » du médecin, un préjudice moral et un lien de causalité entre la faute et le préjudice.

S'agissant de la faute caractérisée, tout d'abord. La loi du 4 mars 2002 n'a pas défini cette notion issue du droit pénal (loi du 10 juillet 2000). En l'espèce, le médecin a commis une négligence grossière en inversant les résultats de deux amniocentèses. Dans une espèce similaire, le Conseil d'État, le 19 février 2003 (*JCP* 2003.II.10107, note P. Mistretta) a jugé qu'une inversion des résultats entre deux patientes était constitutive d'une faute caractérisée ayant privé les parents d'un enfant atteint d'une grave maladie génétique de recourir à une interruption de grossesse pour motif thérapeutique (aujourd'hui nommée pour motif médical). La faute caractérisée devrait donc être, en l'espèce, établie.

Qu'en est-il enfin du préjudice et de son lien de causalité avec la faute ? La faute a conduit le médecin à délivrer une information erronée à Isabelle Padebulle sur l'état du fœtus, dont la maladie lourdement handicapante aurait pu seule justifier le recours à une interruption de grossesse pour motif médical, le délai de 12 semaines pour pratiquer une interruption de grossesse pour raison de détresse étant écoulé. Il est certain que la faute du médecin a empêché d'éviter le préjudice dont Isabelle Padebulle se prétend victime puisque celle-ci avait clairement indiqué qu'elle se soumettrait à une interruption de grossesse en cas de détection de la maladie génétique. L'évaluation et la consistance du préjudice moral de la mère n'en restent pas moins délicates, les juges n'hésitant pas à « gonfler » ce dernier en attendant la mise en place du système de solidarité (P. Mistretta, note *préc.*).

En conclusion, Isabelle Padebulle, qui ne pourra pas réclamer d'indemnités au titre du préjudice subi par son enfant, verra réparer son seul propre préjudice moral, les autres chefs du préjudice relevant de la solidarité nationale.

Astrid MARAIS
Maître de conférences à l'Université de Paris II

CAS PRATIQUE – SESSION 2003

Annale corrigée de l'IEJ de Paris XII

SUJET

Veuillez résoudre les deux cas pratiques suivants :

Cas pratique n° 1

1°) Le 17 juillet 2003, par une chaleur étouffante, un groupe d'amis a entrepris l'escalade d'une falaise sur les contreforts de la Montagne Saint Victoire. Les participants ne sont pas de véritables alpinistes, mais ils ont tous déjà participé à quelques escalades. Ils ont préparé cette sortie par la lecture du guide-topo du parcours qui l'a signalé comme pierreux. Les amis se sont d'eux-mêmes mis en file. Ils n'étaient pas encordés lorsque l'un d'eux fut projeté au sol après avoir reçu une grosse pierre sur la tête. Il bascula dix mètres plus bas en lâchant son inséparable caméscope qu'il tenait à la main. La pierre s'était détachée de la falaise alors qu'elle servait de prise à Raymond Daretz qui marchait en tête. Il n'avait pourtant fait que prendre appui sur cette pierre. Le blessé a été victime d'un traumatisme crânien qui l'a immobilisé pendant une quinzaine de jours. Il n'a donc pas pu se rendre à la session de permis de conduire à laquelle il était inscrit depuis 4 mois. Il a appris qu'il lui faudrait attendre le mois de novembre pour passer l'examen. Son caméscope, acheté en 1995, mais qui marchait parfaitement bien, est irréparable. Il craint que le dédommagement qu'il recevra peut-être ne lui permette d'acheter un matériel de remplacement. Pourriez-vous éclairer Raymond Daretz sur les chances de succès des actions que la victime peut intenter pour la réparation de ses divers préjudices ?

2°) S'occupant d'organiser des stages sportifs pour les étudiants, il aimerait également que vous lui précisiez s'il est normal que l'organisme spécialiste du voyage sportif auprès duquel il a retenu, dès le mois de juin, un séjour axé sur la plongée en Méditerranée devant débuter début novembre, demande aujourd'hui le règlement d'un supplément de prix. Cet organisme explique que, compte tenu de la désaffection pour ce type de séjour, le prix a fortement augmenté et qu'à ce jour les prestations décrites ne sont certes pas impossibles à fournir, mais sont devenues trop onéreuses pour qu'il en tire une rentabilité acceptable. Peu convaincu par cette argumentation, Raymond Daretz vous demande ce qu'il doit répondre ?

3°) Enfin, Raymond Daretz vous fait savoir qu'en décembre 2002, il a fait enregistrer un pacte civil de solidarité avec Fidel Hiter au greffe du tribunal d'instance de leur résidence. Il vous informe que son partenaire n'entretient plus avec lui de relations intimes depuis 4 mois. De plus, ce dernier a fait la connaissance d'un médecin rencontré lors de l'hospitalisation de Raymond Daretz. Après une liaison épisodique, ils vivent ensemble depuis début septembre. Dans ce contexte, Raymond Daretz aimerait savoir de quelle manière il doit s'y prendre pour mettre fin au PACS qui le lie à Fidel Hiter en protégeant au mieux ses intérêts financiers.

CORRIGÉ CAS N° 1

M. Raymond Daretz est confronté à un certain nombre de difficultés au sujet d'un accident en montagne dans lequel il est impliqué, ainsi qu'au sujet de la révision du prix d'un contrat qu'il a conclu et d'un pacte civil de solidarité.

Ces difficultés seront examinées successivement.

§1 ACCIDENT EN MONTAGNE

M. Daretz, qui a de fortes chances de se trouver assigné en justice à cause des dommages qu'il a provoqués lors d'une escalade entreprise le 17 juillet 2003, peut faire valoir un certain nombre de moyens de défense, partant du fondement juridique de la prétention de la victime. De fait, cette dernière peut faire valoir la violation de l'article 1382 du Code civil ou mieux encore, celle de l'article 1384 du même code.

Dans le premier cas, il s'agit d'une responsabilité dont le fait générateur est le fait de la chose et dans le second, d'une responsabilité dont le fait générateur est une faute personnelle. Ces deux régimes de responsabilité font l'objet de conditions d'application particulières qui seront envisagées successivement. Auparavant on précisera dans un cas comme dans l'autre la nature du dommage de la victime et l'existence d'un lien de causalité.

A. LA NATURE DU DOMMAGE ET LE LIEN DE CAUSALITÉ

Le dommage subi par la victime est de trois ordres. D'abord, la victime a subi un préjudice corporel, à savoir quinze jours d'immobilisation à la suite d'un traumatisme crânien. Ce préjudice corporel est lui-même source d'un dommage économique, comme les frais de secours et d'hospitalisation, et immatériel, comme la douleur physique. Ensuite, la victime a subi un préjudice matériel tiré de la perte de son caméscope qui est irréparable. En outre, la victime a peut-être perdu les films qu'elle a pris lors de l'escalade, ce qui est un préjudice à la fois matériel et moral. Enfin, la victime peut faire valoir la perte d'une chance puisqu'il n'a pas pu se rendre à la session de permis de conduire à laquelle il était inscrit depuis quatre mois. Le dommage est en effet certain si la chance était réelle et sérieuse. Toutefois, l'inscription à l'examen du permis de conduire étant possible à bref délai, le dommage peut être considéré comme minime. Le dommage est en tout cas personnel et direct en l'espèce.

Il est indiscutable que la chute de pierre a été provoquée par la main de M. Daretz qui a pris appui dessus. Dans ces conditions et qu'il s'agisse d'une causalité adéquate ou une équivalence des conditions, le lien de causalité entre le fait générateur et le dommage ne fait aucun doute.

B. LA RESPONSABILITÉ DU FAIT DES CHOSES

En vertu de l'article 1384 al. 1er du Code civil, il est admis depuis l'arrêt *Jand'heur* du 13 février 1930 que les choses peuvent être à l'origine d'un dommage lorsque celui-ci est provoqué par son gardien. En l'espèce, une telle responsabilité est envisageable dans la mesure où le préjudice a bien été provoqué par une chose, une pierre en l'occurrence. La difficulté réside dans la garde qui suppose de la part de M. Daretz un pouvoir d'usage, de direction et de contrôle au sens de l'arrêt *Connot* du 2 décembre 1941. Or, en l'espèce, l'escalade s'est déroulée à mains nues et M. Daretz a seulement pris appui sur la pierre. Dans ces conditions, il est difficile de retenir les éléments constitutifs de la garde. Dans une décision récente du 24 avril 2003, la Cour de cassation a estimé que les juges du fond n'avaient pas caractérisé dans des circonstances similaires à l'espèce les éléments de la garde. La solution est logique dans la mesure où l'alpiniste n'a pas la maîtrise de fait sur la pierre qui l'aide à grimper, sauf à considérer qu'il se sert plus amplement de la pierre, pour assurer la cordée par exemple.

En outre, et à supposer que la garde soit constituée, l'action de la victime se heurterait encore à trois obstacles constitués par des causes d'exonération du responsable. En effet, on peut faire valoir dans l'espèce l'acceptation des risques, la faute de la victime et la théorie des *res nullius*.

Dans le premier cas, il est certain que la pratique de l'alpinisme expose ses participants qui montent ensemble à subir les conséquences fâcheuses d'un mauvais geste de la part de l'un des leurs. Applicable dans les activités sportives dangereuses, ce moyen de défense serait particulièrement efficace en l'espèce, surtout que l'excursion a été préparée par tous les participants qui ont pris connaissance du topo indiquant expressément les risques des chutes de pierres. En outre, les participants ont tous commis la lourde erreur de ne pas s'encorder.

Dans le deuxième cas, on peut opposer à la victime qui se plaint du dommage qu'elle est aussi à l'origine de son préjudice. De fait, la victime, qui n'était pas encordée, tenait son caméscope à la main. Une telle attitude constitue une faute lourde de conséquence en montagne.

Dans ces deux cas, on peut ainsi opposer à la victime son propre comportement « le gardien de la chose instrument du dommage est partiellement exonéré de sa responsabilité s'il prouve que la faute de la victime a contribué au dommage », (*Mettetal,* Cour de cassation, 6 avril 1987). Enfin, il n'est pas précisé si les alpinistes portaient ou non un casque. Dans la seconde hypothèse, il y aurait encore acceptation des risques et faute de la victime.

Enfin, à supposer que ces deux premiers obstacles soient franchis, il reste que les pierres en montagne relèvent de la catégorie des *res nullius* ou choses abandonnées qui sont sans maître. Selon cette qualification, l'action de la victime semble derechef vouée à l'échec.

C. LA RESPONSABILITÉ DU FAIT PERSONNEL

Compte tenu des difficultés pour la victime à établir la responsabilité de M. Daretz sur le fondement de l'article 1384 al. 1er du Code civil, une action sur le terrain de l'article 1382 du même code doit être envisagée.

Dans ce cas, il faudra que la victime prouve une faute de la part de M. Daretz, ce qui ne paraît pas impossible. De fait, M. Daretz, qui marchait en tête, a peut-être commis une faute en ne s'assurant pas que la pierre était stable. Cependant, il est à craindre que la preuve d'une telle faute soit rendue difficile par les circonstances de l'espèce. Encore une fois, le risque de chute de pierres étant notoire, sa survenance peut difficilement être imputée à M. Daretz. Dans le passé, la jurisprudence a pu considérer que la manipulation d'une corde dans une paroi sujette aux chutes de pierres n'était pas constitutive d'une faute (Grenoble, 22 janvier 1979).

Au pire, M. Daretz peut donc s'attendre à être condamné au titre d'un partage de responsabilité.

§II RÉVISION DU PRIX

M. Daretz se voit notifier par son contractant une révision du prix compte tenu d'un changement de circonstances intervenu depuis la conclusion d'un contrat de voyage sportif. On soulignera d'emblée qu'une jurisprudence constante de la Cour de cassation refuse, sauf clause contraire insérée dans le contrat, la théorie de l'imprévision qui permet seule de réviser le contrat lorsque son exécution est devenue plus difficile. Le fondement de la solution repose sur la force obligatoire du contrat de l'article 1134 al. 1er du Code civil (Civ., 6 mars 1876, *Canal de Craponne*). En l'espèce, il s'agit de circonstances qui rendent la prestation plus onéreuse pour le débiteur, ce qu'il convient de distinguer de la force majeure qui rend impossible l'obligation, et par voie de conséquence permet de libérer ce dernier en vertu de l'article 1148 du Code civil. De fait, c'est en raison une désaffection pour ce type de séjour que le voyagiste a révisé le prix et non parce que le voyage est devenu impossible.

Cependant, le voyagiste peut éventuellement s'appuyer sur une lecture dynamique des articles 1134, al. 3 et 1135 du Code civil. La première disposition, qui précise que les conventions doivent être exécutées de bonne foi, permet aux juges de procéder à une révision du contrat selon l'économie du contrat. Dans cette perspective, les juges s'attachent à dégager une obligation de loyauté et de coopération qui font que le contrat peut se trouver modifié par des obligations implicites. Il en est de même avec le principe suivant lequel les conventions obligent non seulement à ce qui y est exprimé, mais encore à toutes les suites que l'équité, l'usage et la loi donnent à l'obligation selon sa nature. Encore une fois, cette disposition autorise le juge à s'écarter des stipulations strictes du contrat pour y inclure des obligations implicites fondées sur l'équité, la loi et les usages. Rien ne permettant de connaître à l'avance quelle sera la position sur ce point des juges qui seront saisis de l'affaire, il convient de se montrer réservé. Toutefois, il est utile de noter que la révision judiciaire des contrats reste en principe limitée et qu'il n'y a pas de raisons décisives qui fassent qu'il en soit autrement en l'espèce.

§III PACTE CIVIL DE SOLIDARITÉ

En principe, le pacs entre Raymond Daretz et Fidel Hiter conclu et enregistré au tribunal d'instance de leur domicile en décembre 2002 a pour objet pour les partenaires d'organiser leur vie commune, (art. 515-1, C. civ.). Plus précisément, selon l'article 515-4, ils s'engagent à s'apporter une aide mutuelle et matérielle.

A priori, le pacs est valable au regard des articles 515-2 et 515-3 du Code civil, la difficulté principale se rapporte aux conditions de sa rupture. Aux termes de l'article 515-7 du Code civil, le pacs peut être rompu unilatéralement ou d'un commun accord. Dans tous les cas, la résiliation est portée à la connaissance du partenaire et au secrétariat-greffe du tribunal d'instance qui l'a enregistré. M. Daretz n'a donc pas à justifier les raisons pour lesquelles il est amené à rompre ce contrat sous une double réserve.

La première tient aux rapports patrimoniaux entre les partenaires dans la mesure où ces derniers relèvent du régime de l'indivision pour les biens et de la solidarité passive pour les dépenses relatives au logement commun et aux besoins de la vie courante.

La seconde tient aux circonstances de la rupture qui ne doivent pas être fautives. De fait, l'article 515-7 du Code civil réserve éventuellement le préjudice résulant de la rupture. M. Daretz doit donc se montrer particulièrement vigilant. Ces principes sont bien entendu applicables à Fidel Hiter.

Concernant la rupture, il sera donc utile pour M. Daretz d'établir l'infidélité de son partenaire. De fait, dans sa décision du 9 novembre 1999, le Conseil constitutionnel a estimé que le pacs incluait une obligation de cohabitation qui suppose une obligation de fidélité. « (...) la notion de vie commune ne couvre pas seulement une communauté d'intérêts et ne se limite pas à l'exigence d'une simple cohabitation entre deux personnes ; que la vie commune mentionnée par la loi déférée suppose, outre une résidence commune, une vie de couple, qui seule justifie que le législateur ait prévu des causes de nullité du pacte... ». Même si ce point demeure contesté en doctrine, il n'en demeure pas moins que le tribunal de grande instance de Lille a pu considérer dans une décision du 5 juin 2002 qu'il découle de l'article 515-1 du Code civil une obligation de vie commune entre partenaires d'un pacs qui doit être exécuté loyalement. Cette obligation de devoir exécuter loyalement le devoir de communauté de vie commande de sanctionner toute forme d'infidélité entre partenaires. Ainsi, le manquement à l'obligation de vie commune justifie une procédure en résiliation de pacs aux torts du partenaire fautif.

Concernant la protection de ses intérêts financiers, M. Daretz doit rompre le plus rapidement possible pour mettre un terme à l'indivision et solidarité passive.

SUJET

Cas pratique n° 2

Jean Aimar est depuis le plus jeune âge atteint du syndrome du transsexualisme. Femme à la naissance, il a obtenu le changement de son état-civil avec modification de la mention du sexe et attribution d'un prénom masculin par une décision du 6 mai 2003.

En février 1993, il avait rencontré une jeune femme dont il partage la vie depuis. Cette dernière est mère d'une petite fille née en avril 1993 qu'elle a seule reconnue, le père biologique ayant quitté définitivement la mère dès l'annonce de la maternité. Fort de son changement d'état, Jean Aimar voudrait aujourd'hui épouser cette femme. Un tel mariage vous paraît-il envisageable ? Très attaché à la fille de sa compagne, il souhaiterait, qu'il puisse ou non se marier, créer un lien avec cet enfant qui soit maintenu quoiqu'il arrive. Il envisage donc de devenir juridiquement le père de cet enfant. Peut-il établir un lien de filiation inattaquable vis-à-vis de l'enfant ?

CORRIGÉ CAS N° 2

Femme de naissance, M. Jean Aimard est atteint du syndrome du transsexualisme selon lequel le sexe biologique ne correspond pas au sexe psychologique. C'est pourquoi il a obtenu le 6 mai 2003 le changement de son état-civil avec modification de la mention du sexe et attribution d'un prénom masculin. Il vit depuis le mois de février 1993 avec une femme qui est mère d'une fille née en avril 1993 qui n'a pas été reconnue par son père.

La démarche de M. Aimard qui consiste à vouloir épouser sa compagne et devenir juridiquement père de l'enfant de celle-ci peut aboutir, si certaines conditions sont réunies.

A. LE MARIAGE

En principe, les futurs époux répondent à l'exigence de l'article 144 du Code civil : « l'homme avant 18 ans révolus, la femme avant 15 ans révolus, ne peuvent contracter mariage ». Le transsexualisme de l'un des époux ne saurait constituer un obstacle dans la mesure où l'état-civil a été modifié. En outre, le droit au mariage des transsexuels a été affirmé par la Cour européenne des droits de l'Homme par l'arrêt du 11 juillet 2002, *Goodwin,* au nom de l'article 12 de la Convention européenne des droits de l'Homme « le fait que le droit national retienne aux fins de mariage le sexe enregistré à la naissance constitue en l'espèce une limitation portant atteinte à la substance même du droit de se marier ». De même, la Charte des droits fondamentaux de l'Union du 7 décembre 2000 exclut à l'article 9 toute référence à l'homme et à la femme comme condition du mariage et se borne à renvoyer au droit des États membres.

B. LE LIEN DE FILIATION OU D'ADOPTION

Il est difficile pour M. Aimard de prétendre qu'il est le père biologique de l'enfant ; c'est pourquoi la reconnaissance d'enfant naturel par un transsexuel aura de grandes chances d'être annulée car c'est une impossibilité biologique (en ce sens, Aix, 12 mars 2002).

Cependant, M. Aimard peut toujours tenter de faire jouer la possession d'état visée à l'article 334-8, al. 2 du Code civil qui est un mode autonome d'établissement de la filiation. En l'espèce, la possession d'état a duré plus de 10 ans, ce qui est suffisant pour demander au juge des tutelles un acte de notoriété faisant foi de la possession d'état jusqu'à preuve du contraire. Toutefois, cette démarche n'est pas sans risques car une action de la part du véritable père demeure toujours possible.

Il reste alors la voie de l'adoption. En cas de mariage, l'adoption plénière de l'enfant de son conjoint est possible. En outre, l'article 345-1 1°) du Code civil vise l'hypothèse dans laquelle l'adoption de l'enfant du conjoint est possible lorsque l'adopté n'a pas de filiation légalement établie qu'à l'égard de ce conjoint. L'enfant ayant moins de quinze ans, toutes les conditions générales paraissent réunies et le lien juridique sera celui de la filiation (art. 356, C. civ.).

M. Aimard peut aussi choisir l'adoption simple car, en vertu de l'article 359 du Code civil, l'adoption plénière est irrévocable, ce qui pourrait devenir embarrassant à l'avenir. En outre, si pour une raison quelconque le mariage ne pouvait avoir lieu, l'adoption simple serait la seule voie possible. La demande d'adoption doit être portée devant le tribunal de grande instance du lieu où demeure le requérant, conformément à l'article 1166 du nouveau Code de procédure civile.

De toutes les manières, cette démarche demeure aléatoire compte tenu des circonstances et l'on peut craindre un refus du juge sur le fondement de l'intérêt de l'enfant qu'il apprécie souverainement. Ainsi, la Cour européenne des droits de l'Homme dans un arrêt du 26 février 2002 a décidé que les autorités françaises ont légitimement pu considérer que le droit de pouvoir adopter trouvait sa limite dans l'intérêt des enfants. Toutefois, cette décision a été rendue à propos d'un refus opposé à une demande d'agrément à l'adoption présentée par un homosexuel. Il n'est donc pas certain qu'une analogie avec les transsexuels soit pertinente dans ce domaine.

Antoine BOLZE
Maître de conférences à l'Université de Paris XII,
Directeur de l'IEJ

Annale corrigée de l'IEJ de Toulouse

SUJET

Veuillez résoudre le cas pratique suivant :

Clara se dit que les problèmes vivent en troupeau. Lorsque l'un pointe son nez, il annonce les autres. Tout allait bien pour elle et André depuis leur mariage 4 ans plus tôt. Un joli petit Alexandre (4,2 kg à la naissance !), est né un an après la célébration. Du travail pour les deux. Elle est fonctionnaire et lui infographiste indépendant (ils sont mariés sous le régime de la séparation de biens). Il n'y avait pas beaucoup de temps pour se reposer mais une espèce d'ivresse à être ainsi occupés.

Depuis quelques temps, l'activité d'André a considérablement baissé. Le couple connaît des fins de mois difficiles et l'humeur de l'époux n'en est que plus sombre. Il s'énerve souvent et boit beaucoup. Les deux époux se disputent souvent, parfois même devant les amis et la famille. Cela se passe toujours de la même façon, au cours d'une conversation sans enjeu particulier. André dénie à son épouse tout sens des réalités du fait des privilèges de son statut professionnel. Il la traite souvent de fainéante et affirme qu'elle est secrètement heureuse de ses difficultés car elle peut prendre de l'ascendant. En un mot, il la rend responsable de sa situation.

Clara a essayé d'être patiente. Désormais, elle trouve que l'atmosphère du foyer est invivable surtout pour élever un petit. Elle veut se séparer d'André mais pas nécessairement dans la violence. Un peu informée, elle sait qu'il existe une voie contentieuse et une voie amiable. Elle se demande dans quelle mesure l'une ou l'autre solution est envisageable et ce que peut changer le choix au point de vue de sa situation financière après le divorce et de l'organisation de la vie quotidienne de son enfant.

Comme si ce n'était pas suffisant, Clara doit affronter une nouvelle difficulté. Le banquier de son époux l'a appelée afin de lui faire part des difficultés de celui-ci. André a beaucoup emprunté. Il s'est en effet équipé de matériels nouveaux pour satisfaire aux exigences d'un hypothétique contractant. En cours de négociations, pour emporter la mise, il a mis son matériel en conformité avec les spécifications de la société Texinergie qui lui proposait un partenariat prolongé. Cependant, cette dernière vient de lui annoncer un changement de stratégie : ils ne feront pas affaire ensemble. André est désappointé. Il se rend compte que le nouveau matériel et les emprunts sont une charge inutile. Il se demande s'il existe un moyen de réduire ou supprimer cette charge.

Le banquier a choisi de procéder différemment. Il a convoqué Clara et lui a décrit la situation d'André. Il lui a expliqué que si André se retrouvait dans l'incapacité de rembourser les échéances, il serait obligé de se payer sur leurs biens. Sous couvert de rétablir des relations de confiance, il a obtenu un engagement par lequel elle s'engage à payer à la place de son époux s'il manque à ses obligations. Après réflexion, elle se dit qu'elle est allée un peu vite. Le banquier n'a-t-il pas exagéré ? A-t-elle commis l'irrémédiable en s'engageant ?

CORRIGÉ

Le cas conduit à envisager trois questions : la séparation du couple (§1), l'achat à crédit de matériel informatique (§2), le cautionnement consenti par Clara (§3). Le sujet est d'une relative facilité. Les questions posées sont classiques (la première) ou un peu technique et en lien avec l'actualité (la deuxième et la troisième). Il avait pour but de vérifier l'aptitude des candidats à raisonner rapidement (le temps de l'examen est court) sur différents thèmes. Les questions sont indépendantes les unes des autres et il n'y a donc pas d'ordre imposé pour les résoudre.

§1 LA SÉPARATION DU COUPLE

Clara demande un conseil : quel type de divorce envisager ? Mais la question est un peu orientée : c'est du point de vue des effets du divorce qu'elle fera son choix. Cela modifie donc la présentation des réponses. Le candidat ne peut se contenter de rappeler les conditions de fond et de forme de chaque divorce. Il devra en outre réaliser une comparaison des cas de divorce par leurs effets. Par ailleurs, le candidat doit montrer son aptitude à exploiter tous les faits. Il y a dans la relation des éléments sans intérêt (le poids de l'enfant), et d'autres appelant quelques remarques. Ainsi, il est énoncé que Clara ne veut pas nécessairement se séparer dans la violence. C'est une invite à envisager largement les cas de séparation. Il est d'ailleurs bien précisé qu'elle souhaite se séparer de son époux. Il ne faut pas envisager (ou très rapidement dans un but d'exclusion) le simple relâchement du lien matrimonial. De plus, il est indiqué que les insultes et railleries de l'époux se manifestent en public. C'est l'occasion d'apporter quelques précisions sur la preuve.

Il faut néanmoins commencer par éliminer les hypothèses ne pouvant être sérieusement envisagées. Le divorce pour rupture de vie commune sera écarté rapidement. Quelle que soit l'origine de la rupture de la vie commune, le Code civil exige une durée de six années (art. 237 et 238). On pourra hésiter entre les divorces contractuels et le divorce contentieux. Outre une procédure complexe, le divorce sur demande acceptée n'est pas satisfaisant car il aboutit à un divorce aux torts partagés. Ce serait pour Clara un lourd sacrifice.

Elle pourra demander le prononcé d'un divorce pour faute. Le candidat devra énoncer la définition de l'article 242 du Code civil et vérifier les caractères pour analyser le comportement du mari. Les insultes et le comportement tendant à dénigrer son épouse constituent-ils des faits imputables à l'autre époux et constituant une violation grave ou renouvelée des devoirs et obligations du mariage rendant intolérable le maintien de la vie commune ? On pourra débattre de la question de la gravité ou de la répétition. On sait que la jurisprudence ne s'en est jamais tenue à une conception stricte des devoirs et obligations du mariage. Elle intègre les atteintes à l'honneur de l'autre époux. Dans la logique de cette question, le candidat zélé apportera quelques précisions sur la preuve. Il ne s'agit pas de refaire toute une théorie de la preuve dans le divorce. Le temps de l'épreuve autorise le rappel des principes fondamentaux et l'application des règles propres à l'espèce. L'article 259 du Code civil pose le principe de liberté de la preuve. Dans le cas présent cela permet d'envisager le recours à des témoignages.

Du point de vue des conséquences, il faudra préciser qu'un divorce aux torts exclusifs n'a pas d'incidence sur l'exercice de l'autorité parentale. Le candidat doit suivre l'actualité et se munir d'un Code récent sur les dispositions relatives à l'autorité parentale qui ont été déplacées et se trouvent désormais aux articles 373-2 et suivants du Code civil. Selon la situation, le juge aux affaires familiales pourra prévoir une résidence alternée, une résidence habituelle chez l'un des parents ou un exercice exclusif avec droit de visite et de surveillance. Il faudra prévoir les contributions à l'entretien et l'éducation des enfants sous forme de rente ou de capital (art. 373-2-2 et s.). Le candidat ne peut aller plus loin dans les propositions car les faits ne permettent pas de privilégier tel ou tel choix.

Du point de vue des conséquences patrimoniales, le candidat doit remarquer que l'époux coupable est déchu du droit de demander une prestation compensatoire. Cela peut intéresser Clara car la disparité dans le niveau de vie est à son désavantage. Or, la prestation a pour but de compenser « la disparité que la rupture du mariage crée dans les conditions de vie respectives » (art. 270, C. civ.).

Clara préférera peut-être proposer à André un divorce sur requête conjointe. Le candidat devra indiquer la procédure en mettant l'accent sur un élément : le juge aux affaires familiales pourrait être choqué de ne pas voir de stipulations relatives à une prestation compensatoire ou une pension alimentaire dans le projet de convention. Concernant l'enfant, les parents décident ensemble sous le contrôle bienveillant du juge (art. 232, C. civ.).

§II L'ACHAT À CRÉDIT DU MATÉRIEL INFORMATIQUE

C'est peut-être dans la présente hypothèse que réside la plus grande difficulté du cas. Les faits sont une nouvelle illustration de la responsabilité délictuelle pour faute (art. 1382 et 1383, C. civ.). Néanmoins, il s'agit de la période de formation du contrat. Le candidat doit donc résister à la tentation d'envisager la question sous l'angle des règles du contrat. Autant écarter dès le début et clairement l'hypothèse. André reproche à la société Texinergie de ne pas avoir conclu de contrat avec lui. Par définition, on ne peut appliquer les règles de l'exécution contractuelle (art. 1134 et s., C. civ.) pour invoquer un quelconque manquement à l'obligation de bonne foi. De même, il est impossible de remettre en cause les contrats de vente et de crédit. Il n'y a pas de violence, pas de dol émanant du cocontractant ou d'un complice, pas même d'erreur déterminante (erreur sur les qualités substantielles) du consentement. Quand à l'erreur sur les motifs de l'engagement, on peut affirmer, en l'absence d'autres précisions, qu'ils ne sont pas entrés dans le champ contractuel. Le candidat ne doit pas perdre trop de temps à écarter ces hypothèses. Il ne doit surtout pas les développer au cas où... la capacité à écarter franchement une voie et une qualité qu'il doit manifester. André s'est précipité sans prudence. C'est d'ailleurs un élément à retenir.

Il sera tenté d'agir contre l'entreprise Texinergie. L'indemnisation qu'il pourra obtenir est un moyen de diminuer la charge des emprunts. Encore une fois, il convient de rappeler d'abord un principe fondamental : celui de la liberté de contracter ou de ne pas contracter. Le simple refus de contracter ne constitue pas en soi une faute. Cependant un comportement accompagnant ce refus peut être qualifié de faute. L'entreprise a commis une faute en exigeant des investissements sans certitude de la conclusion du contrat. L'action en responsabilité sera fondée sur les articles 1382 et 1383 du Code civil. Une faute est nécessaire dont il convient de donner une définition : *« La faute est un comportement illicite qui contrevient à une obligation ou à un devoir imposé par la loi ou par la coutume »* (Ph. LE TOURNEAU et L. CADIER, *Droit de la responsabilité et des contrats,* Dalloz Action, 2002/2003). De fait, l'entreprise a fait preuve d'une légèreté blâmable en rompant les pourparlers. Il faudra décrire le préjudice (économique) et ses caractères (certain, direct et licite). Terminer sur le lien de causalité pour préciser que le malheureux André a lui-même commis une faute ne revêtant pas les caractères de la force majeure. Cela le prive d'une partie de son indemnisation. Des faits équivalents ont donné lieu à un arrêt récent de la Cour de cassation (Cass. com., 15 oct. 2002, *RTD civ.* 2003, p. 282, obs. Mestre et Fages).

§III LE CAUTIONNEMENT

Le candidat à la pointe de l'actualité indiquera que la loi du 1er août 2003 sur l'initiative économique réforme les règles du cautionnement consenti par une personne physique au bénéfice d'un créancier professionnel. Les articles L. 341-2 et L. 341-3 du Code de la consommation imposent une formule manuscrite à peine de nullité. L'engagement doit être plafonné, limité dans la durée et proportionné.

Le cas oriente la réflexion du candidat : comment remettre en question un contrat déjà conclu. En l'absence d'autres précisions, il faut se diriger vers les circonstances ayant entouré la conclusion du contrat. On peut hésiter entre deux actions. La première est une action en nullité pour dol. Le banquier a obtenu l'engagement de Clara en utilisant de fausses informations (elle ne craint rien sur le régime primaire ou le régime de séparation de biens). Peut-on s'orienter vers le dol ? Selon l'article 1116 du Code civil, il est constitué par des manœuvres ayant amené une partie à contracter. Il comprend des éléments matériels, psychologiques et juridiques. La banque a menti, c'est le cocontractant. Ce mensonge est l'aspect matériel du dol. On peut en déduire l'élément intentionnel. Juridiquement, il porte sur un élément déterminant du consentement, cependant, on peut toujours se demander si la caution n'a pas commis une erreur inexcusable. Il s'agit d'éléments dont elle aurait pu avoir facilement connaissance.

La violence semble être un fondement plus intéressant. Il résulte des articles 1112 et suivants du Code civil que la violence est un mal physique ou psychologique présent ou à venir s'exerçant sur la personne du cocontractant ou un proche. De ce fait, la personne se voit retirer toute liberté du consentement. Elle doit être injuste. La jurisprudence l'a étendu aux hypothèses de violence économique. Avant de se prononcer, le candidat doit présenter le critère de la jurisprudence : *« Seule l'exploitation abusive d'une situation de dépendance économique, faite pour tirer profit de la crainte d'un mal menaçant directement les intérêts légitimes de la personne peut vicier de violence son consentement »* (Cass. civ. 1re, 3 avr. 2002, *D.* 2002, p. 1860 et 1862). Il doit rappeler que la victime peut demander la nullité de son engagement et que le délai ne court pas tant que la violence dure. Il est certainement possible d'appliquer cette hypothèse de violence à l'espèce. Une Cour d'appel a eu plus spécifiquement à connaître de l'hypothèse du prêt consenti pendant une instance de divorce (Douai, 7 févr. 2002, *Gaz. Pal.* 2002, 2, 1301). Dans ce cas-là, c'est une violence plus classique qui était invoquée. La banque harcelait le cocontractant sur son lieu de travail !

Didier KRAJESKI
Maître de conférences à l'Université des Sciences sociales de Toulouse

Deuxième partie

ANNALES CORRIGÉES DE L'ÉPREUVE OPTIONNELLE

Droit administratif .... *p. 75*

Droit commercial .... *p. 107*

Droit communautaire et européen .... *p. 141*

Droit pénal .... *p. 181*

Droit social .... *p. 225*

ANNALES CORRIGÉES DE L'ÉPREUVE DE DROIT ADMINISTRATIF

1. Annale corrigée de l'IEJ de Lille II

2. Annale corrigée de l'IEJ de Nancy II

3. Annale corrigée de l'IEJ de Paris II

4. Annale corrigée de l'IEJ de Toulouse

Annale corrigée de l'IEJ de Lille II

SUJET

Commentaire des deux décisions rendues par le Conseil d'État le 4 juillet 2003 :

Conseil d'État Assemblée, 4 juillet 2003, n° 244349, *M. Papon*

Vu la requête sommaire et le mémoire complémentaire, enregistrés les 21 mars et 29 avril 2002 au secrétariat du contentieux du Conseil d'État, présentés pour M. Maurice Papon, demandant au Conseil d'État :

1°) d'annuler la décision prise le 10 janvier 2002 par le chef du service des pensions du ministère de l'Économie, des Finances et de l'Industrie prononçant la suspension du paiement des arrérages de sa pension civile de retraite à compter du 22 octobre 1999 ;

2°) de condamner l'État au paiement d'une somme de 2 300 euros au titre de l'article L. 761-1 du Code de justice administrative.

[...]

Considérant qu'aux termes de l'article L. 58 du Code des pensions civiles et militaires de retraite : « Le droit à l'obtention ou à la jouissance de la pension et de la rente viagère d'invalidité est suspendu : (...) par la condamnation à une peine afflictive ou infamante pendant la durée de la peine » ;

Considérant que M. Papon a été condamné à dix années de réclusion criminelle par un arrêt de la Cour d'assises de la Gironde en date du 2 avril 1998 ; qu'à la suite d'un arrêt de la Cour de cassation du 21 octobre 1999, cette condamnation est devenue définitive et exécutoire ; que le chef du service des pensions du ministère de l'Économie, des Finances et de l'Industrie a, par une décision du 10 janvier 2002, décidé de suspendre, à compter du 22 octobre 1999, en application des dispositions précitées de l'article L. 58, le versement de la pension de retraite qui avait été concédée à M. Papon en sa qualité d'ancien préfet ; que M. Papon demande l'annulation de cette décision ;

Sans qu'il soit besoin d'examiner les autres moyens de la requête :

Considérant que la catégorie des peines afflictives et infamantes a été supprimée dans le nouveau Code pénal, issu de la loi du 22 juillet 1992, modifiée par la loi du 19 juillet 1993, et qui est entré en vigueur le 1er mars 1994 ; que, si la peine de réclusion criminelle à temps, qui constituait dans l'ancien Code pénal une peine afflictive et infamante, figure dans le nouveau Code pénal, une échelle nouvelle de peines a été prévue ; qu'il ressort des dispositions du nouveau Code pénal, éclairées par leurs travaux préparatoires, que le législateur a entendu limiter le nombre des peines de caractère accessoire ou complémentaire dont l'intervention découle obligatoirement de l'application de la peine principale ; que le législateur n'a pas précisé les peines qui pourraient être regardées comme correspondant désormais aux peines qui étaient, dans l'ancien Code pénal, qualifiées d'afflictives et infamantes ; qu'ainsi, l'entrée en vigueur du nouveau Code pénal a privé d'effet les dispositions précitées de l'article L. 58 du Code des pensions civiles et militaires de retraite ; que, dès lors, la décision attaquée ne pouvait être légalement prise sur ce fondement et doit, par suite, être annulée ;

Considérant que dans le dernier état de ses conclusions, formulées dans un mémoire enregistré au secrétariat du contentieux du Conseil d'État le 12 juin 2003, M. Papon demande qu'il soit ordonné au ministre de l'Économie, des Finances et de l'Industrie de prendre une décision portant rétablissement de son droit à pension à compter du 22 octobre 1999 et versement des arrérages qui lui sont dus depuis cette même date, assortis des intérêts légaux et des intérêts capitalisés ;

Considérant que le contentieux des pensions civiles et militaires de retraite est un contentieux de pleine juridiction ; qu'il appartient, dès lors, au juge saisi de se prononcer lui-même sur les droits des intéressés, sauf à renvoyer à l'administration compétente, et sous son autorité, le règlement de tel aspect du litige dans des conditions précises qu'il lui appartient de fixer ;

Considérant que, ainsi qu'il a été dit plus haut, c'est à tort que M. Papon a été privé de la jouissance de sa pension à compter du 22 octobre 1999 ; qu'il y a lieu, dès lors, de prescrire au ministre de l'Économie, des Finances et de l'Industrie de rétablir, dans les deux mois suivant la notification de la présente décision, la jouissance de la pension de M. Papon à compter du 22 octobre 1999 et d'en assurer le versement ; que M. Papon a droit aux intérêts des sommes qui lui sont dues à compter du 21 mars 2002, date à laquelle il a saisi le Conseil d'État ; qu'à la date du 12 juin 2003, à laquelle M. Papon a présenté des conclusions à fin de capitalisation des intérêts, il était dû plus d'une année d'intérêts ; qu'il y a lieu, dès lors, de faire droit à ces conclusions ;

Considérant qu'il n'y a pas lieu, dans les circonstances de l'espèce, d'assortir cette injonction d'une astreinte ;

Sur les conclusions de M. Papon rendant à l'application des dispositions de l'article L. 761-1 du Code de justice administrative :

Considérant qu'il y a lieu, dans les circonstances de l'espèce, de faire application des dispositions de l'article L. 761-1 du Code de justice administrative et de condamner l'État à payer à M. Papon la somme de 2 300 euros que demande celui-ci au titre des frais exposés par lui et non compris dans les dépens ;

DÉCIDE :

Article 1er : La décision en date du 10 janvier 2002 prise par le chef du service des pensions du ministère de l'Économie, des Finances et de l'Industrie prononçant la suspension du paiement des arrérages de la pension civile de retraite de M. Papon à compter du 22 octobre 1999 est annulée.

Article 2 : Le ministre de l'Économie, des Finances et de l'Industrie rétablira, dans le délai de deux mois suivant la notification de la présente décision, la jouissance de la pension de M. Papon à compter du 22 octobre 1999 et assurera rétroactivement le versement de cette pension en l'assortissant à compter du 21 mars 2002 des intérêts légaux. Les intérêts échus le 12 juin 2003 seront capitalisés à cette date pour produire eux-mêmes intérêts.

Article 3 : L'État versera à M. Papon une somme de 2 300 euros au titre de l'article L. 761-1 du Code de justice administrative.

Conseil d'État Assemblée, 4 juillet 2003, n° 254850, *M. Papon*

Vu la requête sommaire et le mémoire complémentaire, enregistrés les 7 mars et 14 mai 2003 au secrétariat du contentieux du Conseil d'État, présentés pour M. Maurice Papon, demandant au Conseil d'État :

1°) d'annuler la décision implicite par laquelle le collège des questeurs de l'Assemblée nationale a rejeté sa demande tendant à ce que le versement de sa pension d'ancien député soit rétabli à compter du 18 septembre 2002 ;

2°) de condamner l'État à lui verser la somme de 2 300 euros au titre de l'article L. 761-1 du Code de justice administrative ;

[...]

Considérant qu'aux termes du 1 de l'article 46 du règlement de la caisse de pensions et de sécurité sociale des députés et anciens députés : « Le droit à l'obtention ou à la jouissance de la pension est suspendu : – par la condamnation à une peine afflictive ou infamante pendant la durée de la peine... » ;

Considérant que M. Papon a été condamné à dix années de réclusion criminelle par un arrêt de la Cour d'assises de la Gironde en date du 2 avril 1998 ; qu'à la suite d'un arrêt de la Cour de cassation du 21 octobre 1999, cette condamnation est devenue définitive et exécutoire ; que, par une décision du 28 octobre 1999, le collège des questeurs de l'Assemblée nationale a tiré les conséquences de cette condamnation en suspendant le versement à M. Papon de sa pension d'ancien député en application du 1 de l'article 46 précité ; que, par un arrêt du 18 septembre 2002, la cour d'appel de Paris a ordonné la suspension de la peine de dix ans de réclusion criminelle en raison de l'état de santé de M. Papon ; que, se prévalant de cet arrêt, M. Papon a formulé une demande tendant au rétablissement du versement de la pension de retraite d'ancien député, à laquelle le collège des questeurs de l'Assemblée nationale n'a pas répondu ; qu'il demande l'annulation de la décision implicite de rejet opposée à la demande ;

Considérant que la caisse de retraite des anciens députés a été créée par une résolution de la Chambre des députés adoptée le 23 décembre 1904, confirmée par une loi du 9 février 1905 ; qu'aux termes de l'article 5 de l'ordonnance du 13 décembre 1958 portant loi organique relative à l'indemnité des membres du Parlement, prise sur le fondement de l'article 25 de la Constitution : « Les caisses établies par les résolutions de la Chambre des députés en date du 23 décembre 1904 et du Sénat en date du 28 janvier 1905 sont maintenues au profit des membres de l'Assemblée nationale et du Sénat (...). Les pensions payées par ces caisses sont incessibles et insaisissables, sauf lorsqu'il s'agit du paiement d'une pension alimentaire » ; que, par un arrêté du 8 juin 1966 du bureau de l'Assemblée nationale, a été adopté un règlement unique relatif à la caisse de pensions et de sécurité sociale des députés et anciens députés ;

Considérant que le régime de pensions des anciens députés fait partie du statut du parlementaire, dont les règles particulières résultent de la nature de ses fonctions ; qu'ainsi, ce statut se rattache à l'exercice de la souveraineté nationale par les membres du Parlement ; que, eu égard à la nature de cette activité, il n'appartient pas au juge administratif de connaître des litiges relatifs au régime de pensions des parlementaires ; ...

DÉCIDE :

Article 1er : La requête de M. Papon est rejetée.

[...]

CORRIGÉ

Avertissement : La correction peut s'inspirer des éléments suivants, sachant qu'il ne s'agit que de propositions non exhaustives, et qui doivent évidemment être laissées à l'appréciation des correcteurs.

Il s'agit d'un sujet qui présente un caractère sensible, qui avait déjà attiré l'attention des étudiants par les aspects plus directement liés à la culture générale et au droit pénal. Il s'agit ici en quelque sorte de l'épilogue administratif, du petit aspect (voir de l'aspect petit ?) d'une affaire qui a bouleversé notre société sur plus de cinquante ans, et tout récemment encore.

On préférera pour ces indications de correction suivre une démarche constructive, rassemblant tout d'abord les éléments de fond importants pour ce commentaire, avant de proposer de les organiser en un plan. C'est en ce sens qu'un sujet doit être travaillé par les candidats, nous semble-t-il, plutôt que de tenter de façon prématurée de « remplir » un plan artificiel.

§I LE CONTEXTE

La question traitée par les deux décisions à commenter et soumise à la sagacité des candidats est celle du rétablissement de Maurice Papon dans ses droits à pension de retraite, comme ancien préfet, et comme ancien député.

On sait que le Conseil d'État a déjà rendu à propos du même requérant une décision remarquée retenant la responsabilité de l'État, condamnant ce dernier à prendre à sa charge la moitié des condamnations civiles prononcées à l'encontre du requérant par la Cour d'assises de la Gironde, qui a par ailleurs condamné M. Papon à une peine de dix ans de réclusion criminelle pour complicité de crime contre l'humanité (CE Ass. 12 avril 2002, *Papon, GAJA*, 14e éd. 2003, n° 117).

Il s'agit ici de deux affaires jugées le même jour, quoiqu'introduites à près d'un an d'intervalle devant le Conseil d'État. Faut-il y voir une volonté de minimiser la portée de l'une des décisions par l'autre ? La chronique de jurisprudence de *l'AJDA* parue le 15 septembre 2003, et tenue par les membres du Conseil d'État, préfère commenter uniquement sous l'aspect strictement juridique l'affaire qui concerne la pension de parlementaire.

Ces deux arrêts illustrent les conséquences d'une affaire qui sur le plan pénal, a tenu le haut de l'actualité et soulève bien d'autres problèmes juridiques (continuité de l'État, de la République, devoir d'obéissance du fonctionnaire, du représentant de l'État, légitimité et légalité, affaire qui bien sûr pose de nombreux problèmes de morale, de philosophie, de conception des rapports des êtres humains, d'honneur, de dignité humaine).

Le devoir de mémoire est ici confronté au droit et en l'espèce au droit administratif.

§II SUR LA RETRAITE DE DÉPUTÉ

On se trouve dans le contexte de l'appréciation par le juge administratif des actes non législatifs émanant des assemblées parlementaires.

On pouvait se poser la question de la qualification de l'acte. Une décision du collège des questeurs de l'assemblée nationale n'est certes pas un acte législatif, car ne relevant pas de la procédure législative en vue d'aboutir au vote d'une loi. Mais est-elle un acte parlementaire ? La théorie des actes parlementaires a connu un certain recul avec la décision du CE Ass. 5 mars 1999, *Président de l'AN, GAJA*, 14e éd. 2003, n° 109. On aurait donc pu s'attendre à ce que le juge accepte de connaître de la décision du bureau des questeurs. Mais dans l'arrêt précité, il est vrai qu'il s'agissait d'un litige de l'Assemblée Nationale avec un tiers et non un membre ou un ancien membre comme ici.

En l'espèce le juge ne fait pas usage de cette théorie des actes parlementaires. Il se réfère au statut du parlementaire qu'il inscrit dans les principes même de la représentation nationale. Le Conseil d'État se réfère expressément à la souveraineté nationale, éprouvant sans doute le besoin de fonder ainsi un principe.

À titre de comparaison on notera que les actes relatifs à la gestion du personnel des assemblées parlementaires ne sont plus considérés comme des actes parlementaires depuis la loi du 17 novembre 1958, mais comme des actes administratifs susceptibles de recours devant le juge administratif (abandon de la jurisprudence *Lop* de 1954). Mais en l'espèce il ne s'agit pas du statut des agents mais du statut des parlementaires. Le juge refuse de contrôler un acte qui relève de la souveraineté, de l'organisation même du pouvoir politique.

On se trouve donc devant une catégorie d'actes qui, comme les actes de gouvernement, ne peut faire l'objet d'un contrôle par le juge (on note cependant qu'il ne s'agissait pas en l'espèce d'un acte de gouvernement, puisque l'acte concerné n'émanait pas du pouvoir exécutif, mais émanait d'une instance interne au pouvoir législatif).

Pourrait-on s'interroger, face à cette absence de contrôle juridictionnel sur certains actes, sur le droit au recours pour excès de pouvoir (CE Ass. 17 février 1950, *Ministre de l'Agriculture c/ Dame Lamotte, GAJA*, 14e éd. 2003, n° 65), ou sur le droit au recours effectif garanti par la CEDH ?

On notera que le Conseil d'État n'a pas suivi son Commissaire du gouvernement qui proposait de faire application de la théorie de l'acte détachable, proposant de rendre la question de la pension détachable du mandat de député.

On pourra sans doute rapprocher cette décision de CE Ass. 25 octobre 2002, *Brouant*, où le Conseil d'État a jugé que la définition du régime des archives du Conseil constitutionnel n'était pas détachable de ses missions constitutionnelles, de même qu'en l'espèce la pension de député n'est pas dissociable de la mission constitutionnelle du parlementaire.

L'immunité juridictionnelle va se révéler en l'espèce défavorable au requérant.

§III SUR LA RETRAITE EN TANT QUE PRÉFET

Il s'agit bien là d'un acte administratif dont le Conseil d'État peut connaître, mais qui se heurte à une question de pure légalité. Du fait de la disparition dans le Code pénal de 1994 de la catégorie des peines afflictives et infamantes, la mesure de suspension de la retraite ne pouvait se fonder juridiquement sur une disposition abrogée. Par manque de base légale, l'acte attaqué est donc illégal.

Il s'agit, pourrait-on dire, d'une banale application de la hiérarchie des normes. Un acte est illégal parce que rendu impossible par une disposition supérieure (loi portant réforme du Code pénal).

Le Conseil d'État fait ici application en tant que juge d'une position sur le même sujet déjà exprimée lors d'un « avis contentieux » du 2 avril 2003, *Georges S...* sur renvoi du tribunal administratif de Toulouse (publié avec les conclusions à *RFD adm.*, juillet-août 2003, p. 810).

Cet arrêt montre aussi la question de l'application du droit pénal par le juge administratif. Ainsi l'arrêt *Lambda* (CE Ass., 6 décembre 1996, *Société Lambda, GAJA*, 14e éd. 2003, n° 106) avait permis de clairement illustrer cette application : le droit pénal fait partie intégrante des sources de la légalité administrative, dont on sait par ailleurs qu'elle ne cesse de s'élargir, afin de permettre au juge d'étendre son contrôle (droit de la concurrence ou droit de la consommation, par exemple).

En l'espèce, l'exercice de son contrôle par le juge va se montrer favorable au requérant. Non seulement le juge annule l'acte administratif attaqué, mais il fait usage de ses pouvoirs d'injonction pour ordonner le rétablissement du droit à pension, et le versement rétroactif des sommes dues.

§IV UNE PROPOSITION DE PLAN

Avec toutes les réserves d'usage (il n'y a pas un seul bon plan possible mais plusieurs), il est permis de proposer la construction suivante :

Deux demandes identiques dans leur principe, qui aboutissent à des résultats contraires (certains auteurs ont parlé des « grands arrêts contradictoires » (P. Lecocq, Ellipses 2001), en ce sens où la stricte application du droit conduit à des solutions opposées). Ces deux affaires alimentent aussi la réflexion sur la neutralité du droit face à la société (droit et politique, droit et morale, droit et histoire, légalité et légitimité)

I. Deux affaires qui illustrent des questions essentielles de droit administratif

A. Les actes soumis au contrôle du juge (notion d'acte susceptible ou insusceptible de recours)

B. Le respect du principe de légalité (notion d'illégalité pour défaut de base légale)

II. Deux affaires qui illustrent les relations du droit administratif avec les autres branches du droit

A. Rapports avec le droit pénal

B. Rapports avec le droit constitutionnel (le droit politique selon certains)

On pouvait alors évoquer **en conclusion** l'enseignement pour le juriste, et l'enseignement pour l'avocat qu'apportent ces deux décisions : selon la posture juridique d'un problème, selon le contexte (nature des demandes et nature des actes en l'espèce), la solution est distincte : ne touche-t-on pas ici aux limites du droit ?

Une présentation plus élégante sur le plan des intitulés pouvait conduire au plan suivant :

I. Rôle du juge administratif

A. Délimitation de sa compétence

B. Exercice de son contrôle

II. Neutralité du droit administratif

A. Dans ses rapports avec le droit pénal

B. Dans ses rapports avec le pouvoir politique

Remarque : On a préféré à la correction un choix tel que ceux exposés ci-dessus plutôt qu'un plan plus polémique tel que : « I. L'immunité juridictionnelle contre Maurice Papon ; II. Le contrôle juridictionnel favorable à Maurice Papon ». Cette présentation avait en effet l'inconvénient de pouvoir conduire à une séparation des deux commentaires d'arrêts, alors que précisément l'intérêt du sujet était de montrer une certaine neutralité du droit, conduisant à des solutions différentes dans ce que l'on pouvait considérer comme une même affaire sur le plan politique, mais qui constituait bien deux affaires distinctes sur le plan du problème juridique.

§V EN RÉSUMÉ, POUR CE QUI CONCERNAIT LES EXIGENCES

Les candidats devaient, sur le plan des connaissances, traiter des sources du droit, des conditions de légalité des actes administratifs, de la théorie des actes parlementaires, de la nature des actes soumis au contrôle du juge administratif, et donc des pouvoirs et des limites du contrôle du juge administratif.

Pour le reste, il s'agissait de bien valoriser l'insertion du sujet dans son contexte, ainsi que l'inévitable dimension de la réflexion du juriste. On n'attendait pas un commentaire d'arrêt purement académique sur un tel sujet. Il a semblé aux correcteurs que le regard du futur avocat sur ce sujet devait être abordé. La hauteur de vue, l'intelligence générale de la copie, ainsi que la clarté d'exposé devaient aussi être récompensées par la notation. Le sujet s'y prêtait.

Martine CLIQUENNOIS
Maître de conférences à l'Université de Lille II

Annale corrigée de l'IEJ de Nancy II

SUJET

Commentez l'arrêt ci-joint rendu par le Conseil d'État le 12 mars 2003 :

CE du 12 mars 2003, *Frérot*

Considérant qu'il ressort des pièces du dossier soumis au juge du fond que le 24 mai 1996, à l'issue d'une visite au parloir du centre pénitentiaire de Fresnes, M. Frérot, soumis à une fouille, a refusé d'obéir aux surveillants qui lui demandaient d'ouvrir la bouche ; que, sur la base de ces faits, l'intéressé a été, par une décision du même jour ; placé à titre préventif dans une cellule disciplinaire, puis a fait l'objet le 28 mai 1996 d'une mesure de mise en cellule disciplinaire pendant huit jours sans sursis par le président de la commission de discipline du centre pénitentiaire de Fresnes, décision confirmée, sur recours hiérarchique, le 18 juin 1996 par le directeur régional des services pénitentiaires d'Ile-de-France ; que, par deux jugements du 15 octobre 1997, le tribunal administratif de Melun a rejeté les demandes de M. Frérot tendant à l'annulation de ces décisions ; que, sur requête de M. Frérot, la cour administrative d'appel de Paris, par un arrêt du 29 juin 2001 contre lequel le garde des Sceaux, ministre de la Justice se pourvoit en cassation, a d'une part annulé le jugement du 15 octobre 1997 du tribunal administratif de Melun et le jugement du 15 octobre 1997 de ce même tribunal en tant qu'il a rejeté les conclusions de M. Frérot tendant à l'annulation de la décision du 18 juin 1996, et d'autre part annulé les décisions en date des 24 mai 1996 et 18 juin 1996 ;

En ce qui concerne la mesure prise le 24 mai 1996 :

Considérant qu'aux termes de l'article D. 250-3 du Code de procédure pénale dans sa rédaction issue du décret du 2 avril 1996 : « Le chef d'établissement ou un membre du personnel ayant reçu délégation écrite à cet effet peut, à titre préventif et sans attendre la réunion de la commission de discipline, décider le placement d'un détenu dans une cellule disciplinaire si les faits constituent une faute du premier ou du deuxième degré et si la mesure est l'unique moyen de mettre fin à la faute ou de préserver l'ordre intérieur dans l'établissement. Le placement préventif en cellule disciplinaire n'est pas applicable aux mineurs de seize ans. Il s'exécute dans les conditions prévues aux articles D. 251-3 et D. 251-4. Sa durée est limitée au strict nécessaire et ne peut excéder deux jours à compter de la date à laquelle les fais ont été portés à la connaissance du chef d'établissement. La durée de placement s'impute sur celle de la sanction lorsqu'est prononcée à l'encontre d'un détenu l'une des sanctions de cellule prévues aux 4° et 5° de l'article D. 251 » : qu'aux termes de l'article D. 251-3 du même code : « La mise en cellule disciplinaire prévue par l'article D. 251 (5°) consiste dans le placement du détenu dans une cellule aménagée à cet effet et qu'il doit occuper seul. La sanction emporte pendant toute sa durée la privation d'achats en cantine prévue à l'article D. 251 (3°) ainsi que la privation des visites et de toutes les activités. Toutefois, les détenus placés en cellule disciplinaire font une promenade d'une heure par jour dans une cour individuelle. La sanction n'emporte en outre aucune restriction à leur droit de correspondance écrite » ;

Considérant qu'il résulte des pièces du dossier soumis aux juges du fond que la mesure prise le 24 mai 1996 de placer M. Frérot à titre préventif dans une cellule disciplinaire était destinée, en application de l'article D. 250-3 du Code de procédure pénale, à préserver l'ordre intérieur dans l'établissement de détention après que M. Frérot avait refusé de se prêter à une fouille corporelle ; qu'une mesure de cette nature, qui n'est pas constitutive d'une sanction disciplinaire, présente, eu égard à sa durée ainsi qu'à son caractère provisoire et conservatoire, le caractère d'une mesure d'ordre intérieur qui n'est pas susceptible d'être déférée au juge administratif par la voie du recours pour excès de pouvoir ; qu'en jugeant qu'une telle mesure constituait une décision susceptible de recours, la cour administrative d'appel de Paris a donc commis une erreur de droit ;

En ce qui concerne la décision du 18 juin 1996 :

Considérant qu'aux termes de l'article D. 275 du Code de procédure pénale « les détenus doivent être fouillés fréquemment et aussi souvent que le chef de l'établissement l'estime nécessaire. Ils le sont notamment à leur entrée dans l'établissement et chaque fois qu'ils en sont extraits et y sont reconduits pour quelque cause que ce soit. Ils peuvent également être l'objet d'une fouille avant et après tout parloir ou visite quelconque » ; qu'en vertu des dispositions de l'article D. 406 du même code « l'accès au parloir implique, outre la fouille des détenus avant et après l'entretien, les mesures de contrôle jugées nécessaires à l'égard des visiteurs, pour des motifs de sécurité » ;

Considérant qu'il ressort des pièces du dossier soumis aux juges du fond que la mesure de fouille qui a été diligentée à l'égard de M. Frérot a été prise sur le fondement de ces dispositions réglementaires du Code de procédure pénale, qui en constituent la base légale ; qu'en jugeant que la circulaire du garde des Sceaux, ministre de la Justice, en date du 14 mars 1986 relative à la fouille des détenus avait été la base légale de cette mesure de fouille, alors que cette circulaire se borne à préciser à l'intention des services placés sous l'autorité hiérarchique du ministre les modalités d'application et de mise en œuvre des prescriptions réglementaires du Code de procédure pénale et en déduisant que la sanction prise à l'égard de M. Frérot pour avoir refusé de se soumettre à la fouille était illégale, faute pour la circulaire d'avoir fait l'objet d'une publicité suffisante auprès des détenus, la cour administrative d'appel a, par suite, commis une erreur de droit ;

Considérant qu'il y a lieu, par application des dispositions de l'article L. 821-2 du Code de justice administrative, de régler l'affaire au fond ;

Sur la décision du 24 mai 1996 plaçant à titre préventif M. Frérot en cellule disciplinaire :

Considérant que, pour les motifs exposés ci-dessus ; la mesure de placement à titre préventif de M. Frérot en cellule disciplinaire était constitutive d'une mesure d'ordre intérieur qui ne pouvait être déférée au juge de l'excès de pouvoir ; que, par suite, M. Frérot n'est pas fondé à soutenir que c'est à tort que, par le jugement n° 97-500 en date du 15 octobre 1997, le tribunal administratif de Melun a rejeté comme irrecevable sa demande dirigée contre cette mesure ;

Sur la décision du 18 juin 1996 confirmant la sanction du 28 mai 1996 de mise en cellule disciplinaire pour une durée de huit jours sans sursis :

Considérant que, en s'opposant à la mesure de fouille prévue par les articles D. 275 et D. 406 du Code de procédure pénale précités, M. Frérot s'est rendu coupable d'une faute disciplinaire du deuxième degré, laquelle pouvait légalement faire l'objet, en application de l'article D. 251-5 du Code de procédure pénale, d'une mise en cellule disciplinaire dans les conditions prévues aux articles D. 251-3 et D. 251-4 du même code ;

Considérant que, compte tenu des mesures prévues pour protéger l'intimité et la dignité des détenus et eu égard aux contraintes particulières afférentes au fonctionnement des établissements pénitentiaires, la sanction prise à l'encontre de M. Frérot à la suite des faits sus-décrits n'a pas méconnu les stipulations de l'article 3 de la Convention européenne de sauvegarde des droits de l'homme et des libertés fondamentales ; que cette sanction était, eu égard au comportement de M. Frérot et à la gravité des actes antérieurement commis par lui, nécessaire pour la défense de l'ordre public ; que, dans ces conditions, elle n'a pas été prise en méconnaissance de l'article 8 de la Convention européenne de sauvegarde des droits de l'homme et des libertés fondamentales ;

Considérant que, eu égard notamment aux antécédents de l'intéressé, qui avait déjà refusé de se soumettre à une mesure de sécurité lors d'une fouille en mars 1996, la sanction de huit jours de mise en cellule disciplinaire infligée à M. Frérot, alors que la sanction maximale est de trente jours, n'est pas disproportionnée par rapport à la faute commise ; que, par suite, M. Frérot n'est pas fondé à soutenir que la décision critiquée serait entachée d'une erreur manifeste d'appréciation ;

Considérant qu'il résulte de ce qui précède que M. Frérot n'est pas fondé à soutenir que c'est à tort que, par le jugement n° 96-12297 du 15 octobre 1997, le tribunal administratif de Melun a rejeté sa demande dirigée contre ladite décision ;

[...]

Décide :

Art. 1er : L'arrêt de la cour administrative d'appel de Paris en date du 29 juin 2001 est annulé en tant qu'il annule les jugements nos 97-500 et 96-12297 du tribunal administratif de Melun et les décisions du 24 mai 1996 et du 18 juin 1996.

Art. 2 : La requête de M. Frérot devant la cour administrative d'appel de Paris et ses conclusions tendant à l'application des dispositions de l'article L. 761-1 du Code de justice administrative sont rejetées.

CORRIGÉ

L'immunité contentieuse dont bénéficient traditionnellement les mesures d'ordre intérieur constitue une entorse au principe de la soumission de l'administration au droit. De l'étendue de cette catégorie dépend donc l'effectivité du principe de légalité. À cette question, l'arrêt *Frérot* rendu par le Conseil d'État le 12 mars 2003 apporte un élément de réponse, sans doute décevant.

L'affaire à l'origine de l'arrêt était née dans le cadre pénitentiaire. Incarcéré à la prison de Fresnes, M. Frérot avait, à l'issue d'une visite reçue au parloir, refusé de se soumettre à une fouille intégrale. Aussi fut-il sur le champ placé en cellule disciplinaire à titre préventif par une décision du 24 mai 1996. Le 28 mai 1996, il fit l'objet d'une mise en cellule disciplinaire pendant huit jours, sanction confirmée, sur recours hiérarchique, le 18 juin 1996. M. Frérot saisit le tribunal administratif de conclusions tendant à l'annulation des deux décisions en date du 24 mai et du 18 juin 1996, à l'appui desquelles il avança plusieurs moyens tenant notamment au défaut de base juridique, à la violation des articles 3 et 8 de la Convention européenne de sauvegarde des droits de l'Homme et au caractère disproportionné des mesures litigieuses. Par deux jugements en date du 15 octobre 1997, le tribunal administratif de Melun jugea irrecevable sa demande dirigée contre le placement en cellule disciplinaire à titre préventif au motif qu'il s'agissait d'une mesure d'ordre intérieur, et rejeta au fond celle dirigée contre la décision de placement en cellule disciplinaire pendant huit jours. Ces deux jugements furent infirmés par la Cour administrative d'appel de Paris qui, par un arrêt du 29 juin 2001, annula les deux décisions contestées des 24 mai et 18 juin 1996. Et c'est sur le pourvoi en cassation intenté par le garde des Sceaux que le Conseil d'État était invité à statuer dans la présente affaire. Le premier point soumis à l'examen du juge de cassation portait sur la recevabilité des recours pour excès de pouvoir intentés contre les deux mesures litigieuses. Pour y répondre, – et c'est là que résidait l'enjeu essentiel de l'arrêt qu'il avait à rendre –, le Conseil d'État devait déterminer la nature des deux actes, la discipline dans la prison constituant avec celle imposée dans l'armée et l'école le terrain d'élection de la catégorie des mesures d'ordre intérieur. La solution qu'il donne, qualifiant la mesure du 24 mai 1996 de mesure d'ordre intérieur et celle du 18 juin 1996 de décision susceptible de recours peut ne pas recueillir une approbation unanime (§ I). Examinant ensuite la légalité au fond de la décision du 18 juin 1996, le Conseil d'État livre également quelques indications intéressantes, notamment sur l'intensité du contrôle (§ II).

§I LA RECEVABILITÉ DU RECOURS, FONCTION DE LA NATURE DES MESURES LITIGIEUSES

Conduit, pour trancher la question de la recevabilité des requêtes en annulation dirigées contre les deux mesures, en date respectivement du 24 mai et du 18 juin 1996, à qualifier juridiquement ces deux actes au regard de la notion de mesures d'ordre intérieur, le Conseil d'État en donne, de manière contestable, une appréciation différente.

A. L'APPRÉCIATION DIFFÉRENTE DES DEUX MESURES CONTESTÉES AU REGARD DE LA NOTION DE MESURE D'ORDRE INTÉRIEUR

La mesure du 24 mai 1996 et celle du 18 juin 1996 constituaient-elles, toutes deux, des décisions susceptibles de recours ou des mesures d'ordre intérieur ? De la réponse à cette question dépendait la recevabilité des recours intentés par M. Frérot contre ces deux mesures. Témoignant de l'existence d'une *« vie intérieure »* de l'administration (Hauriou) et tendant à assurer un certain ordre interne dans les services, les mesures d'ordre intérieur constituent en effet des actes administratifs qui, en dépit de leur caractère décisoire, échappent traditionnellement au contrôle du juge administratif. L'irrecevabilité des recours contentieux dirigés à leur encontre est généralement fondée sur l'adage *De minimis non curat praetor* : il s'agit de débarrasser le prétoire de mesures jugées d'importance trop minime, d'effet trop insignifiant pour leurs destinataires pour pouvoir donner lieu à recours. Est également mis en avant le souci de mettre l'autorité hiérarchique en mesure d'assurer la discipline interne indispensable au bon fonctionnement des institutions concernées, de *« ne pas risquer d'affaiblir la discipline »* (Hauriou) en ouvrant une possibilité de recours contentieux. En l'espèce, le Conseil d'État qualifie la mise en cellule de punition à titre préventif décidée le 24 mai 1996 de *« mesure d'ordre intérieur qui n'est pas susceptible d'être déférée au juge administratif par la voie du recours pour excès de pouvoir »*, au motif qu'elle *« n'est pas constitutive d'une sanction disciplinaire »* et *« eu égard à sa durée ainsi qu'à son caractère provisoire » ;* mesure d'importance trop minime donc. En revanche il considère implicitement le placement en cellule disciplinaire pendant 8 jours ordonné le 18 juin 1996 comme une décision susceptible de recours puisqu'il examine sa légalité au fond, vraisemblablement parce qu'elle constitue, elle, une sanction disciplinaire, prévue comme telle par l'article D. 251 (5°) du Code de procédure pénale. Si cette dernière appréciation allait de soi, il n'en est pas de même de la première.

B. UNE SOLUTION CONTESTABLE

Qualifier, comme l'a fait le Conseil d'État, le placement en cellule de punition pendant 8 jours ordonné le 18 juin 1996 comme une décision susceptible de recours s'imposait. Il ne s'agit là en effet que de la reprise de la solution rendue le 17 février 1995 par son assemblée du contentieux dans l'arrêt *Marie*. Dans cette affaire, le Conseil avait considéré une mesure de placement en cellule de punition pendant une durée de huit jours avec sursis comme une décision faisant grief *« eu égard à la nature et à la gravité de la mesure »*. *A fortiori* devait donc recevoir la même qualification le placement en cellule disciplinaire, – qui n'est rien d'autre que la nouvelle appellation du placement en cellule de punition –, pour une durée de huit jours sans sursis.

En revanche, la qualification de mesure d'ordre intérieur donnée à la décision du 24 mai 1996 de placement en cellule disciplinaire à titre préventif. Sans doute, d'aucuns pourraient n'y voir qu'une application orthodoxe des critères de la mesure d'ordre intérieur dégagés dans l'arrêt *Marie*. Pour justifier sa solution, le Conseil d'État se fonde en effet d'une part sur la nature de cette mesure : *« destinée à préserver l'ordre intérieur dans l'établissement de détention »*, elle présente un *« caractère provisoire et conservatoire »* et *« n'est pas constitutive d'une sanction disciplinaire »* ; le juge administratif évoque d'autre part l'absence de gravité de cette mesure : sa *« durée »* ne peut excéder deux jours aux termes mêmes de l'article D. 250-3 du Code de procédure pénale. En réalité, l'appréciation peut paraître bien sévère pour deux raisons : en premier lieu, la nature du placement en cellule disciplinaire à titre préventif ne semble pas bien différente du placement en cellule disciplinaire à titre de sanction comme le révèle le fait que ces deux mesures emportent les mêmes effets (privations des achats en cantine, des visites et de toutes les activités) et que la durée du placement en cellule disciplinaire à titre préventif s'impute sur la durée de la sanction du placement en cellule disciplinaire comme le prévoit l'article D. 250-3 du Code de procédure pénale ; en second lieu, la gravité d'un placement effectif en cellule disciplinaire pendant deux jours même à titre préventif ne cède en rien à celle d'un placement avec sursis en cellule de punition pendant huit jours pourtant considéré comme une décision susceptible de recours dans l'arrêt *Marie*.

Cette appréciation large de la mesure d'ordre intérieur effectuée en l'espèce par le Conseil d'État cadre mal avec l'orientation jurisprudentielle qu'il avait initiée avec les arrêts *Hardouin* et *Marie* du 17 février 1995 tendant à rétrécir le domaine de cette catégorie d'actes affranchis de toute sanction juridictionnelle. Certes, rétrécissement ne saurait signifier disparition. Seules doivent en être exclues les mesures portant une atteinte sensible aux libertés et droits protégés des intéressés ou à leur situation juridique ; tel ne saurait être le cas de la mise à l'isolement d'un détenu (CE, 28 février 1996, *Fauqueux*). C'est néanmoins en vue d'encourager cette orientation que la Cour administrative d'appel de Paris avait en l'espèce qualifié de décision susceptible de recours le placement en cellule disciplinaire à titre préventif, comme elle l'avait fait tout récemment en appliquant, contrairement au Conseil d'État, la même qualification à la mise à l'isolement d'un détenu (CAA Paris, 5 novembre 2002, *Remli*). En infirmant sa solution, le Conseil d'État semble vouloir marquer à nouveau les limites de cette directive jurisprudentielle. On ne peut que le regretter, tant cette catégorie d'actes affranchis de toute sanction juridictionnelle heurte le principe de l'État de droit et le droit à un recours juridictionnel effectif contre toute mesure portant atteinte aux droits fondamentaux garantis par les articles 6 et 13 de la Convention européenne des droits de l'Homme.

§II LE CONTRÔLE DE LA LÉGALITÉ DE LA DÉCISION DU 18 JUIN 1996

Seul le placement en cellule disciplinaire à titre de sanction pendant huit jours ayant été reconnu comme constitutif d'une décision susceptible de recours, lui seul pouvait faire l'objet d'un contrôle de légalité par les juges du fond. À cet égard, le Conseil d'État casse l'arrêt de la Cour administrative d'appel de Paris, jugeant qu'elle a commis une erreur de droit dans le cadre du contrôle de la légalité des motifs de cet acte. Puis, réglant l'affaire au fond par application de l'article L. 821-2 du Code de justice administrative, il donne d'intéressantes indications sur l'intensité du contrôle.

A. LE CONTRÔLE DE LA LÉGALITÉ DES MOTIFS

La Cour administrative d'appel de Paris avait annulé la sanction du 18 juin 1996, au motif qu'ayant été fondée sur le refus de M. Frérot de se prêter à une mesure de fouille, alors que celle-ci était basée sur une circulaire du garde des Sceaux qui n'avait pas fait l'objet *« d'une publicité suffisante auprès des détenus »*, elle était illégale. En d'autres termes selon le juge d'appel, la circulaire prévoyant la mesure de fouille n'était pas opposable aux détenus, faute de publicité suffisante, de sorte que la sanction était dépourvue de motif légal. Mais le Conseil d'État casse sur ce point l'arrêt de la Cour administrative d'appel de Paris pour erreur de droit, estimant que la mesure de fouille trouvait sa base légale dans l'article D. 275 du Code de procédure pénale, la circulaire n'ayant, elle, qu'une portée purement interprétative, se bornant à *« préciser à l'intention des services placés sous l'autorité hiérarchique du ministre les modalités d'application et de mise en œuvre de ces prescriptions réglementaires du Code de procédure pénale »*.

Puis statuant au fond, le Conseil d'État vérifie si le refus de se prêter à la mesure de fouille pouvait justifier une sanction telle que le placement en cellule disciplinaire. À cet effet, il procède à un contrôle de la qualification juridique des faits, en relevant que par ce refus, M. Frérot *« s'est rendu coupable d'une faute disciplinaire du deuxième degré »*.

La légalité des motifs de la décision du 18 juin 1996 étant ainsi établie, le Conseil d'État porte son contrôle sur le contenu de la mesure litigieuse.

B. L'INTENSITÉ DU CONTRÔLE DE L'ADÉQUATION DE LA SANCTION À LA FAUTE

Le Conseil d'État rejette d'abord le grief tiré de la violation des stipulations de l'article 3 de la Convention européenne des droits de l'Homme, *« compte tenu des mesures prévues pour protéger l'intimité et la dignité des détenus et eu égard aux contraintes particulières afférentes au fonctionnement des établissements pénitentiaires »*. À raison car le placement en cellule disciplinaire peut difficilement être considéré comme réalisant une atteinte à l'intimité et à la dignité d'une gravité suffisante pour constituer un traitement inhumain ou dégradant au sens de l'article 3. Il ne conduit qu'à placer le détenu en cellule individuelle, à le priver d'achats en cantine, de visites et de toutes activités, mais le détenu bénéficie d'une promenade individuelle d'une heure par jour et sa correspondance écrite ne souffre d'aucune restriction. Certes, c'est son refus de se soumettre à une fouille intégrale qui a motivé la sanction, mais de telles fouilles sont nécessaires pour assurer la surveillance et la sécurité dans les prisons.

Le Conseil d'État est ensuite conduit à examiner l'adéquation de la sanction à la faute. On sait qu'en matière disciplinaire, le Conseil d'État accepte depuis l'arrêt *Lebon* rendu par sa section du contentieux le 9 juin 1978 de mettre en œuvre un contrôle maximum en vérifiant l'appréciation de la proportionnalité de la sanction à la gravité de la faute ; toutefois, il ne censure en principe que l'erreur manifeste commise par l'autorité administrative en la matière. En l'espèce, il se fonde sur les considérations que M. Frérot était en situation de récidive, ayant déjà refusé de se soumettre à une mesure de sécurité lors d'une fouille en mars 1996 et que la durée maximale de la sanction encourue était de trente jours pour conclure que le placement en cellule de punition pendant huit jours n'était pas manifestement disproportionné.

Le grief tiré de la violation de l'article 8 de la Convention européenne des droits de l'Homme le conduit même à accroître encore l'intensité de son contrôle. Pour le rejeter, il s'assure en effet que la sanction prononcée était bien *« nécessaire pour la défense de l'ordre public »*. En d'autres termes, il recherche si une sanction moindre n'aurait pas suffi à atteindre ce but légitime et est donc amené, pour ce faire, à rechercher non pas seulement une erreur manifeste, mais toute erreur commise dans l'appréciation de la proportionnalité de la sanction à la faute. Il conclut par la négative *« eu égard au comportement de M. Frérot à la gravité des actes antérieurement commis »*. Ce point de l'arrêt rappelle ainsi une fois de plus l'incidence de la Convention européenne des droits de l'Homme sur l'intensité du contrôle juridictionnel. Dans la mesure où ce texte n'autorise d'ingérence dans l'exercice des droits qu'il garantit que si elle est nécessaire pour atteindre un but légitime, il contraint le juge administratif à vérifier l'exacte nécessité et proportionnalité de la mesure litigieuse, quand la mise en cause de cette mesure au regard du droit interne le conduit à refuser un tel contrôle ou à ne l'exercer que sous l'angle de l'erreur manifeste. C'est ainsi que l'invocation de la Convention européenne avait déjà conduit le Conseil d'État à passer d'un contrôle restreint à un contrôle maximum des mesures de police des étrangers (CE, Ass., 19 avril 1991, *Belgacem*).

Dominique Ritleng
Professeur à la Faculté de droit de Nancy II

Annale corrigée de l'IEJ de Paris II

SUJET

Les étudiants devront résoudre les cas pratiques suivants :

Cas n° 1. Monsieur Leborné, maire de la commune de Monbonplaisir, a pris un arrêté municipal interdisant sur l'ensemble du territoire de cette commune la circulation d'enfants âgés de moins de onze ans entre 23 h et 6 h et non accompagnés d'adultes. Il s'agit pour cet élu de terrain d'éviter que ces jeunes enfants, échappant à la vigilance parentale, soient tentés de participer à des activités délictueuses. Complétant cet arrêté « couvre-feu », le maire a pris un arrêté « anti-mendicité » limité strictement au quartier central de la commune entourant l'Hôtel de Ville, applicable du 1er juillet au 1er septembre destiné à protéger la promenade des vacanciers peu enclins à être importunés par des sollicitations abusives et souvent effrayés par la présence de chiens plus ou moins agressifs accompagnant les mendiants. Enfin, Monsieur le maire, connu pour son autoritarisme, a pris un dernier arrêté, visant la même période, qui interdit toute circulation de véhicules dans le centre-ville très commerçant ainsi que tout stationnement afin de favoriser le déplacement des touristes sans danger. Le propriétaire d'une brasserie placée dans cette zone se plaint de cette dernière mesure qui selon lui est de nature à affecter son chiffre d'affaires qui chaque année est particulièrement important durant la période estivale.

Quelle analyse peut-on faire quant à la légalité de ces trois arrêtés municipaux ? Quels conseils avisés pourriez-vous délivrer au commerçant qui vient vous consulter ?

Cas n° 2. Madame Jépasdechance est infirmière dans l'établissement public de santé situé à Monbonplaisir. Dans le cadre de son service, elle a été amenée à faire une piqûre à un malade atteint par le virus du « SIDA ». Un morceau du carrelage de la chambre étant descellé, l'infirmière a malencontreusement glissé et s'est blessée avec la seringue usagée provoquant ce faisant sur sa propre personne une contamination par le virus. Elle a par la suite contaminé son époux.

Madame Jépasdechance peut-elle prétendre à une indemnisation au titre de sa contamination ? Son mari peut-il en faire de même ? Si oui, dans quelles conditions ?

Monsieur et Madame Jépasdechance se trouvent d'ailleurs dans une situation particulièrement délicate, car fâchés avec le maire Monsieur Leborné, ils ont préféré inscrire leur fils dans une école située sur le territoire d'une autre commune, en l'occurrence la ville de Toutestbeau. Or, le maire de cette commune vient d'arrêter une grille de tarifs variables concernant le prix des repas à la cantine. Les critères de différenciation retenus sont au nombre de deux. D'une part, la résidence des parents sur le territoire de la commune ; d'autre part, la nationalité française des parents. Monsieur et Madame Jépasdechance sont bien de nationalité française mais ne satisfont en revanche pas à la première condition dans la mesure où ils résident à Monbonplaisir.

Ils viennent vous voir pour envisager d'attaquer l'arrêté municipal. Que pouvez-vous leur conseiller ?

Cas n° 3. Le frère du maire est masseur-kinésithérapeute. Ce dernier a décidé d'ouvrir un cabinet dans la ville de Monbonplaisir sur le fondement d'un décret du 27 mars 1992 fixant les conditions d'une telle ouverture. Quelques jours avant l'inauguration dudit cabinet, le Gouvernement a pris un nouveau décret modifiant sensiblement ces conditions à telle enseigne que le masseur se voit contraint de différer l'ouverture. Il envisage alors d'attaquer ce décret sur le fondement d'une violation de la confiance légitime qu'il avait portée dans le texte de 1992.

Pareil moyen juridique vous semble-t-il pouvoir être invoqué en l'espèce ?

Lors de la consultation que vous organisez pour l'aider, l'intéressé vous explique par ailleurs qu'après de nombreuses démarches un arrêté ministériel lui avait reconnu le statut d'ancien combattant (de la guerre du Golfe). La pension ainsi touchée lui a permis de parfaire les travaux pour son cabinet. Or, il vient de recevoir une lettre du Secrétariat des Anciens Combattants lui indiquant que dans la mesure où l'arrêté en cause n'avait pas mentionné les voies et délais de recours dans le cadre de la notification, celui-ci entend prendre prétexte de cet oubli pour retirer l'arrêté et priver de la sorte l'intéressé de la pension afférente. Quel constat portez-vous sur cette argumentation de l'administration ?

Cas n° 4. La nièce du maire est Témoin de Jéhovah. Lors de son accouchement, elle prévient immédiatement le gynécologue-obstétricien de son refus de toute perfusion quand bien même un diagnostic vital serait engagé. En raison de complications multiples, celui-ci se voit contraint de passer outre l'expression d'une telle opinion. À son réveil, la jeune mère constatant l'emploi de transfusions estime que sa dignité de patient a été violée et décide de saisir le juge afin de faire condamner le médecin. Ayant eu écho de vos grandes qualités de juriste, elle souhaite vous rencontrer afin de l'aider à rédiger son mémoire. Quelle analyse faites-vous de cette demande au regard des textes existants ?

CORRIGÉ

§1 LES ARRÊTÉS DU MAIRE

S'agissant de l'arrêté « couvre-feu » pris sur le fondement de l'article L. 2212-2 du Code général des collectivités territoriales, le Haut Juge déclarait classiquement illégal ce genre d'interdiction générale et absolue *« de nature à compromettre l'exercice des libertés publiques ou individuelles »* (ordonnance du Président de la Section du Contentieux du Conseil d'État, 29 juillet 1997, *Préfet du Vaucluse*). Pareille position de principe a évolué avec des ordonnances du Président de la Section du Contentieux du Conseil d'État du 9 juillet 2001, *Préfet du Loiret,* des 27 et 30 juillet 2001, *Ville d'Étampes,* (repris par TA Paris, 8 janvier 2003, *Ligue des droits de l'homme*) confirmant des arrêtés municipaux interdisant aux mineurs non accompagnés de moins de treize ans de circuler seuls dans les rues, de 23 heures à 6 heures du matin, dans trois quartiers « sensibles » d'Orléans, d'Étampes et de Lucé, les intéressés étant alors reconduits à leur domicile *« en cas d'urgence »*. La légalité des mesures restreignant la liberté de circulation des mineurs, fondée sur le pouvoir du maire de faire en la matière *« usage, en fonction de circonstances locales particulières, des pouvoirs de police générale qu'il tient des articles L. 2212-1 et suivants du Code général des collectivités territoriales »*, est subordonnée à la double condition qu'elles soient justifiées par l'existence de risques particuliers dans les secteurs pour lesquels elles sont édictées et qu'elles soient adaptées par leur contenu à l'objectif de protection pris en compte, ce qui explique que le même juge ait rejeté l'appel incident de la commune d'Orléans contre l'ordonnance prononçant la suspension de l'arrêté pour un quatrième quartier non qualifié de « sensible » au regard du contrat local de sécurité (perception du « climat infractionnel » du quartier en cause à l'aune du taux de délinquance constaté dans les quartiers concernés). Relativement à de tels arrêtés municipaux, le Président de la Section du contentieux du Conseil d'État a déclaré dans l'arrêt précité du 9 juillet 2001 que *« Le maire a entendu essentiellement contribuer à la protection des mineurs de moins de treize ans contre les dangers auxquels ils sont tout particulièrement exposés aux heures et dans les lieux mentionnés... Ces dispositions peuvent permettre d'appeler l'attention des parents sur les risques de toute nature que leurs enfants encourent en circulant la nuit dans ces secteurs »*. La mesure relève alors plus de la prévention et de la protection des mineurs que de la répression pure et sa légalité dépend, outre de sa finalité, de son domaine d'application limité dans l'espace.

Relativement au cas de l'arrêté « couvre-feu », les conditions posées par le Conseil d'État ne sont absolument pas réunies en ce sens que le maire n'a pas pris le soin d'attester l'existence de risques particuliers dans la commune (pas d'éléments de nature à constater l'existence de quartiers « sensibles »). Sa mesure s'apparente de la sorte à une interdiction générale et absolue susceptible d'annulation juridictionnelle.

Relativement au cas de l'arrêté « anti-mendicité », il apparaît beaucoup plus circonstancié d'un point de vue temporel (durant l'été), géographique (le centre-ville) et finaliste (éviter des désagréments aux vacanciers notamment en raison de la présence de chiens accompagnant les mendiants). De surcroît, la loi du 18 mars 2003 *pour la sécurité intérieure* permet la répression de ce genre de comportement. Dans ces conditions, sa légalité semble fondée.

Quant au dernier arrêté, le maire a certainement excédé ses pouvoirs en édictant une interdiction générale et absolue une nouvelle fois annulable. De surcroît, l'indemnisation du commerçant mérite d'être envisagée sur le fondement de la rupture de l'égalité de tous devant les charges publiques. L'engagement de la responsabilité d'une personne publique pour rupture de l'égalité de tous devant les charges publiques exige deux conditions. En premier lieu, la victime doit apporter la preuve d'un dommage non accidentel et quotidien. Elle doit ensuite apporter la preuve d'un dommage anormal (dépassant les gênes ordinaires résultant d'une vie sociétale) et spécial (atteignant un nombre réduit de victimes) apprécié *in concreto* (CAA Bordeaux, 22 octobre 2002, *M. Fabre*). Pour le Président Rougevin-Baville, dans ses conclusions sur l'arrêt CE Ass. 20 mars 1974, *Ministre de l'aménagement du territoire, de l'équipement, du logement et du tourisme c/ Sieur Navarra, « le préjudice anormal n'est pas nécessairement un préjudice grave, tout au moins selon des critères purement monétaires »*. Aussi, s'agissant de troubles de voisinage causés par les perturbations radio-électriques subis par un requérant à son domicile, l'engagement de la responsabilité de l'État peut être consacré (CE Sect., 10 janvier 1969, *O.R.T.F. c/ Consorts Villars-Rebevrat*). Lorsqu'un office public d'habitation à loyer modéré décide de fermer dix tours d'habitation d'une cité, provoquant le départ de la quasi-totalité de la clientèle d'une pharmacie, le Conseil d'État considère que la responsabilité dudit office est engagée sur le terrain de la rupture de l'égalité devant les charges publiques (CE Sect., 31 mars 1995, *Lavaud*). Cette jurisprudence développée sur un tel fondement juridique ne saurait néanmoins être généralisée et conduire à une systématisation de l'indemnisation. Le juge considère à l'inverse que les modifications apportées dans l'assiette ou la direction des voies publiques ainsi que les créations de voies nouvelles n'entraînent aucune indemnisation quand bien même elles auraient provoqué une dépréciation des immeubles avoisinants ou des pertes de clientèle (CE Sect., 2 juin 1972, *Société Les Vedettes blanches*, précité), afin de ne pas accroître le prix des travaux au point que l'administration préférerait renoncer à certains aménagements au détriment de l'intérêt général. Le préjudice subi en l'espèce ne semble à la réflexion guère différer de celui indemnisé dans les arrêts *Lavaud* précité, et *Société Les Maisons de Sophie* (CE, 18 novembre 1998, concernant la construction d'une autoroute ayant provoqué des nuisances sonores et visuelles et rendu plus difficile l'accès à un pavillon d'exposition, entraînant ce faisant une baisse importante du chiffre d'affaires de la société requérante) dénotant alors une relative instabilité de la jurisprudence. Pour autant, si le commerçant démontre l'importance de la perte financière générée par cette interdiction de la circulation, son indemnisation semble envisageable.

§II LA FILLE DU MAIRE

A. LA CONTAMINATION PAR LE VIRUS DU « SIDA »

Certains régimes spéciaux de réparation dérogent toutefois au principe de réparation intégrale du préjudice, comme celui du forfait de la pension (avis CE, 1er juillet 1905 et CE, 12 janvier 1906, *Paillotin*). Selon ce système, les agents publics victimes lors de leur service, d'un dommage corporel imputable à la personne publique qui les emploie, n'ont droit qu'à une pension forfaitaire. En conséquence, le juge refuse de leur allouer l'indemnité complémentaire qu'ils réclament pour couvrir l'intégralité de leur préjudice, même en cas de faute lourde de l'administration (TA Paris, 20 décembre 1990, *Mme B.*). Ainsi donc, lorsqu'un dommage subi par un agent public à l'occasion du service est susceptible de donner lieu à réparation par application d'un régime de pension, ce mode de réparation s'oppose à ce que son employeur puisse être condamné à verser audit agent une indemnité complémentaire par application des règles générales de la responsabilité publique et ce, même si le montant de la pension n'assure pas une réparation intégrale du préjudice subi. Cette règle trouve son fondement dans le caractère subsidiaire des règles jurisprudentielles en matière de responsabilité. La fille du maire ne bénéficiera de prime abord que d'une indemnisation forfaitaire.

Néanmoins, le Conseil d'État sans réellement remettre en cause la règle du forfait, en a toutefois écarté l'application de manière circonscrite (CE Sect., 15 décembre 2000, *M. Castanet,* et du même juge et du même jour, *Mme Bernard,* concrétisé par CAA Nancy, 14 juin 2001, *M. Pruchnowski*). Il a en l'espèce jugé que, dans le cas très particulier où le fonctionnaire subit, à la suite d'un accident de service, un traitement médical dans un hôpital relevant de la collectivité qui l'emploie, la circonstance que les conséquences dommageables des soins qui lui ont été dispensés à la suite de l'accident sont couvertes par la pension ne fait pas obstacle à ce que l'intéressé, s'il estime que ces soins ont été dispensés dans des conditions de nature à engager, selon les règles du droit commun, la responsabilité de l'administration, exerce une action tendant à l'obtention d'une indemnité complémentaire assurant la réparation intégrale de ce chef de préjudice. Le principe a été poursuivi en 2003 (CE Ass., 4 juillet 2003, *Mme Moya-Caville*) à l'occasion d'un litige concernant un agent hospitalier victime d'une allergie au formol. Le Haut Juge a alors indiqué que les dispositions des articles L. 27 et L. 28 du Code des pensions « *déterminent forfaitairement la réparation à laquelle un fonctionnaire victime d'un accident de service ou atteint d'une maladie professionnelle peut prétendre, au titre de l'atteinte qu'il a subie dans son intégrité physique... elles ne font cependant obstacle ni à ce que le fonctionnaire qui a enduré, du fait de l'accident ou de la maladie, des souffrances physiques ou morales et des préjudices esthétiques ou d'agrément, obtienne de la collectivité qui l'emploie, même en l'absence de faute de celle-ci, une indemnité complémentaire réparant ces chefs de préjudice, distincts de l'atteinte à l'intégrité physique, ni à ce qu'une action de droit commun pouvant aboutir à la réparation intégrale de l'ensemble du dommage soit engagée contre la collectivité, dans le cas notamment où l'accident ou la maladie serait imputable à une faute de nature à engager la responsabilité de cette collectivité ou à l'état d'un ouvrage public dont l'entretien incombait à celle-ci* ». L'indemnisation de l'accident de service ou de la maladie professionnelle comporte désormais trois strates : la pension d'invalidité ; une indemnisation complémentaire prononcée sur le fondement de la responsabilité sans faute, des souffrances physiques ou morales et des préjudices esthétiques ou d'agrément ; enfin, en cas de faute de l'employeur, une réparation intégrale de l'ensemble du dommage. Le sort de la fille du maire pourra alors être appréhendé au regard de cette évolution jurisprudentielle. Quant à son mari, il pourra obtenir une complète indemnisation comme dans le cadre du jugement du Tribunal de Paris précité *Mme B.*

B. LE PRIX DES REPAS

Le Conseil d'État a jugé que, eu égard à l'intérêt général qui s'attache à ce qu'un conservatoire de musique municipal puisse être fréquenté par les élèves qui le souhaitent, sans distinction selon leurs possibilités financières, un conseil municipal peut, sans méconnaître le principe d'égalité des usagers devant le service public, fixer des droits d'inscription différents selon les ressources des familles (CE Sect., 29 décembre 1997, *Commune de Gennevilliers,* et du même juge et du même jour, *Commune de Nanterre,* confirmés par CAA Bordeaux, 19 mars 2003, *Commune de Lavaur,* concernant la modulation de tarifs d'une crèche ; dans un arrêt CE, 20 janvier 1989, *Centre communal d'action sociale de La Rochelle,* le juge avait déjà admis la modulation tarifaire en fonction des revenus pour l'inscription à une crèche municipale). La Section du contentieux du Conseil d'État a ainsi abandonné la jurisprudence découlant de l'arrêt de Section du 26 avril 1985, *Ville de Tarbes,* par lequel ce juge avait estimé que le principe d'égalité des usagers devant le service public s'opposait à ce que des tarifs différents fussent fixés en fonction des revenus des parents d'élèves. Par la suite, ce même juge a souligné que l'intérêt général permet de fonder légalement des discriminations tarifaires qui ne pourraient l'être au regard des *« différences de situations appréciables »* (CE, 13 octobre 1999, *Compagnie nationale Air France c/ Aéroports de Paris*). C'est cependant à la collectivité publique de démontrer l'existence d'une telle justification à une discrimination tarifaire en invoquant des considérations d'intérêt général, sous peine de voir la demande rejetée (CAA Lyon, 13 avril 2000, *Commune de Saint-Sorlins-d'Arves,* s'agissant de forfaits de remontées mécaniques pour les résidents permanents ou les « gens du pays »). Le principe même des discriminations en matière d'accès comme de tarification à un service public (c'est le cas en l'espèce) paraît désormais acquis. Reste que le Haut Juge exige des conditions très spécifiques. La jurisprudence n'admet traditionnellement que deux dérogations à la règle de l'égalité, en dehors de l'hypothèse où cette distinction résulte d'une loi. S'il existe d'une part, entre les usagers des différences de situation objectives, appréciables et en rapport avec l'objet du service. S'il existe d'autre part, une nécessité d'intérêt général en rapport avec l'objet du service qui justifie que soient pratiqués des tarifs différenciés.

Concernant la première condition, le Conseil d'État a par exemple admis qu'un conseil municipal fixe des tarifs différents pour l'accès à la cantine scolaire municipale selon que les enfants étaient ou non résidents de la commune (CE Sect., 5 octobre 1984, *Commune de la République de l'Ariège*), ainsi que l'établissement des tarifs d'un cabinet dentaire municipal prennent en considération la qualité d'assuré social ou de bénéficiaire de l'assistance médicale gratuite (CE, 20 novembre 1964, *Ville de Nanterre*). Concernant la seconde condition, le Conseil d'État se réfère à la notion de nécessité d'intérêt général en rapport avec l'objet du service justifiant qu'il soit porté atteinte au principe d'égalité et l'écarte le plus souvent. Il a ainsi jugé qu'il n'existait aucune nécessité d'intérêt général de nature à justifier qu'un tarif préférentiel soit prévu pour le bac se rendant à l'île de Ré en faveur des habitants de la Charente-Maritime (CE Sect., 10 mai 1974, *Denoyez et Chorques*). Les limites posées à cette différenciation résident notamment dans le fait que les droits les plus élevés restent inférieurs au coût par élève du fonctionnement de l'école (CE Sect., 5 octobre 1984, *Commissaire de la République de l'Ariège,* précité). Au regard de ces conditions, l'arrêté municipal semble illégal dans la mesure où le critère de la nationalité française n'est pas retenu par le juge (*« l'institution d'un traitement discriminatoire entre les attributaires potentiels d'une allocation municipale de naissance implique, sauf à être la conséquence nécessaire d'une loi, qu'elle soit justifiée par des différences de situation appréciables ou par l'existence de nécessités d'intérêt général en rapport avec l'objet de ladite allocation » :* TA Marseille, 7 avril 1998, *Préfet des Bouches-du-Rhône et autres*). La fille du maire serait donc fondée à exercer un recours pour excès de pouvoir.

§III LE FRÈRE DU MAIRE

A. LA CONFIANCE LÉGITIME

Ce principe est défini par le Professeur Pierre Delvolvé comme « *la confiance des administrés dans le maintien d'un certain état de droit* » qui est légitime dans certaines hypothèses (eu égard aux matières concernées et aux données de l'espèce). Cette confiance étant légitime, si l'administration y porte atteinte en procédant brusquement à un changement de l'état de droit dans un domaine déterminé, elle doit supporter les éventuelles conséquences dommageables dudit changement.

Le principe de la confiance légitime n'est pas reconnu en droit français en dehors de la mise en œuvre du droit communautaire. Ainsi pour le Conseil constitutionnel « *aucune norme constitutionnelle ne garantit un principe dit de confiance légitime* » (décision, 30 décembre 1996) et « *aucune norme de valeur constitutionnelle ne garantit ce principe* » (décision, 7 novembre 1997). Par ailleurs, dans un arrêt de Section du Conseil d'État du 30 décembre 1998, *Entreprise Chagnaud SA* (reprenant CE, 30 décembre 1996, *Mme Brockly* ; CE, 16 mars 1998, *Association des élèves, parents d'élèves et professeurs de classes et Mme Poujole* ; CE, 5 mars 1999, *M. Rouquette et Mme Lipieitz et autres* ; CE, 9 mai 2001, *Société mosellane de tractions,* et du même juge et du même jour, *Entreprise personnelle transports Freymuth,* et CE Ass., 11 juillet 2001, *Fédération nationale des syndicats d'exploitants agricoles et autres*) le juge énonce que « *Considérant que la société requérante ne saurait, en tout état de cause, se prévaloir utilement d'un moyen tiré de la méconnaissance des principes de confiance légitime et de sécurité juridique dès lors que l'arrêté attaqué n'est pas au nombre des actes pris par le Gouvernement français pour la mise en œuvre du droit communautaire* », venant contredire un jugement du tribunal administratif de Strasbourg, 8 décembre 1994, *Entreprise Freymuth c/ Ministre de l'Environnement* reconnaissant ledit principe. Dans l'arrêt précité du 11 juillet 2001, *Fédération nationale des syndicats d'exploitation agricoles et autres,* le Conseil d'État, se prononçant sur la méconnaissance du principe de confiance légitime applicable en matière de droit communautaire, le reconnaît néanmoins comme une condition de la légalité de l'acte litigieux. La sollicitation de ce principe par le frère du maire n'a donc que très peu de chance d'aboutir dans la mesure où il se réfère à un texte national et non à un texte communautaire qui a fait l'objet d'une modification intempestive à ses yeux.

B. LE RETRAIT DE L'ARRÊTÉ

Le Conseil d'État considère que l'administration ne saurait se prévaloir de la circonstance qu'elle n'a pas mentionné les voies et délais de recours à l'encontre d'une décision individuelle dans la notification qu'elle en a adressée, pour retirer cette décision au-delà d'un délai de deux mois après sa notification (CE Ass., 24 octobre 1997, *Mme de Laubier*). L'arrêt *Dame Cachet* (CE, 3 novembre 1922) pose en effet le principe selon lequel le retrait d'un acte individuel créateur de droits n'est possible que si l'acte est entaché d'illégalité et « *tant que les délais du recours contentieux ne sont pas expirés »*. Or, en l'espèce, l'illégalité de l'acte administratif en cause était certaine et l'absence d'indication des voies et délais de recours avait empêché les délais du recours de courir. L'idée de la jurisprudence de 1997 consiste à éviter de faire du décret du 28 novembre 1983 *relatif aux relations entre l'administration et les usagers* une arme contre les particuliers et à rompre en conséquence le lien établi par la jurisprudence de 1922 entre le délai pendant lequel le retrait d'un acte créateur de droits peut intervenir et l'expiration des délais de recours contentieux. Il s'agit de renoncer à la logique d'assimilation du délai de retrait et du délai de recours qui prévalait jusqu'alors. Aussi, l'Assemblée du contentieux a-t-elle jugé que lorsque l'absence d'indication des voies et des délais de recours a empêché, par application des règles du décret précité du 28 novembre 1983, les délais de courir, l'auteur de l'acte *« ne saurait invoquer le bénéfice de ces dispositions pour retirer, de sa propre initiative, une décision individuelle créatrice de droits au-delà d'un délai de deux mois après sa notification, alors même que cette décision serait illégale »*.

Le frère du maire peut donc invoquer cette jurisprudence *de Laubier* pour annuler le retrait.

§IV LA NIÈCE DU MAIRE

Le consentement du patient est désormais un assentiment nécessaire pour tous actes curatifs ou préventifs qui doit être renouvelé en cas de modification ou de nouveau traitement. Ce recueil du consentement s'affranchit de tout formalisme, sauf des cas particuliers pour lesquels un assentiment écrit s'impose (recherche biomédicale selon l'article L. 209-9 du Code de la santé publique ; l'assistance médicale à la procréation selon les articles L. 152-3, L. 152-4, L. 152-8 et L. 162-17 dudit code ; enfin l'identification génétique dans le cadre de la médecine prédictive selon l'article L. 145-15 du même code). Le médecin doit parallèlement respecter le choix d'un refus de soins, après avoir vérifié que le patient prend sa décision en toute connaissance de cause (dans le cas d'un mineur ou d'un incapable majeur dont le représentant légal s'oppose aux soins, l'établissement saisit le Procureur de la République). Toutefois en cas de refus du patient d'une transfusion (par exemple, un Témoin de Jéhovah comme la nièce du maire), *« l'obligation faite au médecin de respecter la volonté du malade en état de l'exprimer n'en trouve pas moins sa limite dans l'obligation qu'a également le médecin, ..., de protéger la santé, c'est-à-dire en dernier ressort, la vie elle-même de l'individu »* (CAA Paris, 9 juin 1998, *Mme Donyoh,* et du même juge et du même jour, *Mme Senanayake*). Le praticien devra alors tout mettre en œuvre pour convaincre son patient d'accepter les soins indispensables à sa survie et proportionnés à son état pour obtenir le consentement. Le Conseil d'État, dans un arrêt de Section du 26 octobre 2001, *Catherine Senanayake,* a considéré que les médecins ayant transfusé en urgence un patient Témoin de Jéhovah contre son gré n'avait pas commis de faute, *« les transfusions sanguines administrées à la victime ne sauraient* (en effet) *constituer un traitement inhumain ou dégradant, ni une privation du droit à la liberté au sens des dispositions des articles 3 et 5 de la Convention européenne des droits de l'homme »*. Pour autant, l'obligation de soins ne saurait prévaloir « *de manière générale* » sur le respect de la volonté du malade (il n'existe pas « *de hiérarchie abstraite et intangible de l'obligation de soigner et de celle de respecter la volonté du patient* »), le Haut Juge rejoignant en réalité les conclusions du commissaire du gouvernement Mireille Heers sur les arrêts précités du 9 juin 1998 : « *il serait déraisonnable de dicter aux médecins une conduite systématique et nous croyons préférable d'admettre qu'il a un droit à résoudre en conscience le conflit de devoir qui se présente à lui. Nous voyons mal qu'on lui impute une faute à avoir opté dans tel ou tel sens sauf à nier les sens de l'activité médicale* ».

La loi du 4 mars 2002 *relative aux droits des malades et à la qualité du système de santé* tire les enseignements d'une telle position jurisprudentielle indiquant dans son article 11 (qui modifie l'article L. 1111-4 du Code de la santé publique) que « *Toute personne prend, avec le professionnel de santé et compte tenu des informations et des préconisations qu'il lui fournit, les décisions concernant sa santé. Le médecin doit respecter la volonté de la personne après l'avoir informée des conséquences de ses choix. Si la volonté de la personne de refuser ou d'interrompre un traitement met sa vie en danger, le médecin doit tout mettre en œuvre pour la convaincre d'accepter les soins indispensables* ». Le Haut Juge a dans cette optique estimé que « *Les médecins ne portent pas à cette liberté fondamentale* (en l'occurrence le libre consentement à un traitement médical), *telle qu'elle est protégée par les dispositions de l'article 16-3 du Code civil et par celles de l'article L. 1111-4 du Code de la santé publique, une atteinte grave et manifestement illégale lorsque, après avoir tout mis en œuvre pour convaincre un patient d'accepter les soins indispensables, ils accomplissent, dans le but de tenter de le sauver, un acte indispensable à sa survie et proportionnée à son état* » (CE, 16 août 2002, *Mme Valérie F. et Mme Isabelle F.*, précité). Le tribunal administratif de Lille a, quant à lui, appliqué d'une manière drastique ce dispositif législatif dans un jugement du 25 août 2002 au sujet d'une femme Témoin de Jéhovah transfusée contre son gré lors de son accouchement alors même que celle-ci avait catégoriquement refusé la transfusion et avait signé à cet égard une décharge. Le centre hospitalier concerné, celui de Valenciennes, a fait appel en estimant que « *tous les recours médicaux avaient été épuisés* » avant de décider de la transfusion.

Toute la question consiste notamment à savoir si le praticien a tout mis en œuvre pour essayer de persuader la parturiente Témoin de Jéhovah d'accepter les soins et tout particulièrement la transfusion. Si tel est le cas, il paraît peu utile d'encourager la nièce du maire à diligenter une saisine juridictionnelle, étant observé que le corps médical aura toujours du mal à se résoudre à voir mourir un patient ou un malade susceptible d'être sauvé.

Patrick FRAISSEIX
Maître de conférences à l'Université de Paris VIII

Annale corrigée de l'IEJ de Toulouse

SUJET

Commentaire de l'arrêt rendu par le Conseil d'État le 14 janvier 1998 :

Conseil d'État, 14 janvier 1998, *GISTI et « Association France Terre d'Asile »*

Vu 3°), sous le n° 176 805, la requête, enregistrée le 11 janvier 1996 au secrétariat du Contentieux du Conseil d'État, présentée pour le Groupe d'information et de soutien des Travailleurs immigrés (GISTI), dont le siège est 30, rue des Petites Écuries à Paris (75010), représenté par sa présidente en exercice et l'Association « France Terre d'Asile », dont le siège est 4-6, passage Louis-Philippe à Paris (75011), représentée par sa présidente en exercice ; le Groupe d'information et de soutien des Travailleurs immigrés et l'Association « France Terre d'Asile » demandent au Conseil d'État l'annulation pour excès de pouvoir de la circulaire du 19 octobre 1995 du directeur de la Caisse nationale de l'assurance maladie des travailleurs salariés ayant pour objet de répondre aux questions posées par les caisses primaires d'assurance maladie concernant l'application de la loi n° 93-1027 du 24 août 1993 relative à la maîtrise de l'immigration et aux conditions d'entrée et de séjour des étrangers en France ;

Sur les conclusions dirigées contre le paragraphe 8 de la circulaire du 19 octobre 1995 relatif aux pensions d'invalidité dont la date d'effet est postérieure au 25 septembre 1994 :

Considérant qu'aux termes de l'article L. 161-16-1 introduit dans le code de la sécurité sociale par le paragraphe II de l'article 36 de la loi du 24 août 1993 : « Pour l'attribution d'un avantage d'invalidité, la personne de nationalité étrangère résidant en France doit justifier de la régularité de son séjour en France par la production d'un titre ou document figurant sur une liste fixée par décret » ; que l'article 48 de la loi du 24 août 1993 ne mentionne pas parmi les dispositions du code de la sécurité sociale auxquelles le législateur a entendu déroger à titre transitoire, l'article L. 161-16-1 du code de la sécurité sociale ;

Considérant, toutefois, que ni ce dernier article, ni l'article 48 de la loi précitée ne font obstacle à ce que puissent être appliquées aux personnes de nationalité étrangère résidant en France, les dispositions de l'article L. 161-8 du code de la sécurité sociale qui, de façon générale et permanente, assurent le maintien du droit aux prestations de l'assurance invalidité pendant une période fixée à un an par l'article R. 161-3 du code précité, à celles des personnes qui cessent de remplir les conditions légales d'affiliation au régime général de sécurité sociale ou aux régimes qui lui sont rattachés ;

En ce qui concerne le premier alinéa du paragraphe 8 de la circulaire :

Considérant que le premier alinéa du paragraphe 8 de la circulaire du 19 octobre 1995 se borne à rappeler que les ressortissants de nationalité étrangère, pour prétendre au bénéfice d'une pension d'invalidité dont la date d'effet se situe au-delà du 25 septembre 1994, date d'entrée en vigueur de la loi, doivent se trouver en situation régulière de séjour ;

Considérant que ces dispositions ne méconnaissent pas le sens et la portée des prescriptions législatives qu'elles entendent expliciter ; que l'application des textes législatifs ainsi interprétés n'est pas incompatible avec les stipulations de l'article 4-1 de la convention n° 118 de l'Organisation Internationale du Travail du 28 juin 1962, qui réserve le cas où l'octroi d'une prestation d'une branche de la sécurité sociale peut être subordonné à une condition de résidence ; que, si les associations requérantes soutiennent que seraient méconnus les droits des ressortissants des États ayant conclu des accords de coopération avec les Communautés européennes, elles n'assortissent pas ce moyen de précisions permettant d'en étayer le bien-fondé à l'encontre des dispositions en cause ; que, si les requérantes entendent enfin se prévaloir des stipulations des articles 24, 26 et 27 de la convention relative aux droits de l'enfant en date du 26 janvier 1990, les stipulations dont s'agit ne produisent pas d'effet direct à l'égard des particuliers et ne peuvent, par suite, être utilement invoquées devant le juge de l'excès de pouvoir ;

Considérant qu'il suit de là que les associations requérantes ne sont pas recevables à contester les dispositions du premier alinéa du paragraphe 8 de la circulaire qui sont dépourvues de caractère réglementaire ;

En ce qui concerne le second alinéa du paragraphe 8 de la circulaire :

Considérant, en revanche, qu'en prévoyant que les arrérages des pensions d'invalidité dont la date d'effet se situe après le 25 septembre 1994 doivent être « immédiatement » suspendus dès lors que cesse d'être remplie la condition de régularité du séjour, sans réserver la possibilité du maintien des droits des intéressés pendant une période d'une année, découlant des dispositions des articles L. 161-8 et R. 161-3 du code de la sécurité sociale, le second alinéa du paragraphe 8 de la circulaire a méconnu ces derniers textes ; que les associations requérantes sont recevables et fondées à en demander, dans cette mesure, l'annulation ;

DÉCIDE :

Article 1er : les dispositions du paragraphe 8 de la circulaire du 19 octobre 1995 en tant qu'elles prévoient, dans tous les cas, la suspension « immédiate » des arrérages des pensions d'invalidité dont la date d'effet est postérieure au 25 septembre 1994, dès qu'un séjour irrégulier est constaté, sont annulées.

CORRIGÉ

Par une circulaire du 19 octobre 1995, le directeur de la CNAM des travailleurs salariés précise le sens de certaines modalités d'application de la loi du 24 août 1993 relative à la maîtrise de l'immigration et des décrets d'application de cette dernière. Le GISTI et l'association France Terre d'Asile saisissent le Conseil d'État d'un recours pour excès de pouvoir afin de contester la légalité de la circulaire. Les requérants invoquent en effet une contradiction entre, d'une part, les dispositions de la loi et des décrets d'application et, d'autre part, l'interprétation restrictive que leur donne la circulaire attaquée. De plus, cette circulaire est incompatible, selon les requérants, avec les engagements internationaux de la France en matière de protection sociale.

Le présent arrêt illustre les limites du pouvoir des responsables administratifs dans la conduite des services. Ceux-ci usent effectivement couramment de circulaires. En principe, ces actes n'ont comme objet que d'interpréter une disposition législative ou réglementaire, ou de dicter aux administrations un comportement particulier mais dans le respect des normes supérieures. Elles ont donc théoriquement une valeur indicative. Cependant, en pratique, une circulaire peut être décisoire et présenter un caractère réglementaire. Cette question se pose précisément pour la circulaire attaquée. Le Conseil d'État examine ici si certaines de ses dispositions ont un caractère réglementaire (§ I). Dans l'affirmative, il peut contrôler ensuite leur légalité (§ II).

§I LA DOUBLE NATURE DE LA CIRCULAIRE DU 19 OCTOBRE 1995

La circulaire attaquée du 19 octobre 1995 présente une double nature en constituant, dans le même temps, un acte non décisoire (A) et décisoire (B).

A. LA CIRCULAIRE EST UN ACTE NON DÉCISOIRE

L'objet d'une circulaire est normalement d'interpréter une position législative ou réglementaire. Elle ne constitue donc pas en principe une décision et ne peut être attaquée par un recours pour excès de pouvoir.

En l'espèce, l'alinéa 1 du paragraphe 8 de la circulaire porte sur la condition de situation régulière de séjour des ressortissants de nationalité étrangère afin qu'ils puissent prétendre au bénéfice d'une pension d'invalidité. Le Conseil d'État souligne que « ces dispositions ne méconnaissent pas le sens et la portée des prescriptions législatives qu'elles entendent expliciter ». De ce point de vue, la circulaire attaquée n'est que la transcription de la loi et n'a pas un caractère décisoire. Le juge ne peut donc opérer un contrôle de la légalité de cette disposition.

B. LA CIRCULAIRE EST UN ACTE DÉCISOIRE

L'exercice du pouvoir réglementaire par voie de circulaire est possible. Le juge peut effectivement être amené à constater qu'une circulaire crée une règle de droit opposable aux administrés ou modifie les conditions d'exercice d'un droit existant (CE, 29 janvier 1954, *Institution Notre Dame du Kreisker*).

En l'espèce, le Conseil d'État relève que l'alinéa 2 du paragraphe 8 de la circulaire modifie les conditions de l'exercice d'un droit. En effet, ces dispositions prévoient « que les arrérages des pensions d'invalidité (...) doivent être "immédiatement" suspendus dès lors que cesse d'être remplie la condition du séjour ». Le fait que la circulaire ajoute « immédiatement » a donc pour effet de donner aux dispositions en cause un caractère réglementaire. Le juge peut ainsi procéder à un contrôle de leur légalité.

En outre, la jurisprudence *Institution Notre Dame du Kreisker* a été modifiée avec l'arrêt du Conseil d'État du 18 décembre 2002 *Mme Duvignères,* soit postérieurement à l'arrêt commenté. Au terme de cette évolution jurisprudentielle, une circulaire fait grief si elle comporte des dispositions à caractère général, « impératives », c'est-à-dire impose à ses destinataires une action déterminée. On peut raisonnablement penser que si le présent arrêt était intervenu postérieurement à l'arrêt *Mme Duvignères,* une solution identique aurait été retenue. En effet, le fait de suspendre « immédiatement » les arrérages des pensions d'invalidité constitue bien une action déterminée imposée aux destinataires de la circulaire.

§II LE DOUBLE CONTRÔLE DE LÉGALITÉ DE LA CIRCULAIRE DU 19 OCTOBRE 1995

Le juge opère un contrôle de la circulaire attaquée, d'une part, de légalité (A), d'autre part, de comptabilité avec des engagements internationaux (B).

A. CERTAINES DISPOSITIONS DE LA CIRCULAIRE SONT CONTRAIRES À DES DISPOSITIONS LÉGISLATIVES

L'alinéa 2 paragraphe 8 de la circulaire attaquée modifie illégalement les conditions de l'exercice d'un droit sans que la loi ait investi le pouvoir réglementaire d'une telle mission. Ainsi, si la loi du 24 août 1993 fixe une condition de fond, pour l'ouverture des droits à pension d'invalidité (la régularité de la situation du bénéficiaire), elle ne fixe pas de conditions de temps (la circulaire dit « immédiatement »). L'alinéa 2 paragraphe 8 de la circulaire est donc illégal ce qui entraîne son annulation.

B. LA CIRCULAIRE N'EST PAS INCOMPATIBLE AVEC DES ENGAGEMENTS INTERNATIONAUX

Le juge procède à un contrôle de conventionnalité de textes législatifs interprétés par la circulaire attaquée (application de la jurisprudence CE, 20 oct. 1989, *Nicolo*).

En l'espèce, la circulaire n'est pas incompatible avec les stipulations de la convention de l'Organisation internationale du travail du 28 juin 1962. En effet, le Conseil d'État souligne que cette convention réserve le cas où l'octroi d'une prestation d'une branche de la sécurité sociale peut être subordonné, comme le prévoient la loi française et la circulaire attaquée, à une condition de résidence.

Le contrôle de conventionnalité des dispositions législatives interprétées par la circulaire ne peut être opéré au regard de la Convention des droits de l'enfant du 26 janvier 1990. En effet, pour le Conseil d'État, seules les dispositions d'une convention ayant un effet direct sont susceptibles d'être invoquées par les particuliers à l'appui d'un recours pour excès de pouvoir (CE, 23 avr. 1997, *GISTI*). S'agissant de la convention en cause, l'appréciation de son effet direct fait l'objet d'une appréciation au cas par cas par le Conseil d'État. En l'espèce, la Haute juridiction administrative estime que les stipulations visées par la convention ne sont pas dotées de l'effet direct et ne peuvent donc pas être utilement invoquées devant le juge de l'excès de pouvoir.

Pierre ESPLUGAS
Maître de conférences à l'Université des Sciences sociales de Toulouse

ANNALES CORRIGÉES DE L'ÉPREUVE DE DROIT COMMERCIAL

1. Annale corrigée de l'IEJ de Nancy II

2. Annale corrigée de l'IEJ de Paris II

3. Galop d'essai corrigé de l'IEJ de Paris II

4. Annale corrigée de l'IEJ de Paris XII

5. Annale corrigée de l'IEJ de Rennes I

Annale corrigée de l'IEJ de Nancy II

SUJET

Analysez et commentez les dispositions nouvelles suivantes applicables en droit des sociétés :

LOI n° 2003-706 du 1er août 2003 de sécurité financière (1)

Article 105

L'article L. 225-228 du Code de commerce est ainsi modifié :

1° Avant le premier alinéa, sont insérés deux alinéas ainsi rédigés :

« Les commissaires aux comptes sont proposés à la désignation de l'assemblée générale par un projet de résolution émanant du conseil d'administration ou du conseil de surveillance ou, dans les conditions définies par la section 3 du présent chapitre, des actionnaires. Lorsque la société fait appel public à l'épargne, le conseil d'administration choisit, sans que prennent part au vote le directeur général et le directeur général délégué, s'ils sont administrateurs, les commissaires aux comptes qu'il envisage de proposer.

« Lorsque le commissaire aux comptes a vérifié, au cours des deux derniers exercices, les opérations d'apports ou de fusion de la société ou des sociétés que celle-ci contrôle au sens des I et II de l'article L. 233-16, le projet de résolution visé à l'alinéa précédent en fait état. »

Article 108

L'article L. 225-2387 du Code de commerce est ainsi rédigé :

« *Art. L. 225-238.* – Les commissaires aux comptes sont convoqués à toutes les réunions du conseil d'administration ou du directoire et du conseil de surveillance qui examinent ou arrêtent des comptes annuels ou intermédiaires, ainsi qu'à toutes les assemblées d'actionnaires. »

Article 118

Après le deuxième alinéa de l'article L. 227-6 du Code de commerce, il est inséré un alinéa ainsi rédigé :

« Les statuts peuvent prévoir les conditions dans lesquelles une ou plusieurs personnes autres que le président, portant le titre de directeur général ou de directeur général délégué, peuvent exercer les pouvoirs confiés à ce dernier par le présent article. »

Article 123

I. – Le Code de commerce est ainsi modifié :

1° Dans la première phrase du second alinéa de l'article L. 225-39, après les mots : « ces conventions », sont insérés les mots : « , sauf lorsqu'en raison de leur objet ou de leurs implications financières, elles ne sont significatives pour aucune des parties, » ;

2° Dans la première phrase du second alinéa de l'article L. 225-87, après les mots : « ces conventions », sont insérés les mots : « , sauf lorsqu'en raison de leur objet ou de leurs implications financières, elles ne sont significatives pour aucune des parties, » ;

3° Le 6° de l'article L. 225-115 est complété par les mots : « , établis conformément aux articles L. 225-39 et L. 225-87 » ;

4° Au début de l'article L. 227-11, sont insérés les mots : « Sauf lorsqu'en raison de leur objet ou de leurs implications financières, elles ne sont significatives pour aucune des parties, » ;

5° L'article L. 612-5 est complété par un alinéa ainsi rédigé :

« Les dispositions du présent article ne sont pas applicables aux conventions courantes conclues à des conditions normales qui, en raison de leur objet ou de leurs implications financières, ne sont significatives pour aucune des parties. » ;

6° Au premier alinéa des articles L. 225-38, L. 225-86, L. 222-10 et L. 227-10, le pourcentage : « 5 % » est remplacé par le pourcentage : « 10 % ».

CORRIGÉ

Le Législateur nous habitue, année après année, à une production de textes exponentielle.

Ainsi en va-t-il notamment et tout particulièrement en droit des sociétés où l'on a dépassé le cap de la soixantième réforme de la déjà vieille loi du 24 juillet 1966.

À peine remis de la loi du 15 mai 2001 portant Nouvelles Régulations Économiques, dense, riche, technique et suffisamment complexe pour que les sociétés concernées en soient encore pour certaines à l'analyse avant même toute modification de leurs statuts ou de leur règlement intérieur, de nouvelles modifications viennent de nous être imposées au cours de l'été 2003. Certaines d'ailleurs reviennent sur des dispositions récentes introduites par la loi de 2001...

L'été 2003 nous a de la sorte offert un paquet « législatif » au sein duquel deux textes d'importance traitent du droit des sociétés : la loi du 1er août 2003 pour l'initiative économique et celle, de la même date, dite de sécurité financière.

La première de ces lois a pour objectif de faciliter, d'une manière générale, la création d'entreprises. Elle est connue en particulier pour avoir supprimé l'exigence d'un capital minimum à l'occasion de la constitution des SARL.

Cette deuxième loi, plus technique, a été conçue comme devant être la réponse du législateur français à la crise de confiance du système financier particulièrement mise en lumière aux États-Unis.

À cet effet, les dispositions retenues dans le texte, disparates, ne concernent pas à titre principal le droit des sociétés. L'essentiel de la loi est consacrée effectivement à la modernisation des autorités de contrôle et à la sécurité des épargnants et des assurés. Seules certaines dispositions de la loi s'intéressent donc directement au droit des sociétés notamment celles des articles 105, 108, 118 et 123. L'objectif général du dispositif retenu en matière de droit des sociétés est de façon évidente de moderniser le contrôle légal des comptes et de renforcer la transparence au sein des entreprises.

Le contenu des articles présenté dans le sujet modifie le corpus juridique prévalant jusqu'alors pour ce qui est du commissariat aux comptes dans les sociétés anonymes (art. 105 et 108), de la représentation de la société par actions simplifiée (art. 123) et enfin des conventions passées entre les dirigeants de SA, pour l'essentiel, et la société.

§1 LE COMMISSARIAT AUX COMPTES

Les articles 105 et 108 de la loi de sécurité financière modifient les articles L. 225-228 et L. 225-238 du Code de commerce. Le premier de ces textes s'intéresse aux modalités de désignation du commissaire aux comptes (A), le second aux conditions d'exercice de sa mission (B).

A. LA DÉSIGNATION

L'article L. 225-228 du Code de commerce modifié, quoique modeste dans ses nouvelles ambitions, est assurément destiné à renforcer l'indépendance du commissaire aux comptes. Aussi prévoit-il que les commissaires aux comptes sont proposés à la désignation de l'assemblée générale ordinaire par un projet de résolution émanant du conseil d'administration ou du conseil de surveillance, ce qui en définitive est assez classique, mais également, ce qui constitue d'ailleurs davantage un rappel qu'une réelle innovation, émanant des actionnaires eux-mêmes. À cet égard, il faut se souvenir que l'article L. 225-105 du Code de commerce prévoit qu'un ou plusieurs actionnaires représentant au moins 5 % du capital ou une association d'actionnaires ont la faculté de requérir l'inscription à l'ordre du jour de projets de résolution.

En revanche, et il s'agit là cette fois-ci d'une véritable nouveauté, lorsque la société fait appel public à l'épargne, le directeur général et le directeur général délégué dans les sociétés anonymes de type classique, s'ils sont administrateurs, ne sont plus autorisés à participer au vote du conseil d'administration qui choisit les commissaires aux comptes qu'il envisage de proposer à l'élection de l'AG. Voilà de quoi limiter, mais limiter seulement, la collusion trop fréquemment constatée entre dirigeants et contrôleurs. L'interdiction de vote est évidemment applicable au Président s'il est par ailleurs directeur général.

B. LA MISSION

La mission principale du commissaire aux comptes est et a toujours été le contrôle des comptes de la société et éventuellement de ceux des sociétés du groupe. Ce contrôle s'exerce d'abord et avant tout au bénéfice de l'information des actionnaires. Il va de soi que la qualité et l'efficacité de ce contrôle suppose une connaissance approfondie du contenu des éléments à apprécier mais également de la méthode suivie pour dresser les comptes.

C'est dans cette optique que se situe la réécriture de l'article L. 225-238 du Code de commerce qui a précisément pour objectif principal le renforcement de l'efficacité de l'intervention du commissaire aux comptes.

C'est pourquoi, désormais, les commissaires aux comptes de toutes les SA ne seront plus seulement convoqués à la réunion du conseil d'administration ou du directoire qui arrête les comptes de l'exercice écoulé mais à toutes les réunions de ces organes ou du conseil de surveillance qui examinent ou arrêtent des comptes annuels ou intermédiaires.

Plus efficaces parce que mieux informés et davantage présents auprès des sociétés contrôlées, les commissaires aux comptes exercent ainsi une mission autorisant une meilleure transparence au profit des actionnaires.

§II LA REPRÉSENTATION DE LA SOCIÉTÉ PAR ACTIONS SIMPLIFIÉE

Concernant la société par actions simplifiée, l'article L. 227-6 du Code de commerce prévoyait dans sa version originale que « la société est représentée à l'égard des tiers par un président désigné dans les conditions prévues par les statuts ». La question de savoir si le texte pouvait être lu comme imposant une représentation exclusive (A) ou comme autorisant une représentation partagée (B) s'est alors posée.

A. LA REPRÉSENTATION EXCLUSIVE

Conçue pour être une structure souple et réservant au pacte social la possibilité de donner à la société par actions simplifiée un ou plusieurs dirigeants autres que le président, seul envisagé par la loi, il pouvait paraître douteux que soit réservé à ce dernier un pouvoir exclusif de représentation de l'être moral à l'égard des tiers. Une telle exclusive apparaissait au demeurant en assez grande contradiction avec l'idée même de SAS, pratique et contractuelle. Pourtant, la Chambre commerciale de la Cour de cassation (2 juillet 2002) est venue interpréter de façon stricte l'article L. 227-6 du Code de commerce compte tenu de sa lettre impérative.

C'est pourquoi, indépendamment de la grande liberté contractuelle laissée aux associés dans l'organisation de la société par actions simplifiée, le texte indiqué, jugé d'ordre public, a été apprécié comme n'accordant aucun pouvoir de représentation légale de la SAS à un dirigeant quel qu'il soit, autre que le président.

La position jurisprudentielle fût critiquée notamment du fait de ses conséquences néfastes sur la validité ou l'opposabilité d'actes passés par des représentants des sociétés par actions simplifiées privés de tout pouvoir à l'égard des tiers (directeurs généraux statutaires par exemple).

De ce point de vue une réforme de la loi allant dans le sens d'une représentation partagée était souhaitée.

B. LA REPRÉSENTATION PARTAGÉE

C'est en principe le système autorisé par la loi quelle que soit la société envisagée. Pour ce qui concerne la société par actions simplifiée l'article 118 de la loi de sécurité financière vise donc à remédier à la difficulté mise en lumière en particulier par les praticiens, en envisageant désormais dans l'article L. 227-6 du Code de commerce que les statuts peuvent prévoir les conditions dans lesquelles une ou plusieurs personnes autres que le président, portant le titre de directeur général ou de directeur général délégué, peuvent exercer les pouvoirs confiés à ce dernier.

De la sorte l'organisation du pouvoir dans la SAS se rapproche-t-elle de celle prévalant dans la société anonyme de type classique (art. L. 225-53 et L. 225-56 du Code de commerce).

La doctrine dans son ensemble se félicite de la modification légale mais regrette l'utilisation exclusive des termes de directeur général et directeur général délégué qui limite quelque peu le choix du type de dirigeant dans une société dans laquelle la liberté contractuelle d'organisation est de mise.

§III LES CONVENTIONS AVEC LA SOCIÉTÉ

Le dispositif applicable depuis toujours dans les sociétés anonymes et par actions est trop connu pour avoir besoin d'être exposé une nouvelle fois ici (art. L. 225-38 et s. du Code de commerce). Toutefois une question récurrente refait régulièrement surface relativement à la question du contrôle des conventions passées entre les dirigeants et la société : faut-il ou non dans une perspective de renforcement de la transparence alourdir le système prévu par la loi au risque de le rendre davantage complexe et difficile à mettre en œuvre ? La loi NRE, assez critiquée sur ce point comme sur d'autres, avait choisi la voie d'un formalisme renforcé au nom de la défense des intérêts des actionnaires (A) ; à l'inverse, la loi de sécurité financière est venue alléger quelque peu le dispositif récemment réformé (B).

A. LE FORMALISME RENFORCÉ PAR LA LOI NRE

Outre le principe d'un contrôle étendu aux conventions conclues par les actionnaires disposant d'une fraction des droits de vote supérieure à 5 %, le texte de 2001 rendait notamment désormais obligatoire la communication au président du conseil d'administration, au conseil d'administration et au commissaire aux comptes la liste des conventions portant sur des opérations courantes et conclues à des conditions normales et de ce fait exclues de tout contrôle. Alourdissant le système existant sans pour autant le rendre davantage efficace l'intervention législative fut une nouvelle fois critiquée et les textes une nouvelle fois amendés...

B. LE FORMALISME ALLÉGÉ PAR LA LOI DE SÉCURITÉ FINANCIÈRE

L'article 123 de la loi, considéré d'ailleurs par la doctrine comme étant un peu à contre-courant du reste du texte, apporte donc deux assouplissements au formalisme lourd des conventions réglementées dans la SA renforcé par la fameuse loi dite NRE du 15 mai 2001.

C'est d'abord le seuil de détention des droits de vote possédés par un actionnaire et provoquant le déclenchement de la procédure d'autorisation qui est porté de 5 % à 10 %.

Pour ce qui est ensuite de la nature des conventions soumises ou non au contrôle, échappent alors désormais à cette obligation de communication les conventions qui, en raison de leur objet ou de leurs implications financières, ne sont significatives pour aucune des parties.

De la sorte, sans trahir aucun des principes inspirant le système de contrôle des conventions, la loi nouvelle introduit simplement une souplesse jugée nécessaire.

Il va de soi que la loi de sécurité financière du 1er août 2003 ne marque ni la fin des réformes législatives dans le domaine du droit des sociétés ni peut-être le terme de leur accélération. Ce qui est certain en revanche c'est que les prochaines interventions du législateur devront, si la France se veut accueillante des capitaux étrangers, se faire dans le sens d'un assouplissement du droit de la SA et très vraisemblablement quelque peu à contre-courant des objectifs suivis par la loi de sécurité financière. Tel est l'enjeu de l'introduction dans notre droit de la société anonyme européenne.

Thierry LAMBERT
Professeur à la Faculté de droit de Nancy II

Annale corrigée de l'IEJ de Paris II

SUJET

Les étudiants devront résoudre les cas pratiques suivants :

Cas n° 1. La SARL Immo, dont le chiffre d'affaires hors taxes est de 3 500 000 euros à la date de clôture du dernier exercice comptable, a été mise en redressement judiciaire par un jugement en date du 3 août 2003, publié au *BODACC* le 25 août. La date de cessation des paiements a été fixée le 3 mai de la même année. Nommé administrateur judiciaire, Monsieur Labro a reçu, le 1er septembre 2003, une déclaration de créance de la banque Lepage qui comporte un tampon émanant de la banque et mentionnant sa dénomination sociale et son siège social, ainsi qu'une signature illisible sous la rubrique « Le responsable » sans indication du patronyme de son auteur.

La banque Lepage prétend, sans en apporter pour l'instant la moindre preuve, que cette déclaration a été signée par Monsieur Bural, responsable du service contentieux, auquel le conseil d'administration a donné, le 18 août 2003, pouvoir spécial de déclarer les créances.

Monsieur Labro pense que non seulement cette déclaration de créance est irrégulière, mais encore qu'il n'est tenu par aucune obligation d'information relativement à la régularité de cette déclaration.

Néanmoins, il souhaiterait que vos arguments puissent l'en convaincre définitivement.

Cas n° 2. La société Lefranc a, le 5 mars 1999, passé un contrat de nettoyage et d'entretien avec la SARL Lebel, dont le redressement judiciaire a été ouvert par un jugement du 13 avril 2003. Ayant mis en demeure le 30 mai 2003 l'administrateur de faire connaître s'il entendait ou non poursuivre ce contrat, la société Lefranc a reçu le 12 juin 2003 une réponse négative de sa part. La société Lefranc, qui considère que la lettre de l'administrateur n'est qu'un acte d'information sans portée juridique a alors saisi le juge-commissaire le 23 juin 2003, afin qu'il prononce judiciairement la résiliation du contrat et fixe la date de résiliation.

Par ailleurs, alors que la société Lefranc a finalement pris la décision de déclarer sa créance d'indemnité de résiliation « à toutes fins utiles » le 4 août 2003, elle s'étonne de s'entendre dire qu'elle est forclose.

Par son action introduite devant le juge-commissaire, la société Lefranc soutient, non seulement, que celui-ci doit prononcer la résiliation du contrat et en fixer la date, mais qu'en outre, il doit lui ouvrir le délai de déclaration supplémentaire prévu à l'article 66 du décret du 27 décembre 1985.

Le juge-commissaire rejette finalement toutes les prétentions de la société Lefranc par ordonnance du 25 août 2003. Celle-ci décide alors de faire appel de la décision.

Cette action a-t-elle des chances de prospérer ?

Cas n° 3. La société anonyme Paraffine a pour objet social la fabrication de produits de parapharmacie. Afin de développer la commercialisation de ses produits, elle a décidé de constituer une société en nom collectif, la SNC Parade, avec deux commerçants indépendants, M. Pari et M. Passu, qui apportent chacun leur fonds de commerce de vente au détail. Le 17 avril 2003, M. Parangon, en sa qualité de directeur général de la SA Paraffine, et les deux autres associés signent les statuts de la SNC Parade, ainsi qu'un acte séparé intitulé *« mandat à M. Pari »*. Cet acte indique en particulier que *« mandat est donné à M. Pari d'effectuer pendant la durée de la période de formation tout acte que requiert la gestion des fonds de commerce apportés »*. À ce titre, M. Pari entreprend de faire rénover entièrement son ancien magasin et conclut le 20 mai 2003, au nom de la SNC Parade en formation, un contrat avec l'entreprise Agentec pour des travaux d'un montant de 25 000 euros. Le 23 mai 2003 les trois associés de la SNC Parade se réunissent en assemblée générale afin de décider de la reprise du contrat conclu avec l'entreprise Agentec. M. Parangon, représentant de la SA Paraffine vote contre la reprise, tandis que M. Pari et M. Passu votent en faveur de celle-ci.

Par ailleurs, M. Pari qui sait que la SNC Parade est à la recherche de locaux pour fixer son siège social décide de sa propre initiative d'acquérir des parts dans le capital d'une société civile immobilière Arcology. À ce titre, il conclut le 2 mai 2003, au nom de la SNC Parade en formation, un acte de cession avec la SARL Frix par lequel cette dernière lui cède sa participation dans le capital de la SCI Arcology, qui est d'un tiers du capital ; les deux tiers restants sont détenus, à parts égales, par une société en commandite simple Graix et une SARL Hanx. La cession au nom de la SNC Parade en formation fait l'objet des mesures de publicité requises.

La SNC Parade est finalement immatriculée au registre du commerce et des sociétés le 2 juillet 2003. Deux jours après, une assemblée générale ayant pour ordre du jour la reprise de l'acte de cession des parts de la SCI Arcology, est convoquée. Au cours de cette assemblée, les trois associés de la SNC Parade décident à l'unanimité la reprise de cet acte. Mais, peu après, ils apprennent que le gérant de la SCI Arcology a conclu le 5 mai 2003, avec l'entreprise Rénovolux, un contrat d'un montant de 120 000 euros ayant pour objet des travaux absolument nécessaires à l'entretien des immeubles appartenant à la SCI Arcology. Les travaux ont été réalisés au cours du mois de mai 2003 et l'entreprise Rénovolux a adressé sa facture à la SCI Arcology le 5 juin 2003. Cette facture est demeurée impayée. Ayant exercé contre la société civile un certain nombre d'actions en justice qui ne lui ont pas permis d'être payée, l'entreprise Rénovolux met en demeure, le 7 septembre 2003, la SNC Parade de lui payer la somme de 120 000 euros. Cette dernière refusant de payer, M. Parangon craint que l'entreprise Révonolux réclame cette somme à la SA Paraffine.

M. Prêcheur voudrait savoir :

1) si l'entreprise Agentec peut obtenir de la SA Paraffine le paiement de sa créance de 25 000 euros

2) si l'entreprise Rénovolux peut obtenir de la SA Paraffine le paiement de sa créance de 120 000 euros

CORRIGÉ

Cas n° 1. La déclaration de créance ayant été effectuée dans le délai de 2 mois à compter de la publication du jugement d'ouverture au *BODACC* (art. 66, D. 27 déc. 1985), la régularité de ladite déclaration de créance soulève essentiellement deux interrogations relatives, d'une part, à son destinataire et, d'autre part, à l'auteur de la déclaration de presse.

Conformément à l'article L. 621-43, il est prévu que les créanciers *« adressent »* la déclaration de leurs créances au représentant des créanciers, qui dispose en la matière d'un monopole. L'administrateur, dont les fonctions sont distinctes de celles du représentant des créanciers, n'est donc pas habilité en tant que tel à recevoir une telle déclaration (Cass. com., 22 juin 1993, *Bull.* IV, n° 260). À défaut d'être envoyée au destinataire compétent, la déclaration des créances est nulle pour irrégularité de fond sans qu'il y ait à justifier d'un grief conformément à l'article 112 du nouveau Code de procédure civile.

L'administrateur qui reçoit par erreur une déclaration n'a aucune obligation de transmission au représentant des créanciers, cette transmission éventuelle repose sur son seul bon vouloir (CA Versailles, 27 janvier 2000, *D.* 2000, AJ, 172). Si, ce faisant, l'administrateur transmet la déclaration dans le délai légal au représentant des créanciers, la déclaration sera valable, sans que l'erreur d'indication sur la qualité du mandataire n'affecte la validité de cette déclaration (Com., 7 décembre 1999, *Bull.* IV, n° 223).

Par conséquent, M. Labro n'est tenu par aucune obligation ni d'information à l'égard de la banque Lepage quant à l'erreur qu'elle a commise dans l'envoi de sa déclaration au mauvais destinataire, ni de transmission de cette déclaration, qu'il a reçue par erreur, au représentant des créanciers.

Toutefois, s'il décidait de transmettre cette déclaration de créance, celle-ci ne sera régulière que si elle est transmise avant l'expiration du délai de 2 mois fixé à l'article 66 du décret du 27 décembre 1985, soit le 25 octobre.

Assimilée à une demande en justice, la déclaration des créances implique que l'auteur de la déclaration ait le pouvoir d'ester en justice (Com., 14 décembre 1993, *Bull.* IV, n° 471).

Lorsque le créancier est une personne morale, l'article L. 621-43 du Code de commerce dispose que *« la déclaration des créances peut être faite par le créancier ou par tout préposé ou mandataire de son choix »*, à la condition d'être titulaire d'une délégation de pouvoir l'autorisant expressément soit à agir en justice, soit à effectuer des déclarations de créances (Com., 30 mars 1999, *Bull.* IV, n° 75).

En l'espèce, la question de la qualité de Monsieur Bural ne pose pas de problème, dans la mesure où le Conseil d'administration a spécialement donné pouvoir à son préposé pour effectuer la déclaration des créances concernées, antérieurement (le 18 août) à ladite déclaration (le 1er septembre).

Mais l'identification de l'auteur de la déclaration pose problème, en raison du caractère illisible de la signature apposée sous la rubrique « le responsable » qui ne permet pas d'affirmer que le signataire est bien le préposé bénéficiaire de la délégation.

Or, la déclaration des créances, en tant qu'acte de procédure, est soumise à un certain formalisme qui suppose non seulement que la déclaration soit signée (Cass. com., 17 juill. 2001, *Act. Proc. Coll.* 2001/18, n° 232 et p. 1, obs. J.-P. Legros), mais aussi que le signataire puisse être identifié (Cass. com., 17 juin 1997, *D. aff.* 1997, p. 904) afin de vérifier si l'auteur dispose bien de l'habilitation.

En présence d'une signature illisible, cette identification ne peut se déduire de la seule signature (art. 1316-4, C. civ.) et doit pouvoir être faite à partir d'éléments inclus dans la déclaration elle-même. C'est en ce sens que s'est prononcée la cour d'appel de Dijon dans un arrêt du 3 septembre 2002 (*JCP,* éd. E. 2003, p. 67, note A. Jacquemont) où elle a donné quelques exemples d'éléments pouvant permettre d'attribuer la signature au préposé : le nom, les initiales ou les fonctions du signataire, et a jugé insuffisante la seule mention « le responsable ».

En vertu d'une jurisprudence constante, la preuve que le signataire de la déclaration est bien le titulaire de la délégation de pouvoir, incombe à la personne morale créancière pour le compte de laquelle le préposé a déclaré (Com., 5 mars 1996, *D. aff.* 1996, 523, 29 avril 2002, *RTD com.* 2002, p. 538, n° 3, obs. A. Martin-Serf et J.-L. Vallens) et peut être rapportée jusqu'à ce que le juge statue sur l'admission de la créance.

En l'espèce, la banque Lepage a encore la possibilité d'apporter la preuve de l'identité du signataire par l'existence de documents ou d'éléments extrinsèques susceptibles d'établir l'identité du déclarant avant que le juge ne statue sur l'admission des créances, mais encore faut-il qu'elle soit avertie de cette irrégularité et des moyens à sa disposition pour éviter l'extinction de sa créance. Or, la jurisprudence considère qu'aucune obligation d'information ne pèse en la matière sur le représentant des créanciers recevant une déclaration irrégulière, qui « représente » pourtant les créanciers (Cass. com., 6 févr. 2001, *RTD com.* 2002, p. 536, obs. A. Martin-Serf et J.-L. Vallens). *A fortiori* aucune diligence n'est attendue de l'administrateur, dont la compétence en la matière est exclue.

Cas n° 2. Pour dissiper toute incertitude sur le sort d'un contrat en cours, l'article L. 621-28 du Code de commerce permet au cocontractant d'adresser une mise en demeure à l'organe compétent (administrateur ou débiteur) pour qu'il se prononce sur le sort du contrat.

En absence de réponse dans un délai d'un mois, l'article L. 621-28 du Code de commerce dispose que le contrat est résilié de plein droit. Mais si la résiliation de plein droit du contrat peut s'effectuer implicitement, elle peut aussi résulter de l'exercice explicite par l'organe compétent de son droit d'option avant l'expiration du délai maximum d'un mois. Quant à la date de résiliation, elle est en toute logique fixée à la date de l'expiration du délai qui est imparti à l'organe compétent pour répondre ou à la date de la renonciation expresse de l'administrateur le cas échéant. Plus précisément, un arrêt du 18 mars 2003 (*D. aff.* 2003, AJ, p. 972, obs. A. Lienhard) est venu décider que la date de résiliation était celle de la réception par le cocontractant de la réponse de l'organe compétent.

En l'espèce, la société Lefranc a reçu le 12 juin 2003 le courrier de l'administrateur l'informant de la non-continuation du contrat. En application de l'article L. 621-28, le contrat litigieux a donc été résilié de plein droit à cette date.

La question se pose alors de la portée du mécanisme de résiliation de plein droit institué par la loi du 10 juin 1994.

En effet, avant la réforme, le seul fait que l'organe compétent ait opté expressément ou implicitement pour la non-continuation du contrat ne suffisait pas à entraîner la résiliation du contrat, mais autorisait seulement le cocontractant à se prévaloir auprès du juge-commissaire de la non-continuation du contrat à la suite de l'option pour en obtenir sa résiliation. À cette occasion, le cocontractant pouvait également déclarer au passif sa créance d'indemnité de résiliation du fait de la non-poursuite du contrat.

Aujourd'hui, l'automaticité de la résiliation de plein droit rend inutile la saisine du juge-commissaire aux fins de constat de non-continuation du contrat et du prononcé de la résiliation. La résiliation qui n'est plus judiciaire n'a pas nécessairement à être constatée. En réalité, le rôle dévolu au juge-commissaire se borne aux termes de l'article 61-1 du décret du 27 décembre 1985 à constater, sur la demande de tout intéressé, la résiliation de plein droit des contrats ainsi que sa date dans le but de trancher des cas litigieux.

En l'espèce, il était superflu pour la société Lefranc de demander au juge-commissaire de prononcer la résiliation, dès lors que le texte de l'article 61-1 du décret ne fait pas de l'intervention du juge-commissaire une condition de la résiliation qui de toutes les manières a eu lieu *« de plein droit »*. En outre, lorsqu'il intervient dans cette hypothèse, le juge-commissaire ne fait que *« constater »* cette résiliation de plein droit et ne dispose d'aucun pouvoir d'appréciation à cette occasion.

La demande de la société Lefranc de lui ouvrir le délai supplémentaire pour déclarer la créance résultant de la résiliation ne peut davantage prospérer.

Aux termes de l'article L. 621-28 al. 1, il est prévu que si *« l'administrateur n'use pas de la faculté de poursuivre le contrat, l'inexécution peut donner lieu à des dommages et intérêts dont le montant sera déclaré au passif au profit de l'autre partie »*. Cette créance d'indemnité de résiliation du fait de la résiliation de plein droit du contrat résultant de la non-poursuite de ce dernier doit être déclarée au passif, conformément à l'article 66 alinéa 1 du décret du 27 décembre 1985, dans un délai de deux mois à compter de la publication du jugement d'ouverture au *BODACC*. Le cas échéant, l'article 66 alinéa 2 du décret accorde un délai supplémentaire d'un mois aux cocontractants mentionnés aux articles 37 et 38 de la loi du 25 janvier 1985 qui court *« à compter de la date de résiliation de plein droit ou de la notification de la date de la décision prononçant la résiliation »*. Ainsi le texte distingue selon que la résiliation intervient de plein droit par suite d'une option en faveur de la non-continuation du contrat ou judiciairement par suite d'une inexécution du contrat faisant suite à une option de continuation.

En l'espèce, c'est l'option en faveur de la non-continuation du contrat qui a entraîné une résiliation de plein droit, par conséquent le délai supplémentaire de déclaration court du jour de cette résiliation de plein droit, c'est-à-dire du 12 juin 2003. Le fait que la société Lefranc ait saisi le juge aux fins de constat de résiliation n'a pas pour conséquence de permettre au délai de déclaration de courir de la notification de l'ordonnance prononçant la résiliation. En effet, le bénéfice de cette date ne concerne que l'hypothèse d'une résiliation n'intervenant pas de plein droit, mais à la suite d'une *« décision prononçant la résiliation »*, c'est-à-dire d'une résiliation judiciaire.

Il en découle que le délai supplémentaire de déclaration des créances prévu à l'article 66 alinéa 2 du décret, qui court à compter de la date de résiliation de plein droit, est expiré depuis le 12 juillet 2003 et que la société Lefranc est forclose.

Cas n° 3. Le contrat passé avec l'entreprise Agentec a été conclu par l'un des fondateurs de la SNC Parade, société en formation, entre la signature des statuts et l'immatriculation. Il s'agit donc d'un acte de la période constitutive.

Or, l'article L. 210-6, al. 2 pose le principe de l'engagement personnel des personnes qui ont agi au nom de la société en formation, à moins que la société, une fois immatriculée, ne reprenne ces actes. En l'espèce, l'entreprise Agentec ne peut donc, en principe, poursuivre que M. Pari qui a conclu le contrat, et non ses co-associés en leur qualité de fondateurs (en particulier la SA Paraffine).

Toutefois, l'entreprise Agentec pourrait tenter de faire juger que le contrat conclu par M. Pari a été repris par la SNC Parade et qu'après une mise en demeure vaine de la SNC Parade (art. L. 221-1, al. 2, C. com.) elle pourrait réclamer l'intégralité de sa créance à la SA Paraffine, en sa qualité d'associé tenu indéfiniment et solidairement des dettes sociales. Encore faut-il, pour qu'il s'agisse d'une dette de la SNC Parade, qu'elle ait bien repris l'acte.

Certes, il s'agit bien d'un engagement contractuel souscrit pour le compte de la société, puisque le fondateur a indiqué qu'il agissait au nom de la société en formation. Mais aucune des formes de reprise prévues par les textes n'a été respectée.

D'une part, il existe bien un mandat donné, à une personne déterminée, par acte séparé au moment de la signature des statuts, en vertu de l'article 6, al. 3 du décret du 3 juillet 1978. Mais ce mandat est rédigé en termes bien trop généraux quant aux engagements pouvant être pris (*« tout acte que requiert la gestion des fonds de commerce apportés »*). Qui plus est, on peut douter que le type de contrat conclu par M. Pari est même conforme au mandat qu'il a reçu.

D'autre part, l'assemblée générale au cours de laquelle la majorité des associés a décidé la reprise du contrat pourrait constituer une forme de reprise valable, conformément à l'article 6, al. 4 du décret du 3 juillet 1978, si ce n'était la date à laquelle elle a eu lieu (23 mai 2003). En effet, elle s'est tenue avant l'immatriculation (2 juillet 2003). Or, on sait que la jurisprudence a une lecture particulièrement restrictive de ce texte (not. Cass. civ. 3e, 5 janv. 1994).

Par conséquent, M. Parangon peut être rassuré, l'entreprise Agentec n'a aucun moyen d'agir contre la SA Paraffine.

La question posée est celle de savoir comment une action en paiement de l'entreprise Rénovolux co-contractante de la SCI Arcology, pourrait atteindre la SA Paraffine, associée d'une des sociétés associées (SNC Parade) de la SCI Arcology.

Dans un premier temps, il convient de noter que la SCI Arcology est bien débitrice de l'entreprise Rénovolux, en vertu du contrat conclu le 5 mai 2003 par son gérant, entrant dans son objet social (travaux absolument nécessaires à l'entretien des immeubles appartenant à la SCI). Cette dette, exigible à la date de la facture du 5 juin 2003, n'a pas été réglée. Le créancier qui a exercé un certain nombre d'actions en justice contre la société civile doit être considéré comme ayant préalablement et vainement poursuivi la personne morale, conformément à l'article 1858 du Code civil. Il peut donc poursuivre le paiement des dettes sociales contre un des associés : en l'espèce, la SCS Graix, la SARL Hanx et, semble-t-il, la SNC Parade.

Compte tenu de la responsabilité indéfinie, mais conjointe, des associés d'une société civile, le créancier social est obligé de diviser ses recours et, comme les associés répondent des dettes sociales à proportion de leur part dans le capital social (art. 1857, C. civ.), l'entreprise Rénovolux ne peut donc réclamer ici à chacun des trois associés que le tiers de sa créance. Par conséquent, la SNC Parade ne peut être poursuivie en paiement qu'à concurrence de 40 000 euros.

Encore faut-il, dans un deuxième temps, vérifier que celle-ci ait bien la qualité d'associé de la SCI Arcology, compte tenu des circonstances particulières dans lesquelles elle a acquis ses parts sociales. En effet, c'est un des fondateurs de la SNC Parade qui a conclu, pendant la période de formation (le 2 mai 2003), l'acte d'acquisition des parts de la société civile. Or, s'il a bien souscrit cet acte au nom de la SNC Parade en formation, il l'a fait de sa propre initiative, sans mandat des co-fondateurs. Toutefois, conformément à la possibilité ouverte par l'article 6, al. 4 du décret du 3 juillet 1978, les associés ont décidé expressément en assemblée générale, après immatriculation, de reprendre l'acte de cession. C'est alors la SNC Parade qui a la qualité de cessionnaire, et donc d'associé de la SCI Arcology, et ce, dès l'origine, compte tenu du caractère rétroactif de la reprise posé par l'article L. 210-6, al. 2 du Code de commerce.

L'entreprise Rénovolux est donc fondée à réclamer la part dans la dette sociale de la SCI Arcology qui revient à la SNC Parade. Or, dans un troisième temps, il convient de relever que cette dernière qui a été mise en demeure de payer le 7 septembre 2003 refuse de le faire. Cette mise en demeure étant demeurée vaine (art. L. 221-1, al. 2, C. com.) plus de 8 jours (art. 15, al. 2, D. 1967), l'entreprise Rénovolux peut réclamer à l'un quelconque des associés de la SNC Parade l'intégralité de sa dette sociale, soit 40 000 euros.

Patrice HOANG
Professeur à l'Université d'Orléans
et Sophie GJIDARA
Maître de conférences à l'Université de Paris II

CAS PRATIQUE – JANVIER 2004

Annale corrigée de l'IEJ de Paris II

SUJET

Les étudiants devront résoudre le cas pratique suivant :

La Société Images SA, une société anonyme spécialisée dans l'imprimerie de livres d'art, connaît depuis quelques années des difficultés financières. Le capital de la société est détenu par les membres de la famille Miages :

– Edmond Miages (le grand-père ; fondateur de l'entreprise, il n'a plus de responsabilité opérationnelle depuis longtemps mais tirait un complément de revenu de la société du temps où elle était prospère) : 20 % ;

– Jean Miages (le père ; actuel président-directeur général) : 40 % ;

– Lucie, Marie, Alain, Pierre et Clément (les enfants de Jean, peu intéressés par l'entreprise familiale) : chacun 8 %.

La société Images SA exerce son activité dans des locaux pris à bail auprès de la société civile immobilière Immobiens SCI dont le gérant est M. Monti. M. Monti propose aux associés de la société Images SA de racheter personnellement, en son nom et pour son compte, leur entreprise au moyen d'une cession d'actions.

Il pose cependant deux conditions à cette opération :

– il souhaite un apurement des comptes ;

– il souhaite contrôler seul la société.

Les associés sont d'accord pour céder leurs participations. Seul M. Edmond Miages est encore hostile à l'opération. Il reste attaché à l'entreprise qu'il a créée et espère améliorer sa retraite lorsque la situation financière de l'entreprise sera redressée.

M. Monti vient vous consulter afin d'avoir votre avis sur l'opération. Il vous précise ses projets sur certains points :

– Il a lu dans un quotidien économique que la SAS était une forme sociale particulièrement intéressante. Il entend transformer la société Images SA en SAS, mais souhaite avoir votre avis sur ce point.

– Pour financer son acquisition, il doit recourir à un prêt bancaire. La banque lui demande des garanties.

– Pour financer la relance de l'entreprise, la société Images SA devra également recourir à un crédit bancaire. À nouveau, la banque demande des garanties ; elle souhaite obtenir un engagement de la SCI.

– M. Monti souhaite modifier les baux conclus entre la SA et la SCI afin de les augmenter de 10 à 15 %.

M. Monti vous fournit également les données suivantes sur la société Images SA.

Images SA, société anonyme au capital de 80 000 euros
Divisé en 2 000 actions de 40 euros

Capital social :	80 000 euros
Réserve légale :	8 000 euros
Réserve statutaire :	15 000 euros
Report à nouveau déficitaire :	64 000 euros

CORRIGÉ

Il convient de répondre aux questions de M. Monti en exposant les solutions envisageables, tout d'abord, afin de prendre le contrôle de la société, ensuite, afin d'assurer le financement des projets de M. Monti et, enfin, de vérifier la licéité de la modification des loyers.

§1 LA PRISE DE CONTRÔLE DE LA SOCIÉTÉ MIAGES

M. Monti pose deux conditions à l'opération. Il souhaite d'une part, un apurement des comptes et, d'autre part, contrôler seul la société. Il est en outre précisé qu'il pense transformer la société en SAS. En réalité les deux questions sont liées. L'adoption de la forme sociale SAS permettra à M. Monti de réaliser son souhait de contrôler parfaitement la société.

A. L'APUREMENT DES COMPTES

Pour apurer les dettes, il est possible de procéder à une opération connue dans la pratique sous le nom de coup d'accordéon : il s'agit d'une réduction du capital suivie d'une augmentation de capital. En pratique, l'hypothèse est exactement celle du cas d'espèce. Souvent la réduction du capital est importante, le capital est réduit à zéro. Cependant, une réduction du capital social n'est possible que sous la condition suspensive d'une augmentation de capital portant le capital social au-delà du capital minimum. C'est précisément ce que fait la société en cas de coup d'accordéon. Il faut, en outre, que l'opération soit décidée par l'assemblée générale extraordinaire, dans la mesure où il s'agit d'une décision qui entraîne une modification des statuts. Cependant, dans le cas d'une réduction du capital social à zéro, l'opération peut avoir pour effet, l'exclusion des anciens actionnaires.

En effet, l'assemblée générale extraordinaire peut décider de supprimer le droit préférentiel de souscription qui appartient en principe à tout actionnaire, afin de permettre à un nouvel actionnaire d'entrer dans la société et d'en prendre le contrôle. Cependant, les minoritaires peuvent contester l'opération. Ils ont contesté la régularité d'un coup d'accordéon avec suppression du droit préférentiel de souscription. Cependant, leur prétention a été rejetée par les juges.

Com., 18 juin 2002, affaire *L'Amy* (*Bull. Joly* 2002, §. 259, note S. Sylvestre ; *RTD com.* 2002) : il n'y a pas d'abus de majorité, dans la mesure où les majoritaires subissent le même sort que les minoritaires (il n'y a aucune rupture d'égalité). Il n'y a pas davantage d'expropriation, en effet la perte de l'apport est, dans cette situation, une modalité de contribution aux pertes. Cet arrêt vient ainsi préciser un point encore controversé du régime de l'opération : la licéité de l'opération n'est pas subordonnée au maintien du droit préférentiel de souscription au profit des actionnaires.

Ainsi, il apparaît tout à fait possible d'assainir les finances de la société Images SA afin de satisfaire les attentes de M. Monti. Il faudra réunir une assemblée générale extraordinaire qui décidera d'une réduction du capital à zéro sous condition suspensive d'une augmentation de capital portant à nouveau le capital au-delà du minimum légal de 37 000 euros, augmentation décidée lors de la même assemblée générale qui décidera par ailleurs la suppression du droit préférentiel de souscription dans les conditions prévues par la loi. L'assemblée devra se prononcer notamment après un rapport du conseil d'administration et un rapport du commissaire aux comptes (art. L. 225-135, C. com.).

Il reste que l'opération peut se heurter au refus du fondateur Edmond Miages. Ce n'est pas un obstacle en réalité, dans la mesure où d'une part, il ne peut paralyser la décision de l'assemblée générale et où, d'autre part, une éventuelle contestation en justice paraît n'avoir aucune chance.

Devenu seul actionnaire d'une société dont les finances ont été assainies, M. Monti peut envisager de transformer la société Images SA en SAS afin d'organiser son contrôle sur la société.

B. LE CONTRÔLE DE LA SOCIÉTÉ

Seul actionnaire, M. Monti pourra transformer la société en SAS. En pratique, le choix de la SAS se fait d'ailleurs fréquemment par transformation. Il faut respecter cependant quelques conditions.

1re condition : il existe une règle de majorité propre à la SAS posée à l'article L. 227-3 du Code de commerce. La transformation d'une société en SAS ne peut être décidée qu'à l'unanimité des actionnaires.

2e condition : l'intervention du commissaire aux comptes ou du commissaire à la transformation. Depuis la loi de sécurité financière du 1er août 2003, l'article L. 224-3 du Code de commerce précise qu'il ne faut nommer un commissaire à la transformation que dans un cas : lorsque la société qui se transforme en SAS n'a pas déjà un commissaire aux comptes. Autant dire que la transformation de SA en SAS se fera sans commissaire à la transformation, dans la mesure où la SA a toujours un commissaire aux comptes.

En l'espèce, la transformation se fera sans difficulté, M. Monti étant seul actionnaire et la SA étant dotée, en principe, d'un commissaire aux comptes. Il est possible de confirmer ce que M. Monti a pu lire dans la presse économique. La SAS est réellement une forme sociale intéressante. Les avantages de la SAS sont nombreux. La SAS est adaptée aux différentes formes d'entreprise. Elle est très intéressante pour les groupes de sociétés. La SAS peut aussi servir de forme sociale à une PME ; ce qui était exclu à l'origine. La reconnaissance de la SASU notamment est intéressante pour les PME. Il reste tout de même que le capital social minimum est élevé.

En terme d'organisation, la SAS présente de nombreux avantages sur la SA qui a une organisation très rigide, peu susceptible d'adaptations aux besoins de l'entreprise.

– Le minimum d'actionnaires : 7 dans la SA ; un seul dans la SAS. Cela devrait dispenser de recourir à des actionnaires fictifs.

– La réglementation du cumul des mandats ne s'applique pas dans la SAS.

– Les clause statutaires sont plus variées dans la SAS (inaliénabilité, exclusion...).

En revanche, la SAS ne peut pas faire appel public à l'épargne (art. L. 227-2). Autrement dit, ses sources de financement sont plus réduites que celle de la SA. La SAS ne pourra pas, en particulier, introduire ses titres en bourse. C'est son inconvénient, d'autant plus important à relever que la transformation de la SAS en SA n'est pas aisée en pratique. Sous cette réserve, il est possible de conseiller à M. Monti la transformation de la société en SAS. Il convient, en outre, de l'avertir de l'importance des clauses statutaires dans la SAS : tant pour lui permettre d'en insérer dès maintenant que pour l'inciter à la modération. En effet, ces clauses pourront par la suite être un obstacle à certains projets. La rédaction des statuts doit donc être soignée et réfléchie.

§II LE FINANCEMENT DES PROJETS DE M. MONTI

Il faut tout d'abord exclure toute garantie de l'acquisition par la société Images SA. En effet, l'article L. 225-216 du Code de commerce, prohibe ce type d'opération. Aux termes de ce texte, une société ne peut avancer des fonds, accorder des prêts ou consentir une sûreté en vue de la souscription ou de l'achat de ses propres actions par un tiers.

Ensuite, il convient d'écarter le cautionnement des dettes par M. Monti. D'une part, il ne présente aucun intérêt pour garantir le financement de l'acquisition des titres, dans la mesure où M. Monti est débiteur personnel. Seul le cautionnement donné par un tiers pourrait présenter un intérêt, mais cela peut s'avérer difficile. D'autre part, le cautionnement des crédits bancaires nécessaires à la relance de l'activité sociale peut être dangereux pour M. Monti, malgré la protection accrue dont fait l'objet la caution. En outre, il ne correspond pas à la demande de la banque qui souhaite une garantie de la SCI. De même un nantissement sur les parts sociales de la SCI, bien que possible, ne serait sans doute pas accepté par la banque en raison des incertitudes qui pèsent sur l'efficacité de ce type de sûreté.

Enfin, les garanties qui pourraient être accordées par la SCI doivent faire l'objet de précisions. Si les cautions avals et garanties consenties par une SA à des tiers doivent être autorisées par le conseil d'administration (art. L. 225-35, al. 4, C. com.), la loi n'a pas créé de système analogue pour les sociétés civiles.

La jurisprudence est intervenue pour créer un régime protecteur pour ces sociétés. Un cautionnement consenti par une société pour garantir les engagements d'une autre société qui avait les mêmes dirigeants a pu être annulé pour dépassement de l'objet [voir par exemple : Com., 14 juin 2000, *Bull. Joly* 2000, §. 261, note A. Couret, pour une SNC]. La jurisprudence a précisé son système au fil des décisions afin de reconnaître la validité des garanties qui peuvent présenter un intérêt pour la société, en particulier lorsqu'elle est membre d'un groupe.

La communauté d'intérêt entre la société peut conduire à valider le cautionnement. Selon la jurisprudence (Civ. 1re, 1er février 2000, *Bull. Joly* 2000, §. 502, note A. Couret), même si le cautionnement n'entre pas dans l'objet social, il peut être valable dès lors qu'il existe une communauté d'intérêt entre la société caution et la société cautionnée.

Par ailleurs, l'absence de communauté d'inérêt ne suffit pas à entraîner la nullité du cautionnement consenti par une société civile, dès lors, d'une part, que le cautionnement a été autorisé à l'unanimité et, d'autre part, qu'il n'est pas allégué qu'il était contraire à l'intérêt social (Com., 28 mars 2000, *Bull. Joly* 2000, 501, note A. Couret).

En l'espèce, s'agissant de la garantie du financement de l'acquisition de la société, la validité de l'opération pourrait être contestée. En effet, il s'agit de donner une sûreté (cautionnement personnel ou réel) en garantie des dettes d'un associé. Cette opération qui n'entre sans doute pas dans l'objet social est exposée à un risque de nullité non négligeable. Il faudrait démontrer pour y échapper l'existence d'une communauté d'intérêt entre M. Monti et la SCI. Cela n'est cependant pas impossible en raison des liens qui unissent la SCI et la société dont M. Monti fait l'acquisition. En cas de contestation l'issue du litige est malgré tout incertaine. Il faut donc conseiller à M. Monti de réunir l'unanimité des associés de la SCI autour de son projet. Mais il faudra en toute hypothèse que l'on ne puisse pas soutenir que l'opération est contraire à l'intérêt social de la SCI.

S'agissant de la garantie du financement de la relance de l'activité sociale. Les mêmes questions se posent ici. Elles sont cependant plus faciles à résoudre. En effet, la communauté d'intérêt entre les sociétés est moins discutable que dans la précédente hypothèse. Il ne paraît pas nécessaire de réunir l'unanimité des associés de la SCI. Enfin, l'intérêt social de la SCI ne paraît pas méconnu par l'opération.

En définitive, le financement de l'opération paraît possible bien qu'il reste soumis à quelques incertitudes dont il faut avertir M. Monti.

§III LA MODIFICATION DU LOYER

Le projet d'augmenter les loyers peut se heurter à deux obstacles en présence d'actionnaires minoritaires : il peut y avoir lieu à appliquer la réglementation des conventions réglementées ; il existe un risque de contestation pour abus de majorité.

Une convention réglementée peut non seulement créer des obligations (c'est un contrat) mais aussi en éteindre (ce n'est pas un contrat, mais c'est bien une convention). Sont ainsi soumises à la procédure des conventions réglementées les conventions modificatives (dites avenants). C'est le cas également de la résiliation d'un commun accord d'une convention réglementée (Com., 27 février 1996, *Bull. Joly* 1996, §. 167). L'augmentation du loyer d'un bail est ainsi soumise à la réglementation du Code de commerce.

Cependant, si M. Monti a au préalable écarté les minoritaires et transformé la société en SAS, le régime applicable à son projet se trouverait simplifié. D'une part, il ne craint pas de contestations des minoritaires. D'autre part, les conventions conclues entre la société et le président ou un autre dirigeant, sont simplement mentionnées sur le registre spécial des délibérations (art. L. 227-10, al. 4). Elles ne font pas l'objet d'un rapport du commissaire aux comptes. La loi ne prévoit pas davantage que l'associé se prononce sur les conventions. Le législateur a vraisemblablement oublié que le président n'est pas nécessairement l'associé unique. La loi de sécurité financière a oublié encore de modifier ce point. Il peut être prudent de prévoir dans les statuts des règles plus précises sur les conventions réglementées. Et notamment prévoir une approbation des conventions dans la SASU lorsque l'associé unique n'est pas président. Cependant, en l'état des projets de M. Monti, il semble être dans une situation plus simple : celle de président-associé unique. Il pourra dès lors se contenter de mentionner l'avenant par lequel les loyers sont modifiés sur le registre spécial des délibérations. À nouveau apparaît l'avantage d'une transformation en SAS.

Nicolas MATHEY
Professeur à l'Université d'Auvergne

Annale corrigée de l'IEJ de Paris XII

SUJET

Les étudiants devront résoudre les cas pratiques suivants :

Cas n° 1. Mmes Pilourd et Escat ont exploité depuis 1988 un chalet situé sur la commune d'Orcières (Hautes Alpes), à proximité des remontées mécaniques, et destiné à la vente de « casse-croûte » et boissons. À cette fin, la régie des remontées mécaniques d'Orcières leur a consenti des contrats successifs intitulés « location saisonnière » puis le 20 mai 1995 pour une durée de six ans à compter du 1er novembre 1994, un contrat dénommé « gérance libre de fonds de commerce », enfin le 22 décembre 2000 un contrat de « bail précaire à caractère saisonnier » pour la période du 15 décembre 2000 au 15 avril 2001. Le 7 août 2001, la régie des remontées mécaniques a refusé de renouveler le contrat et demandé la remise des clefs. Mmes Pilourd et Escat l'ont alors assignée en revendication du bénéfice du statut des baux commerciaux et paiement d'une indemnité d'éviction. Elles avancent en effet les arguments suivants :

– elles sont régulièrement inscrites au RCS depuis 1989 ;

– si elles bénéficient pendant toute la saison hivernale de l'importante clientèle de la région de la régie des remontées mécaniques, Mmes Pilours et Escat affirment posséder aussi leur propre clientèle ; en effet, outre les amateurs de ski de fond et de promenades en raquettes pendant l'hiver, le chalet reçoit aussi la visite de randonneurs pendant l'été (le chalet est ouvert toute l'année).

Que pensez-vous de ces arguments ?

Cas n° 2. Le 18 novembre 2002, Mme Dugroin, qui exploite une grande boutique de vêtements, est déclarée en redressement judiciaire et la date de cessation des paiements est fixée au 10 mars 2002. Le représentant des créanciers s'interroge (et vous aussi), sur la validité d'un certain nombre d'opérations.

A – À l'issue de soldes de juillet 2002, Mme Dugroin a cédé pour 10 000 euros les invendus du stock, qu'elle avait acquis pour plus de 50 000 euros à M. Brunin, marchand forain, qui est également son beau-frère.

B – Le 30 juillet 2002, Mme Dugroin adresse un chèque de 25 000 euros à son fournisseur, M. Cradol, au lieu de 45 000 euros payables à cette date. Mme Dugroin lui indique que le solde sera payé sans faute le 31 octobre. En réponse, M. Cradol attire son attention sur l'article 8 de ses conditions générales de vente : « l'échéance est de rigueur ; sauf accord contraire, tout retard de paiement donnera lieu à une pénalité de 1 % par mois écoulé depuis l'échéance ». Le 30 septembre, M. Cradol reçoit le chèque de 20 400 euros, correspondant au solde du prix majoré de la pénalité calculée pour deux mois (soit 20 000 + 2 × 200 = 20 400).

Cas n° 3. L'une des innovations majeures de la loi de sécurité financière votée pendant la canicule (loi n° 2003-706 du 1er août 2003) est certainement l'institution de l'Autorité des marchés financiers (AMF) résultant de la fusion de la commission des opérations de bourse, du conseil des marchés financiers et du conseil de discipline de la gestion financière. La loi assigne une triple mission à l'AMF (la protection de l'épargne, l'information des investisseurs et le bon fonctionnement des marchés financiers) et lui confère pour cela trois pouvoirs : un pouvoir réglementaire, un pouvoir de contrôle, un pouvoir de sanction administrative et disciplinaire.

L'article 3 de la loi prévoit que l'AMF comprend :

– un collège qui, sauf disposition contraire, exerce les attributions confiées à l'AMF ;

– une commission des sanctions, autrement composée, chargée de prononcer les sanctions prévues par la loi.

Quant à l'article 14, il dispose que « la commission des sanctions statue par décision motivée, hors de la présence du rapporteur ».

Que pensez-vous de ces deux articles au regard de l'article 6 de la CEDH et des jurisprudences du Conseil d'État et de la Cour de cassation relatives à la commission des opérations de bourse et au conseil des marchés financiers ?

CORRIGÉ

Cas n° 1. Pour savoir si Mmes Pilourd et Escat peuvent bénéficier du statut protecteur des baux commerciaux, il convient de s'interroger sur leur statut juridique.

En vertu de l'article L. 145-1 du Code de commerce, le statut des baux commerciaux, qui est d'ordre public, s'applique aux locaux loués par des commerçants immatriculés au registre du commerce et des sociétés exploitant un fonds de commerce. Il convient de vérifier si les locataires remplissent bien ces conditions en l'espèce.

Mmes Pilourd et Escat sont régulièrement inscrites au RCS depuis 1989. En vertu de l'article L. 123-7 du Code de commerce, une telle inscription emporte présomption simple de la qualité de commerçant. Pour corroborer cette présomption, il convient de vérifier si les locataires répondent à la qualité de commerçant au sens de l'article L. 121-1 du Code de commerce qui énonce que sont commerçants ceux qui exercent des actes de commerce et en font leur profession habituelle. Leur activité de vente de casses-croûtes et de boissons les conduit nécessairement à pratiquer à titre habituel et professionnel l'achat pour revendre, acte de commerce défini par l'article L. 110-1. Elles peuvent par conséquent sans aucun doute être qualifiées de commerçantes.

La question est maintenant de savoir si les locataires exploitent leur propre fonds de commerce.

En l'absence de définition légale de la composition du fonds de commerce, c'est la jurisprudence qui a déterminé les éléments indispensables à la constitution d'un fonds de commerce. Le fonds de commerce se présente comme une universalité de fait comprenant des éléments corporels (outillage, marchandises) et des éléments incorporels (droit au bail, nom commercial, enseigne, droits de propriété incorporelle). Mais la condition essentielle de l'existence d'un fonds de commerce est la clientèle. L'application du statut protecteur des baux commerciaux suppose ainsi l'existence d'une exploitation autonome bénéficiant d'une clientèle propre. Si le commerçant se borne à exploiter la clientèle d'un autre, et ne justifie pas de l'existence d'une clientèle propre et prépondérante, il n'y a pas exploitation autonome justifiant de lui accorder le statut des baux commerciaux (par exemple, AP, 24 avril 1970 refusant de reconnaître le droit à la propriété commerciale à un buffet-buvette implanté dans l'enceinte d'un champ de course). Ce critère jurisprudentiel a cependant été récemment assoupli par plusieurs arrêts de la 3e chambre civile de la Cour de cassation (Civ. 3e, 27 mars 2002, 5 février 2003) qui considèrent que le preneur immatriculé au RCS peut remplir les conditions posées par le Code de commerce pour le droit au renouvellement de son bail lorsqu'il exploite dans un local clos et couvert à ses risques et périls et de façon autonome un ensemble de moyens pour conquérir la clientèle. Dans ces conditions, peut-on considérer que les commerçantes disposent de leur propre clientèle ou bénéficient-elles de la clientèle de la régie ? Dans un arrêt du 19 mars 2003, la Cour de cassation a expressément répondu à la situation visée par les faits de l'espèce. Deux arguments permettent en l'espèce de justifier l'existence d'un fonds de commerce : une clientèle propre en dehors des périodes de fonctionnement des remontées mécaniques gérées par la régie ; le fait qu'il n'est pas nécessaire, selon la Cour de cassation, de constater que cette clientèle propre est prépondérante par rapport à celle de la régie.

Dans ces conditions, Mmes Pilourd et Escat devraient obtenir gain de cause et pouvoir invoquer à leur profit le statut des baux commerciaux.

Cas n° 2. Mme Dugroin a été déclarée en redressement judiciaire le 18 novembre 2002, la date de cessation des paiements ayant été fixée au 10 mars 2002. Le représentant des créanciers s'interroge sur la validité d'opérations réalisées par Mme Dugroin durant les mois de juillet et de septembre 2002, soit pendant la période suspecte comprise entre la date de cessation des paiements et celle de l'ouverture de la procédure de redressement. Il convient par conséquent de déterminer si les actes ainsi accomplis par la débitrice relèvent des cas de nullité de la période suspecte définis par les articles L. 621-107 et suivants du Code de commerce.

En premier lieu, Mme Dugroin a cédé pour une somme de 10 000 euros des invendus de stocks à son beau-frère qu'elle avait acquis pour plus de 50 000 euros. Cette transaction peut-elle être annulée de plein droit sur le fondement de l'article L. 621-107 du Code de commerce ?

L'article L. 621-107-2° prévoit qu'est annulable de plein droit, « tout contrat commutatif dans lequel les obligations du débiteur excèdent notablement celles de l'autre partie ». L'application de ce texte suppose la réunion de deux conditions, que le contrat puisse être analysé comme un contrat commutatif et que les obligations qu'il comporte soient notablement déséquilibrées. Il convient de vérifier si ces deux conditions sont réunies en l'espèce.

Un contrat est commutatif dès lors que l'avantage que chacune des parties retire du contrat est susceptible d'être évalué dès sa conclusion. S'agissant ici d'un contrat de vente dans lequel les marchandises et leur prix est établi, le contrat conclu par Mme Dugroin avec son beau-frère est bien un contrat commutatif.

L'article L. 621-107-2° exige en outre que le déséquilibre des prestations soit notable pour que le contrat conclu pendant la période suspecte soit annulé. En l'espèce, Mme Dugroin a cédé pour un montant de 10 000 euros des marchandises qu'elle avait acquises pour un montant de 50 000 euros. Objectivement, le déséquilibre paraît ici flagrant. Pourtant, il convient de rappeler que la vente porte sur des vêtements invendus à l'issue d'une période de solde. Il s'agit de produits saisonniers qui perdent une grande partie de leur valeur losqu'ils n'ont pas été écoulés au cours de la période pour laquelle ils avaient été proposés à la vente. Dans ces conditions, il ne sera pas nécessairement facile de prouver que les prestations du contrat sont notablement déséquilibrées, le prix pouvant être justifié par le caractère saisonnier des marchandises.

Le représentant des créanciers dispose cependant d'une autre solution pour obtenir l'annulation de ce contrat sans avoir à démontrer le déséquilibre notable des prestations. En effet en vertu de l'article L. 621-108 du Code de commerce, les actes à titre onéreux accomplis après la date de cessation des paiements peuvent être annulés si ceux qui ont traité avec le débiteur ont eu connaissance de la cessation des paiements. Le contrat ici en cause est bien un acte à titre onéreux accompli pendant la période suspecte. La nullité facultative peut être demandée, dès lors que le cocontractant a eu connaissance de la cessation des paiements. Cette connaissance, appréciée souverainement par les juges du fond, doit exister au moment où l'acte a été commis et peut être prouvée par tout moyen. En l'espèce, Mme Dugroin a cédé ses invendus à son beau-frère plus de quatre mois après la date fixée pour la cessation des paiements. La jurisprudence peut déduire des liens de parenté unissant Mme Dugroin avec son cocontractant comme de l'antériorité importante de la cessation des paiements de la débitrice (plus de quatre mois) que ce dernier ne pouvait pas ignorer la cessation des paiements.

Les conditions de fonds de l'article L. 621-108 du Code de commerce étant réunies, le représentant des créanciers pourra agir en nullité sur ce fondement en vertu de l'article L. 621-110 du Code de commerce. Il convient toutefois de préciser que le prononcé d'une telle nullité est facultatif pour le juge qui dispose d'un pouvoir total d'appréciation même si la mauvaise foi probable du cocontractant de Mme Dugroin et le caractère déséquilibré des prestations devrait ici conduire le tribunal à prononcer la nullité de cet acte.

En second lieu, Mme Dugroin a adressé deux chèques à son fournisseur durant la période suspecte. Ces paiements par chèques sont-ils susceptibles d'annulation ?

Le premier chèque adressé par la débitrice à son fournisseur est d'un montant de 25 000 euros en vertu d'une créance de 45 000 euros payable à cette date. L'article L. 621-107 du Code de commerce considère comme nul de plein droit tout paiement de dette non échue ou tout paiement de dette échue fait par des procédés anormaux. En l'espèce, la dette semble échue et le chèque est considéré comme un mode normal de paiement. Le représentant des créanciers n'est ainsi pas fondé à demander l'annulation de plein droit de ce paiement. En outre, aucun indice n'indique que le créancier était en mesure de connaître l'état de cessation des paiements de sa débitrice. Dans ces conditions, et sauf si le représentant des créanciers dispose d'éléments susceptibles d'apporter la preuve de la connaissance de l'état de cessation des paiements par le fournisseur lors de ce paiement, ce paiement ne pourra pas non plus être annulé sur le fondement de l'article L. 621-108 du Code de commerce. Il s'agit ainsi du paiement d'une dette échue.

Lors de ce paiement partiel, la débitrice a indiqué au créancier qu'elle lui paierait le solde le 31 octobre. Son fournisseur lui répond que l'échéance est de rigueur et que tout paiement tardif donnera lieu à une pénalité de retard. Le second chèque adressé par la débitrice à son fournisseur vise à régler le solde de cette même créance échue le 30 juillet 2002 et pour laquelle son créancier ne lui a pas accordé de délais de paiements. Ce chèque, adressé le 30 septembre 2002 vise à régler le solde de cette créance échue augmentée des pénalités de retard dues pour les deux mois de retard. Ce second paiement par chèque peut-il être annulé en vertu des nullités édictées aux articles L. 621-107 et suivants du Code de commerce.

S'agissant d'un paiement par chèque pour une dette échue, la solution est en principe identique que pour celle du premier chèque, c'est-à-dire que ce paiement est en principe valable sauf si le représentant des créanciers est en mesure de rapporter la preuve que le fournisseur connaissait l'état de cessation des paiements de la débitrice à la date où ce second paiement est intervenu. La seule question qui subsiste est de savoir si la débitrice pouvait légitimement s'acquitter des intérêts de retard conventionnel dus en raison du retard de paiement au cours de la période suspecte. L'arrêt du cours des intérêts légaux ou conventionnels prévus par l'article L. 621-48 du Code de commerce ne concerne en principe que la période postérieure au jugement d'ouverture. Dans ces conditions, et s'agissant en l'espèce d'intérêts dus entre la date de la cessation des paiements et celle du jugement d'ouverture, ils ne sont pas couverts par l'arrêt du cours des inscriptions et leur paiement ne peut en principe pas être remis en cause. Les deux paiements par chèques sont donc en principe valables et ne peuvent pas être remis en cause par le représentant des créanciers.

Cas n° 3. La question a été posée de savoir si les procédures de sanction devant la COB et le CMF étaient suffisamment respectueuses des garanties procédurales fondamentales énoncées à l'article 6 de la CEDH. Deux questions se sont posées en jurisprudence, celle de savoir si les procédures menées devant ces instances devaient respecter les garanties prévues par l'article 6 de la CEDH, et en cas de réponse positive, si les pouvoirs de sanction de ces deux institutions s'exerçaient conformément à cet article 6.

La Cour de cassation à plusieurs reprises (Com., 18 juin 1996, et surtout AP, 5 février 1999) à propos de sanctions prononcées par la COB puis le Conseil d'État par une décision en date du 3 décembre 1999, à l'occasion d'un recours contre une décision disciplinaire prononcée par le CMF ont estimé que ces diverses procédures de sanction devaient être conformes à l'article 6 de la CEDH. Ainsi, les juridictions suprêmes s'accordent à reconnaître que les procédures de sanctions menées par les autorités de marché, qu'elles soient administratives ou disciplinaires sont soumises à l'article 6 de la CEDH. Applicables aux pouvoirs de sanctions de la COB et du CMF, l'AMF, qui dispose des attributions précédemment accordées à ces deux autorités de régulation doit également respecter les prescriptions de l'article 6 de la CEDH.

En revanche, la Cour de cassation et le Conseil d'État se sont néanmoins opposés sur les conséquences attachées à la soumission de ces procédures à l'article 6 de la CEDH. Cette opposition a concerné l'exigence d'impartialité, qui s'apprécie subjectivement mais aussi objectivement, c'est-à-dire au regard du mode de fonctionnement de la juridiction. Alors que la Cour de cassation a jugé la participation du rapporteur au délibéré de la commission chargée de prononcer les sanctions contraires à l'exigence d'impartialité (AP, précité), le Conseil d'État (décision précitée) s'est prononcé en sens contraire à propos du pouvoir de sanction du CMF.

Les articles 3 et 14 de la loi de sécurité financière ont pris soin de modifier les procédures précédemment applicables à la COB et au CMF afin de se mettre à l'abri de toute contrariété avec l'article 6 de la CEDH. Dans ces conditions, le législateur a retenu l'analyse de la Cour de cassation, plus exigeante sur les garanties procédurales exigées de ces autorités de régulation. Il a en effet pris soin de strictement séparer le pouvoir de sanction, des pouvoirs réglementaires et de contrôle de l'AMF afin de garantir aux destinataires de ces sanctions l'impartialité de l'AMF et l'égalité des armes. Il est ainsi expressément prévu que la commission des sanctions n'est pas composée de la même façon que le collège qui exerce les autres attributions de l'AMF et que le rapporteur ne puisse pas siéger à la commission des sanctions. Dans ces conditions, Conseil d'État et Cour de cassation devraient juger ces dispositions conformes à l'article 6 de la CEDH.

Antoine BOLZE
Maître de conférences à l'Université de Paris XII,
Directeur de l'IEJ

Annale corrigée de l'IEJ de Rennes I

SUJET

Traiter les deux cas pratiques suivants en y apportant des réponses juridiques précises et concises :

Cas n° 1. M. Julien Tondeur a créé en 1983 une entreprise spécialisée dans l'entretien, la réparation et la vente de divers engins agricoles et accessoires de jardinage, neufs et d'occasion. Il est concessionnaire de plusieurs fabricants français et étrangers. Il verse depuis l'origine un loyer annuel au propriétaire du terrain où il a bâti les locaux de son entreprise et un autre loyer au propriétaire d'un terrain adjacent où il entrepose ses engins. L'entreprise de M. Tondeur est prospère et est citée comme exemple de réussite par la Chambre de Métiers de son département, où il a suivi des cours de gestion et de comptabilité. Marié sous un régime de la communauté légale en 1993, M. Tondeur a mis, en 1997, son entreprise en société : la SARL Agrotec ; il y a associé Gilberte, son épouse, celle-ci apportant ses compétences professionnelles reconnues. En plus, M. Tondeur loue et occupe, depuis le 1er septembre 2001 jusqu'à ce jour, un petit local commercial en centre-ville, où il fait de la publicité, donne des rendez-vous et se rend parfois pour signer des contrats. Ce bail a été initialement conclu pour une durée de douze mois. Il a été prorogé, par avenant du 2 septembre 2002 ne comportant aucune référence au statut des baux commerciaux, pour une durée de onze mois s'achevant le 31 juillet 2003.

Malheureusement, au mois d'août dernier, M. Tondeur a subi les effets désastreux de la canicule sur sa santé qui s'est considérablement fragilisée au point d'être sous surveillance médicale quasi-permanente et hors d'état de pouvoir poursuivre normalement son activité. Gilberte essaie d'y faire face non sans difficulté. Elle vous informe que la société Agricap, ayant le même objet social que la SARL des époux Tondeur, serait prête à « reprendre » celle-ci après une période de transition pour mieux la connaître. Elle s'interroge :

1 – sur les formules juridiques que la loi et la pratique mettent à sa disposition pour réaliser cette reprise et du coup la cessation d'activité de M. Tondeur, dans les conditions souhaitées ;

2 – sur le bien-fondé de l'assignation en expulsion que leur a adressé, le 8 septembre 2003, M. Grossous, propriétaire du petit local.

Cas n° 2. La société Kèldélice exploitait un fonds de commerce de vente en gros et détail de fruits et légumes. Elle a été mise en redressement judiciaire le 22 octobre 2002, M. Vidier ayant été désigné comme administrateur judiciaire avec une mission d'assistance. Celui-ci a pris plusieurs décisions dont deux principales : dans une première décision, il avait informé, le 12 décembre 2002, la société Bonprix de sa volonté de poursuivre le contrat de location en cours d'un copieur, la liant à la société Kèldélice depuis le 18 juillet 2002. Dans une deuxième décision, il a contresigné plusieurs chèques en règlement de factures correspondant à des expéditions de marchandises livrées par la société Cébon au mois de janvier 2003. En revanche, deux factures d'un montant de 37 000 euros, correspondant aux livraisons du 20 janvier et du 3 février de la même année, n'ont pas été payées.

1 – Le 15 février 2003, la liquidation judiciaire de la société Kèldélice a été prononcée et M. Vidier a été assigné en paiement de la somme de 50 000 euros à titre de dommages-intérêts, par la société Cébon. Celle-ci prétend que l'administrateur judiciaire avait commis une faute engageant sa responsabilité personnelle. Qu'en pensez-vous ?

2 – La société Bonprix soutient, pour sa part, auprès du juge-commissaire, que sa créance relative à l'indemnité de résiliation du contrat de location, consécutive à la mise en liquidation de la société Kèldélice, doit être admise « à titre privilégié » au passif de la procédure collective. A-t-elle une chance d'obtenir gain de cause ?

CORRIGÉ

Cas n° 1

§1 1re QUESTION

La société Agricap souhaite reprendre la société Agrotec après une période de transition pour mieux la connaître. Il faut donc distinguer deux périodes : une période « de fiançailles » et une période « de mariage ». La première est transitoire et n'engagerait pas irrémédiablement la SARL Agricap envers la SARL Agrotec. La deuxième sera une période de reprise définitive de la SARL Agrotec.

Les principales formules juridiques pouvant être mises à la disposition de Mme Tondeur pour réaliser la reprise sont les suivantes.

A. UNE LOCATION-GÉRANCE DU FONDS DE COMMERCE (ART. 144-1 ET S., C. COM.)

1. Conditions

1. Le contrat doit porter sur un fonds de commerce. Cette exigence ne semble pas poser de problème, les éléments corporels et incorporels notamment la clientèle, étant réunis.

2. Le loueur doit avoir la qualité d'artisan ou de commerçant pendant au moins sept années (incidences ?) et avoir exploité le fonds pendant deux années au moins. En l'espèce, le fonds a été exploité entre 1983 et 1997, dans le cadre d'une entreprise individuelle non-sociétaire ; et depuis 1997, sous une forme sociétaire. Si la durée de deux années est satisfaite, celle de sept années ne l'est pas puisque la SARL, qui a la qualité de commerçante, n'a été créée qu'en 1997, soit six années et non sept. Toutefois, l'article 144-44 du Code de commerce prévoit une dérogation judiciaire (par le TGI) à ce délai lorsque l'intéressé « justifie qu'il est dans l'impossibilité d'exploiter son fonds personnellement ou par l'intermédiaire de préposés ». L'état de santé de

M. Tondeur conduira, selon toute vraisemblance, le tribunal à faire droit à la demande de ce dernier de réduire le délai de sept années. Par ailleurs, M. Tondeur peut toujours démontrer qu'il a exploité le fonds à titre personnel jusqu'en 1983 et qu'il exerce les fonctions de gérant de la SARL Agrotec depuis 1997 (article 144-3, C. com.).

3. Le contrat doit impérativement comporter le montant de la redevance qui est souvent indexée sur le chiffre d'affaires. Il peut être assorti d'une promesse unilatérale de vente à l'arrivée du terme. En l'espèce, cette promesse revêt un intérêt particulier eu égard aux objectifs des époux Tondeur.

2. *Effets*

1. La SARL (le bailleur) est responsable solidairement avec le locataire-gérant des dettes (correspondant aux nécessités de l'exploitation) pendant 6 mois après la publicité légale (art. 144-7, C. com.).

2. Le locataire-gérant lèvera l'option en fin de gérance après apurement des dettes. Il convient de noter que cette mesure est anti-économique pour défaut d'investissement en cours de location. Aussi, l'opération est coûteuse fiscalement en raison des droits élevés lors de la vente. Enfin, il ne faut pas oublier que le fonds a été apporté et fait partie du capital de la SARL.

B. UNE LOCATION-VENTE (ART. 1589, C. CIV.)

1. Le contrat de location doit être assorti d'une promesse synallagmatique de vente. Il existe une sorte d'antinomie entre ces deux contrats.

2. Le bailleur et le locataire doivent prévoir un report de transfert de propriété en fin de bail.

3. Le locataire s'engage définitivement à acheter.

4. Le prix de vente est fixé dès l'origine, à la conclusion du contrat.

C. UN CRÉDIT-BAIL DU FONDS DE COMMERCE (ART. : 313-7 ET S. DU CODE MONÉTAIRE ET FINANCIER)

Cette opération est réservée aux sociétés de crédit, exceptionnellement aux personnes physiques et morales ;

– prix fixé d'avance selon un échéancier : loyers et versements fractionnés ;

– achat du fonds par le crédit-preneur à sa valeur résiduelle en fin de contrat ;

– procédé complexe peu utilisé.

D. AUGMENTATION DU CAPITAL DE LA SOCIÉTÉ AGRICAP

– soit par apport du fonds de la SARL Agrotec à la société Agricap dont on ignore la forme ;

– soit par apport des parts détenues par les époux Tondeur à la société Agricap. S'il s'agit d'une SARL, ce sont les articles 223-30 et suivants qui s'appliquent ; s'il s'agit d'une SA, ce sont les articles 225-127 et suivants du Code de commerce qui s'appliquent.

Chacun de ces deux modes d'apport a son régime propre et génère des conséquences non négligeables, juridiques et fiscales en fonction de la valeur des parts ou du fonds de commerce.

Il convient d'exclure ici la cession du fonds de commerce par Agritec à Agricap, suivie d'une liquidation de la société Agritec. En effet, Agricap souhaite reprendre entièrement Agritec. De plus, cette opération est lourde et obéit à des conditions de forme importantes (art. 144-1 et s., C. com.), auxquelles s'ajouteraient des conséquences fiscales négatives.

Il est même possible d'envisager l'augmentation du capital de la société Agritec et réserver la souscription à la société Agricap, ce qui lui permettra de vérifier la situation de la société Agritec de l'intérieur, voire de s'impliquer dans sa gestion. Cependant, cette opération est coûteuse et ne répond pas aux souhaits des époux Tondeur.

E. CESSION DES PARTS SOCIALES PAR M. TONDEUR À LA SOCIÉTÉ AGRICAP (ART. 223-14, C. COM.)

Et pourquoi pas celles de sa femme :

– la société Agritec devient automatiquement une EURL, l'associé unique étant la société Agricap (art. 1844-5, C. civ. : dissolution sans liquidation)

– le coût fiscal (4,8 % : taux modulé depuis la loi sur l'initiative économique du 1er août 2003) ;

– la SARL devient filiale de la société acheteuse avec son passif (prévoir des clauses de garantie de passif) et son passé pénal le cas échéant ;

– prévoir le maintien de Mme Tondeur en tant que salariée pendant un an ou 6 mois par exemple pour passer le flambeau en douceur. Toutefois, il ressort de l'énoncé que la société Agricap entreprend la reprise de la SARL Agritec dans son intégralité.

F. LA FUSION DES DEUX SOCIÉTÉS (ART. 236-1 ET S., C. COM.)

Cette technique aboutira à dissoudre la société absorbée, en l'espèce Agrotec et à une transmission universelle de son patrimoine à l'absorbante, en l'espèce Agrocap. Il n'est pas nécessaire de détailler les différentes étapes de l'opération. Il suffit de démontrer sa possibilité, sa faisabilité et son intérêt en l'espèce. Il serait judicieux pour M. Tondeur de céder ses parts et de quitter définitivement le monde des affaires. En revanche, Mme Tondeur a tout intérêt à rester associée de la société absorbante.

§II 2e QUESTION

La seconde question se rapporte au bien-fondé de l'assignation en expulsion adressée aux époux Tondeur par le propriétaire du petit local M. Grossous (art. 145-1, 145-4 et 145-5, C. com.).

Il convient ici de rappeler brièvement les faits en mettant en exergue les dates et en précisant que le local est accessoire à l'activité principale et qu'il appartient au propriétaire du local principal.

L'acte de renouvellement de onze mois sans référence au statut des baux commerciaux fait-il perdre au preneur le bénéfice de ce statut et, partant, justifie-t-il l'expulsion des époux Tondeur ?

C'est l'article 145-5 du Code de commerce qui s'applique. Il permet aux parties de déroger aux dispositions du statut en concluant un bail d'une durée au plus égale à deux ans. L'alinéa 2 de ce texte précise toutefois que « si, à l'expiration de cette durée, le locataire reste et est laissé en possession, il s'opère un nouveau bail dont l'effet est réglé par les dispositions du présent chapitre ».

Il en résulte que le bénéfice du statut étant acquis dès le lendemain du jour de l'expiration du premier bail dérogatoire, le locataire peut, dès cette date, y renoncer en signant un nouveau bail dérogatoire à la condition que cette renonciation soit non équivoque.

Les époux Tondeur n'ont pas renoncé dans l'avenant du 2 septembre 2002, bail dérogatoire de onze mois, à la propriété commerciale dans la mesure où ils n'y font aucune référence au statut des baux commerciaux (caractère impératif dès lors que les conditions sont réunies). Le silence ne dit rien. Ils ont acquis le bénéfice de cette propriété à l'expiration du premier bail dérogatoire d'autant plus qu'ils sont restés dans les lieux à l'expiration du premier et du deuxième bail dérogatoire. Il n'y a pas violation de l'article 144-5 du Code de commerce ni de l'article 1134 du Code civil. Les époux Tondeur n'ont pas à craindre l'expulsion recherchée par M. Grossous.

C'est ce qui résulte de la jurisprudence constante de la Cour de cassation (voir particulièrement, Civ. 3e ch., 5 mai 1999 et 21 nov. 2001 ; et plus récemment 2 avril 2003, *RJDA* 7/03, n° 698, p. 627).

Cas n° 2

§1 1re QUESTION

Il s'agit ici de l'assignation en paiement de l'administrateur judiciaire qui engage sa responsabilité personnelle (art. 1382 et 1383, C. civ.) pour défaut de non-paiement de deux factures.

Un rappel des faits s'impose : redressement judiciaire, période d'observation (art. 621-6 ; -8 ; -16 ; -22 ; -27 ; -28 ; -56, C. com.) ; mission d'assistance ; poursuite de l'exploitation par la société sans autorisation exigée ; relations d'affaires avec le fournisseur : accomplissement d'actes de gestion courante ; non-intervention de l'administrateur au stade des commandes ; contre-signature de chèques de règlement de certaines factures à l'exclusion d'autres.

Il convient ensuite de préciser la faute de l'administrateur : manquement à l'obligation générale de prudence et de diligence et à l'obligation d'assistance de la société dans tous les actes de gestion (art. 621-19, C. com.).

La faute de l'administrateur, dans ce contexte, doit être appréciée à la date à laquelle a pris naissance la créance du fournisseur, c'est-à-dire à la commande (Cass. com., 6 février 2001). Il faut rechercher si, lors de la passation de chaque commande qui entrait dans les actes de gestion courante, la situation de l'entreprise était irrémédiablement compromise ou si l'administrateur avait induit en erreur les fournisseurs par des assurances imprudemment données (Cass. com., 9 décembre 1998).

La jurisprudence constante des actes de gestion courante (Cass. com., 15 octobre 2002) exclut que la responsabilité de l'administrateur puisse être engagée du seul fait qu'il a contresigné un effet de commerce dont le règlement ne peut être effectué alors qu'il n'intervient pas dans la gestion quotidienne de l'entreprise.

En l'espèce, la situation de M. Vidier n'est pas inquiétante ; elle est conforme à la jurisprudence de la Cour de cassation. Elle n'est pas caractéristique d'une faute ou d'un manquement quelconque de sa part. M. Vidier avait le droit de régler certaines factures à l'exclusion d'autres en fonction des besoins de la société à la date de livraison, liés à sa mission d'assistance.

§II 2e QUESTION

La créance indemnitaire née de la résiliation du contrat de location (à exécution successive) régulièrement poursuivi après l'ouverture de la procédure collective peut-elle bénéficier de la priorité du paiement ?

Là encore, un rappel des faits de l'espèce s'impose : la poursuite d'un contrat de location en cours pendant la période d'observation (art. 621-16 ; -28, C. com.) ; résiliation de ce contrat consécutive à la mise en liquidation de la société locatrice.

Le bailleur souhaite faire admettre, à titre privilégié, la créance qui en résulte, au passif de la procédure collective (art. 621-32, C. com.).

Avant la loi du 10 juin 1994, cette admission était autorisée par la jurisprudence (Cass. com., 3 mai 1994).

Ce n'est plus le cas désormais. Les créances d'indemnités et pénalités subséquentes à la résiliation d'un contrat régulièrement poursuivi sont soumises à déclaration au passif de la procédure collective comme les créances antérieures au jugement d'ouverture (art. 621-24, C. com.), (CA Paris, 21 septembre 200?).

C'est ce qui résulte de la combinaison de l'article L. 621-32, III-3° *in fine* qui exclut ces créances de la priorité de paiement qu'il institue, et de l'article 66, al. 2 du décret du 27 décembre 1985, aux termes duquel les créanciers d'indemnités et pénalités mentionnées ci-dessus bénéficient d'un délai supplémentaire d'un mois pour déclarer leur créance auprès du représentant des créanciers. Ces créances perdent non seulement le bénéfice du rang prioritaire mais surtout celui de la priorité de paiement (Ch. Com., 28 mai 2002).

La société Bonprix n'a aucune chance d'obtenir gain de cause. Sa créance indemnitaire constitue une créance chirographaire à déclarer au passif à l'instar des créances antérieures au jugement d'ouverture.

Afif Daher
Maître de conférences à l'Université de Rennes I

ANNALES CORRIGÉES DE L'ÉPREUVE DE DROIT COMMUNAUTAIRE ET EUROPÉEN

1. Annale corrigée de l'IEJ d'Angers

2. Annale corrigée de l'IEJ de Nancy II

3. Annale corrigée de l'IEJ de Nice

4. Annale corrigée de l'IEJ de Paris II

5. Galop d'essai de l'IEJ de Paris II

Annale corrigée de l'IEJ d'Angers

SUJET

Commentez l'arrêt de la Cour de justice des Communautés européennes du 24 octobre 2002 ci-dessous :

Extrait de CJCE, 24 octobre 2002, *Aéroports de Paris c/ Commission et Alpha Flight Services SAS*, aff. C-82/01 P

Sur le septième moyen, tiré d'une violation de l'article 86 du traité par le Tribunal en ce qu'il a qualifié ADP d'entreprise

(68) Par son septième moyen, ADP soutient que le Tribunal a méconnu l'article 86 du traité en qualifiant, aux points 120 à 126 de l'arrêt attaqué, ADP d'entreprise au sens de cette disposition. L'administration du domaine public, seule activité en cause en l'occurrence, comporterait l'exercice de prérogatives de puissance publique et, partant, ne saurait constituer une activité d'entreprise au sens de l'article 86 du traité.

(69) ADP relève à cet égard que, selon la jurisprudence de la Cour, ne sont pas des entreprises les personnes publiques dont les activités dépendent de l'exercice de leurs prérogatives de puissance publique (voir, notamment, arrêt du 4 mai 1988, *Bodson*, 30/87, *Rec.* p. 2479). En application de cette jurisprudence, le Tribunal aurait dû considérer qu'ADP n'est pas une entreprise au sens de l'article 86 du traité.

(70) ADP soutient par ailleurs que la jurisprudence citée par le Tribunal au point 123 de l'arrêt attaqué ne peut en aucun cas remettre en question la constatation selon laquelle l'administration du domaine public comporte l'exercice de prérogatives de puissance publique et ne constitue donc pas une activité d'entreprise au sens de l'article 86 du traité. En effet, d'une part, l'arrêt du 20 mars 1985, *Italie/Commission* (41/83, *Rec.* p. 873), aurait concerné des services de télécommunications, qui ne présenteraient pas de rapport avec l'administration du domaine public. D'autre part, l'arrêt du Tribunal du 21 octobre 1997, *Deutsche Bahn/Commission* (T-229/94, Rec. p. II-1689), aurait porté sur la fourniture de locomotives et sur des services ferroviaires, sans aborder la question de savoir si l'administration du domaine public constitue une activité économique.

(71) En outre, dans la mesure où il importerait seulement de déterminer si l'administration du domaine public comporte l'exercice de prérogatives de puissance publique, l'observation du Tribunal, selon laquelle le fait qu'une activité puisse être exercée par une entreprise privée constitue un indice supplémentaire permettant de la qualifier d'activité d'entreprise, serait dépourvue de pertinence.

(72) De l'avis de la Commission, ce moyen n'est que la réitération de la première branche du quatrième moyen soulevé par ADP devant le Tribunal. Dès lors, il devrait être déclaré irrecevable.

(73) Toutefois, dans la mesure où le septième moyen du pourvoi indique de façon précise les éléments critiqués de l'arrêt dont l'annulation est demandée ainsi que les arguments juridiques qui soutiennent de manière spécifique cette demande, il est recevable.

(74) Sur le fond, il convient de relever que, comme la Commission l'a soutenu à juste titre, la circonstance qu'une entité dispose, pour l'exercice d'une partie de ses activités, de prérogatives de puissance publique n'empêche pas, à elle seule, de la qualifier d'entreprise au sens de l'article 86 du traité.

(75) Il y a lieu de rappeler à cet égard que, dans le contexte du droit de la concurrence, la notion d'entreprise comprend toute

entité exerçant une activité économique, indépendamment du statut juridique de cette entité et de son mode de financement (voir, notamment, arrêt du 17 février 1993, *Poucet et Pistre*, C-159/91 et C-160/91, Rec. p. I-637, point 17). Pour déterminer si les activités en cause sont celles d'une entreprise au sens de l'article 86 du traité, il faut rechercher quelle est la nature de ces activités (voir, notamment, arrêt du 19 janvier 1994, *SAT Fluggesellschaft*, aff. C-364/92, Rec. p. I-43, point 19).

(76) Au point 112 de l'arrêt attaqué, le Tribunal a opéré une distinction entre, d'une part, les activités purement administratives d'ADP, notamment les missions de police, et, d'autre part, les activités en cause de gestion et d'exploitation des aéroports parisiens qui sont rémunérées par des redevances commerciales variant selon le chiffre d'affaires réalisé.

(77) Le Tribunal a relevé au point 120 de l'arrêt attaqué que l'activité de gestionnaire des infrastructures aéroportuaires, par le biais de laquelle ADP détermine les modalités et les conditions d'activité des prestataires de services d'assistance en escale, ne saurait être qualifiée d'activité de police. ADP n'a d'ailleurs soulevé aucun argument permettant de conclure que les relations avec les prestataires de services d'assistance en escale relèveraient de l'exercice, par ADP, de ses prérogatives de puissance publique ou que lesdites relations ne seraient pas dissociables des activités d'ADP se rattachant à l'exercice de telles prérogatives.

(78) Le Tribunal a ainsi pu, à juste titre, considérer, au point 121 de l'arrêt attaqué, que constitue une activité de nature économique la mise à disposition des compagnies aériennes et des différents prestataires de services, moyennant le paiement d'une redevance dont le taux est fixé librement par ADP, d'installations aéroportuaires.

(79) En effet, il ressort d'une jurisprudence constante que constitue une activité économique toute activité consistant à offrir des biens ou des services sur un marché donné (voir, notamment, arrêts du 18 juin 1998, *Commission/Italie*, C-35/96, *Rec.* p. I-3851, point 36, et du 25 octobre 2001, *Ambulanz Glöckner*, C-475/99, *Rec.* p. I-8089, point 19).

(80) Contrairement à ce que soutient ADP, le Tribunal a pu, à bon droit, se référer aux arrêts précités *Italie/Commission* et *Deutsche Bahn/Commission*, qui avaient également trait à la mise à disposition d'infrastructures par des entités chargées de la gestion de celles-ci.

(81) Quant à l'arrêt *Bodson*, précité, il convient de relever que la Cour n'y a précisément pas relevé l'existence de prérogatives de puissance publique s'opposant à l'applicabilité de l'article 86 du traité. En ce qui concerne l'arrêt *SAT Fluggesellschaft*, précité, la Cour y a constaté que, prises dans leur ensemble, les différentes activités de l'entité concernée, par leur nature, par leur objet et par les règles auxquelles elles étaient soumises, se rattachaient à l'exercice de prérogatives qui sont typiquement des prérogatives de puissance publique et qu'aucune de ces activités n'était détachable des autres, ce qui n'est pas le cas en l'espèce.

(82) En outre, contrairement à la thèse défendue par ADP, c'est à juste titre que le Tribunal a, au point 124 de l'arrêt attaqué, rappelé que, selon la jurisprudence de la Cour, le fait qu'une activité puisse être exercée par une entreprise privée constitue un indice supplémentaire permettant de qualifier l'activité en cause d'activité d'entreprise.

(83) Par conséquent, le septième moyen doit être rejeté comme non fondé.

CORRIGÉ

L'ensemble des faits et la procédure ne peuvent être présentés, puisqu'ils n'ont pas été reproduits en raison de la longueur de l'arrêt et de la durée de l'épreuve. Il importe alors de se concentrer sur le problème juridique posé dans ce septième moyen et sur la réponse qui y est apportée.

Il était reproché au TPI d'avoir méconnu l'article 82 (*ex* art. 86) du Traité, relatif aux abus de position dominante, en qualifiant Aéroport de Paris (ADP) d'entreprise.

Selon le requérant, ADP ne pouvait être considérée comme une entreprise au sens de l'article 82 du Traité, puisque son activité relevait de l'administration du domaine public et comportait l'exercice de prérogatives de puissance publique. Cette analyse n'a pas convaincu la CJCE, qui, se fondant notamment sur la jurisprudence rendue précédemment en la matière, a considéré qu'ADP devait être qualifiée d'entreprise au sens du droit de la concurrence. Plus précisément, la CJCE confirme deux analyses :

– d'une part, il est possible de distinguer les activités purement administratives et les activités économiques d'une entité et pour ses activités économiques, l'entité doit être considérée comme une entreprise soumise aux dispositions de l'article 82 du Traité ;

– d'autre part, le statut juridique de l'entité et son mode de financement n'exerce aucune influence sur la participation d'entreprise. ADP n'échappe pas à l'application de l'article 82 du Traité parce qu'elle est une personne publique dotée de prérogatives de puissance publique.

L'intérêt de la question présente des aspects pratiques et théoriques :

– L'enjeu de la décision est de déterminer si ADP peut être condamnée pour abus de position dominante, parce qu'elle a imposé aux prestataires fournissant des services d'assistance en escales des redevances commerciales discriminatoires.

– Le Traité ne définit pas la notion d'entreprise. Or, cette notion est au cœur du droit de la concurrence puisque de nombreux textes visent l'entreprise comme auteur de comportements anticoncurrentiels. Cette affirmation est notamment vraie concernant l'article 81 du Traité relatif aux ententes et l'article 82 du Traité relatif aux abus de position dominante, dispositions jouant un rôle fondamental dans la préservation du jeu de la concurrence. En l'absence de définition textuelle, il est revenu aux juges de définir la notion d'entreprise. L'arrêt commenté n'apporte pas d'éléments nouveaux concernant cette définition. En revanche, le litige soumis à la CJCE est une occasion pour celle-ci de réaffirmer certains principes et de préciser le sens de différentes décisions rendues sur cette question.

Deux principes sont ici réaffirmés par la CJCE : d'une part, l'adoption du critère de l'activité économique (§I), d'autre part, le rejet du critère du statut juridique de l'entité (§II).

§I L'ADOPTION DU CRITÈRE DE L'ACTIVITÉ ÉCONOMIQUE

La CJCE procède en deux temps. Elle affirme, d'abord, qu'il est possible de distinguer les activités purement administratives et les activités économiques d'une entité (A). Elle approuve, ensuite, la décision du TPI qui a considéré qu'une partie des activités d'ADP était de nature économique (B).

A. LA POSSIBILITÉ DE DISSOCIER LES ACTIVITÉS D'UNE ENTITÉ

Pour être considérée comme une entreprise, l'entité doit exercer une activité économique. Il convient donc de déterminer comment doit être appréciée l'activité d'une entité. Sur cette question, une information est apportée au point 76 de l'arrêt. On y apprend que « *le tribunal a opéré une distinction entre, d'une part, les activités purement administratives d'ADP (...) et, d'autre part, les activités en cause de gestion et d'exploitation des aéroports parisiens qui sont rémunérées par des redevances commerciales* ». La Cour de justice approuve ce raisonnement. Elle relève, en effet, qu'ADP n'a soulevé aucun argument permettant de conclure que les relations avec les prestataires de services d'assistance en escale ne seraient pas dissociables des activités se rattachant à l'exercice de ses prérogatives de puissance publique (point 77 *in fine*). La solution n'est pas nouvelle. En effet, déjà à propos des activités d'un aéroport, la Commission a décidé que lorsqu'une entreprise publique exerce deux activités distinctes, l'une relevant de prérogatives de puissance publique, l'autre ayant un caractère économique, il est possible de dissocier ses activités et de ne retenir la qualification d'entreprise que pour la seconde (déc. n° 95/364/CE de la Commission, 28 juin 1995, *RVA, JOCE,* 12 septembre 1995, n° L 216, p. 8, *Contrats, conc., consom.* 1995, n° 170, note L. Vogel, *Europe* 1995, n° 397, note L. Idot). En l'espèce, la Régie des voies aériennes belge était chargée de la sécurité du transport aérien, mais aussi de la construction, de l'entretien et de l'exploitation d'un aéroport.

Ainsi, l'exercice d'activités purement administratives ne permet pas à l'entité d'échapper à l'application de l'article 82 du Traité. Grâce à ce raisonnement, la CJCE peut étendre le champ d'application du droit communautaire ; la solution contribue à la préservation du jeu de la concurrence. En effet, offrir à une entreprise la possibilité de s'abriter derrière l'exercice d'activités administratives, des activités de police en l'espèce, pour échapper au droit de la concurrence présenterait un obstacle réel à la réalisation des objectifs de libre concurrence. Les entreprises exerçant des activités purement administratives sont fréquemment en position de monopole ou d'oligopole sur un marché. Le risque d'abus de position dominante est alors particulièrement à craindre.

Ce raisonnement nécessite de définir précisément ce que l'on doit entendre par activité économique.

B. LA NATURE ÉCONOMIQUE DE L'ACTIVITÉ

L'activité économique, comme critère de l'entreprise, a été utilisée dans l'arrêt *Höfner* (CJCE, *Höfner/Macroton,* 23 avril 1991, aff. C-41/90, *Rec.* I, p. 1979). Dans cette affaire, les représentants du gouvernement allemand considéraient que le droit de la concurrence n'était pas applicable aux activités d'une agence d'emploi dirigée par un organisme public, cette entité ne pouvant être qualifiée d'entreprise. Ils arguaient notamment de la gratuité des services rendus. La CJCE a rejeté ce raisonnement et a jugé que l'office allemand pour l'emploi pouvait être qualifié d'entreprise au sens des articles 81 et 82, car « *la notion d'entreprise comprend toute entité exerçant une activité économique* » (point 21). En l'espèce, elle a considéré que l'activité de placement était une activité économique et a, par conséquent, qualifié l'office de placement allemand d'entreprise. Cette jurisprudence a été confirmée dans les arrêts *Poucet* (CJCE, 17 février 1993, aff. C-159-160/91, *Rec.* I, p. 637, point 18) et *Corbeau* (CJCE, 19 mai 1993, aff. C-320/91, *Rec.* I, p. 2533, point 8). Elle nécessite de définir ce qu'il faut entendre par « activité économique ».

La Cour de justice approuve la décision du TPI qui a considéré que *« constitue une activité de nature économique la mise à disposition des compagnies aériennes et des différents prestataires de services, moyennant le paiement d'une redevance dont le taux est fixé librement par ADP, d'installations aéroportuaires »* (point 78). La décomposition de ce dernier point appelle trois remarques :

– *« Constitue une activité de nature économique la mise à disposition des compagnies aériennes et des différents prestataires de services d'installations portuaires » :* nous sommes ici en présence d'une offre de services sur un marché pertinent. Or, comme l'a rappelé la Cour de justice au point 79, il résulte d'une jurisprudence constante que constitue une activité de nature économique *« toute activité consistant à offrir des biens ou des services sur un marché donné »*.

– *« Moyennant le paiement d'une redevance » :* la CJCE souligne ici le but lucratif de l'activité. Le but lucratif doit alors être entendu dans une acceptation plus large que celle retenue dans l'arrêt *Manigod* rendu par la Cour de cassation en 1914 (Cass. com., 11 mars 1914, *Dalloz* 1914, I, 257 : l'activité doit donner naissance à « un gain pécuniaire ou à un gain matériel qui ajouterait à la fortune des associés »). En droit communautaire, il y a but lucratif dès lors que l'entité participe effectivement aux échanges économiques dans un but intéressé (CJCE, 12 décembre 1974, *Walrave,* aff. 36-74, *Rec.* 1405). Ce critère a notamment été retenu par la Commission pour l'administration finlandaise de l'aviation civile qui offrait contre redevance des services liés à l'accès aux infrastructures (Décision *Ilmailulaitos-Luftfahrtsverket,* 10 février 1999, *JOCE* L 69 du 16 mars 1999).

Il faut relever qu'une activité peut être de nature économique, même si elle n'est pas exercée par l'entité en cause dans un but intéressé ou lucratif. Si l'activité peut être exercée par une entreprise dans un but lucratif, elle doit être considérée de nature économique (voir en ce sens, par exemple, l'arrêt *Höfner/Macroton,* préc.). Il existe toutefois une limite au prisme de l'économique : le caractère social de l'activité. En effet, dans un arrêt *Poucet* (CJCE, 17 février 1993, *Poucet et Pistre,* aff. C. 159 et 160-91, *Rec.* I, p. 637), la Cour de justice a considéré que « la notion d'entreprise au sens des articles 81 et 82 du Traité ne vise pas les organismes chargés de la gestion de régimes de sécurité sociale ». Pour justifier leur décision, les juges ont pris soin de souligner que l'objet de ces organismes n'était pas économique, mais qu'ils exerçaient une fonction exclusivement sociale et que leur activité, fondée sur le principe de la solidarité nationale, était dépourvue de tout but lucratif.

– *Redevance dont le taux est fixé librement par ADP :* cette précision peut être jugée nécessaire car l'abus de position dominante consiste précisément à imposer à certains prestataires et usagers fournissant des services d'assistance en escale des redevances commerciales discriminatoires par rapport à celles qu'ADP reçoit d'un autre prestataire. En particulier, Alpha Flight devait s'acquitter de redevances plus élevées que celles imposées à une filiale d'Air France.

Ainsi, parce qu'elle exerce une activité économique, ADP doit être considérée comme une entreprise et est donc soumise au droit de la concurrence. Toutefois, pour sa défense, ADP invoque son statut juridique. Ce moyen a été rejeté par la Cour de justice.

§II LE REJET DU CRITÈRE DU STATUT JURIDIQUE

La CJCE reste indifférente au fait qu'ADP soit une entreprise publique dotée de prérogatives de puissance publique (A). Un « indice supplémentaire » justifie cette solution : le fait que l'activité en cause puisse être exercée par une entreprise privée (B).

A. L'INDIFFÉRENCE QUANT AU CARACTÈRE PUBLIC DE L'ENTREPRISE

La Cour de justice ignore la distinction entre les entreprises publiques et les entreprises privées. Ce principe est rappelé au point 75 de l'arrêt : *« la notion d'entreprise comprend toute entité exerçant une activité économique, indépendamment du statut juridique de cette entité et de son mode de financement »*. Il est vrai que le législateur lui-même invite à une indifférence quant au statut juridique de l'entreprise. Pourtant, certaines entreprises ont essayé d'échapper aux règles de concurrence en invoquant leur qualité « d'autorité publique ». L'affaire *British Telecom* en constitue une illustration (CJCE, 20 mars 1985, *Italie/Commission dit « British Telecom »*, aff. 41/83, *Rec*. 873). En l'espèce, la Cour de justice a approuvé la Commission d'avoir relevé un abus de position dominante à la charge de British Telecom, opérateur public investi du monopole des télécommunications au Royaume-Uni. En raison de son statut, cette entreprise avait le pouvoir de fixer par des règlements les tarifs d'expédition de messages. Selon les représentants italiens, l'exercice par British Telecom d'un pouvoir normatif de droit public faisait perdre à l'entité son caractère d'entreprise. La CJCE n'a pas suivi ce raisonnement, mais a considéré que *« l'activité par laquelle une entreprise ayant le statut d'entreprise nationale gère les installations publiques de télécommunications, et les met moyennant le paiement de redevances à la disposition des usagers, constitue une activité d'entreprise soumise comme telle aux obligations de l'article 86 du Traité. Rentre dans cette activité, et peut donc faire l'objet d'un contrôle au regard de l'article 86 du Traité, l'exercice autonome d'un pouvoir réglementaire strictement limité à la fixation des tarifs et modalités des prestations fournies aux usagers... »*. Ainsi, l'exercice du pouvoir réglementaire n'est pas de nature économique.

Pour ADP ne doit pas non plus être considérée comme une activité d'entreprise l'administration du domaine public comportant l'exercice de prérogatives de puissance publique (point 70). Il est vrai que, en France, une décision du Tribunal des conflits du 18 octobre 1999 semble aller en ce sens (*Rec*. 469, concl. Schwartz). En l'espèce, la Compagnie aérienne TAT souhaitait voir condamnée ADP pour abus de position dominante. Plus précisément, il était reproché à ADP d'avoir refusé à TAT, de manière discriminatoire, l'ouverture de nouvelles liaisons à partir d'Orly Ouest, alors qu'elle avait, dans le même temps, regroupé toutes les liaisons d'Air France dans cette aérogare. Le Conseil de la concurrence puis la Cour d'appel de Paris ont reconnu l'action bien fondée. Le Tribunal des conflits, pour sa part, a estimé que les décisions de regrouper à l'aérogare d'Orly Ouest les activités d'Air France et de refuser à TAT l'ouverture de nouvelles lignes à partir de cet aérogare se rattachent à la gestion du domaine public et constituent l'usage de prérogatives de puissance publique. En revanche dans cette décision, le Tribunal des conflits a considéré que les activités liées aux services d'assistance en escale relèvent bien de la compétence du Conseil de la concurrence.

En droit communautaire, la solution ne fait pas de doute. La Cour de justice rappelle que *« la circonstance qu'une entité dispose, pour l'exercice d'une partie de ses activités de prérogatives de puissance publique n'empêche pas, à elle seule, de la qualifier d'entreprise au sens de l'article 86 du Traité »* (point 74). Elle relève également avoir déjà jugé que la mise à disposition d'infrastructures, par des entités chargées de la gestion de celle-ci, constitue des activités d'entreprise, au sens de l'article 82 du Traité (point 80).

Le fait que l'activité en cause aurait pu être exercée par une entreprise privée corrobore ce raisonnement.

B. L'EMPLOI D'UN INDICE SUPPLÉMENTAIRE

Selon ADP, *« l'observation du Tribunal selon laquelle, le fait qu'une activité puisse être exercée par une entreprise privée constitue un indice supplémentaire permettant de la qualifier d'activité d'entreprise, serait dépourvue de pertinence »* (point 71). L'inutilité de la motivation du TPI proviendrait du fait qu'il importe seulement de déterminer si l'administration du domaine public comporte l'exercice de prérogatives de puissance publique. La Cour de justice rejette cet argument : le fait qu'une activité puisse être exercée par une entreprise privée est un indice, c'est un indice supplémentaire.

Il semble logique que les juges aient voulu vérifier le caractère économique de l'activité en recherchant si cette activité aurait pu être exercée par une entreprise privée. Cela confirme le rejet du critère organique, au bénéfice d'une approche fonctionnelle de la notion d'entreprise. Même si d'autres critères ont été pris en considération, cet indice supplémentaire a été utilisé dans la jurisprudence relative aux organismes de retraite. En effet, pour décider que les organismes de retraite fonctionnant selon le principe de la capitalisation sont des entreprises, la CJCE a comparé le mode de fonctionnement de ces organismes avec celui d'entreprises privées, telles que les compagnies d'assurance. Plus précisément, après avoir relevé que le régime proposé par les organismes gérant les régimes complémentaires de retraite comporte des éléments de solidarité (indépendance des cotisations par rapport au risque, mécanisme d'exemption du paiement des cotisations en cas de maladie, ...), la Cour de justice a observé que de telles mesures étaient également prévues dans certaines assurances vie de groupe (CJCE, 16 novembre 1995, *Fédération française des sociétés d'assurance (FFSA) e.a.*, aff. C-244/94, *Rec.*, p. I, 4013, concl. av. gén. G. Tesauro). L'observation de l'attitude des entreprises privées est donc utilisée comme indice pour qualifier un organisme d'entreprise.

Cet indice est un indice supplémentaire. Par conséquent, il n'est pas suffisant pour qualifier une entité d'entreprise, au sens du droit de la concurrence. Il n'exclut pas l'utilisation des autres critères exposés précédemment pour définir l'entreprise.

Hélène AUBRY
Maître de conférences à l'Université d'Angers

Annale corrigée de l'IEJ de Nancy II

SUJET

Commentez l'arrêt ci-joint rendu par le Conseil d'État, 29 juillet 2002, Griesmar :

CE, 29 juillet 2002, *Griesmar*

Vu la décision, en date du 28 juillet 1999 par laquelle le Conseil d'État statuant au contentieux a sursis à statuer sur la requête présentée pour M. Griesmar enregistrée sous le n° 141 112 et tendant à l'annulation de l'arrêté du 1er juillet 1991 lui concédant une pension de retraite en totalité ou en tant que ce titre ne prend pas en compte les trois annuités au titre du *b* de l'article L. 12 du Code des pensions civiles et militaires de retraite, jusqu'à ce que la Cour de justice des Communautés européennes se soit prononcée sur la question de savoir : 1° si, en premier lieu, les pensions servies par le régime français de retraite des fonctionnaires sont au nombre des rémunérations visées à l'article 119 du traité de Rome, devenu article 141 du traité instituant la Communauté européenne ; dans l'affirmative, eu égard aux stipulations du paragraphe 3 de l'article 6 de l'accord annexé au protocole n° 14 sur la politique sociale, si le principe d'égalité des rémunérations est méconnu par les dispositions du *b* de l'article L. 12 du Code des pensions civiles et militaires de retraite ; 2° si, dans l'hypothèse où l'article 119 du traité de Rome ne serait pas applicable, les dispositions de la directive n° 79/7/CEE du Conseil, du 19 décembre 1979, font obstacle à ce que la France maintienne des dispositions telles que celles du *b* de l'article L. 12 du Code des pensions civiles et militaires de retraite ;

[...]

Considérant que, par un arrêt du 29 novembre 2001, la Cour de justice des Communautés européennes, statuant après que cette question lui avait été renvoyée par une décision du Conseil d'État, statuant au contentieux, en date du 28 juillet 1999, a déclaré que les pensions servies par le régime français de retraite des fonctionnaires entrent dans le champ d'application de l'article 119 du traité de la Communauté économique européenne, devenu article 141 du traité instituant la Communauté européenne, et que, nonobstant les stipulations de l'article 6, paragraphe 3, de l'accord annexé au Protocole n° 14 sur la politique sociale joint au traité sur l'Union européenne, le principe de l'égalité des rémunérations s'oppose à ce qu'une bonification, pour le calcul d'une pension de retraite, accordée aux personnes qui ont assuré l'éducation de leurs enfants, soit réservée aux femmes, alors que les hommes ayant assuré l'éducation de leurs enfants seraient exclus de son bénéfice ;

Considérant que le *b* de l'article L. 12 du Code des pensions civiles et militaires de retraite institue, pour le calcul de la pension, une bonification d'ancienneté d'un an par enfant dont il réserve le bénéfice aux « femmes fonctionnaires » ; qu'il résulte de ce qui a été dit ci-dessus qu'une telle disposition est incompatible avec le principe d'égalité des rémunérations tel qu'il est affirmé par le traité instituant la Communauté européenne et par l'accord annexe au protocole n° 14 sur la politique sociale joint au traité sur l'Union européenne ;

Considérant qu'il en résulte que la décision par laquelle le ministre de l'Économie, des Finances et de l'Industrie a refusé à M. Griesmar le bénéfice de la bonification d'ancienneté prévue par ce texte, alors même qu'il établirait avoir assuré l'éducation de ses enfants, est entachée d'illégalité ; que, dès lors, M. Griesmar est fondé à demander pour ce motif l'annulation de l'arrêté du 1er juillet 1991 en tant qu'il lui a refusé le bénéfice de cette bonification ;

Sur les conclusions à fin d'injonction :

Considérant qu'aux termes de l'article L. 911-1 du Code de justice administrative : « Lorsque sa décision implique nécessairement qu'une personne morale de droit public ou un organisme de droit privé chargé de la gestion d'un service public prenne une décision dans un sens déterminé, la juridiction, saisie de conclusions en ce sens, prescrit, par la même décision, cette mesure assortie, le cas échéant, d'un délai d'exécution » ; qu'aux termes de l'article L. 911-2 du même code : « Lorsque sa décision implique nécessairement qu'une personne morale de droit public ou un organisme de droit privé chargé de la gestion d'un service public prenne à nouveau une décision après une nouvelle instruction, la juridiction, saisie de conclusions en ce sens, prescrit, par la même décision juridictionnelle, que cette décision doit intervenir dans un délai déterminée » ;

Considérant que dans le dernier état de ses conclusions, formulées dans un mémoire enregistré au secrétariat du contentieux du Conseil d'État le 24 janvier 2002, M. Griesmar demande qu'il soit ordonné au ministre de l'Économie, des Finances et de l'Industrie de le faire bénéficier de la bonification d'ancienneté prévue au *b* de l'article L. 12 du Code des pensions civiles et militaires de retraite, ainsi que de revaloriser en conséquence la pension qui lui a été concédée ; qu'il sollicite également dans ce mémoire les intérêts et leur capitalisation ;

Considérant que le contentieux des pensions civiles et militaires de retraite est un contentieux de pleine juridiction ; qu'il appartient, dès lors, au juge saisi de se prononcer lui-même sur les droits des intéressés, sauf à renvoyer à l'administration compétente et sous son autorité le règlement de tel aspect du litige dans des conditions précises qu'il lui appartient de lui fixer ;

Considérant qu'il résulte de l'instruction que M. Griesmar a assuré la charge de trois enfants ; qu'il a formulé sa demande de révision de sa pension dans le délai d'un an prévu à l'article L. 55 du Code des pensions civiles et militaires ; que, dans la mesure où sont maintenues des dispositions plus favorables aux fonctionnaires de sexe féminin ayant assuré l'éducation de leurs enfants, en ce qui concerne la bonification d'ancienneté retenue pour le calcul de la pension, M. Griesmar a droit, ainsi qu'il a été dit plus haut, au bénéfice de la bonification prévue au *b* de l'article L. 12 du Code des pensions civiles et militaires de retraite ; qu'il y a lieu, dès lors, de prescrire au ministre de l'Économie, des Finances et de l'Industrie de modifier, dans le délai de deux mois suivant la notification de la présente décision, les conditions dans lesquelles la pension de M. Griesmar lui a été concédée et de revaloriser rétroactivement cette pension ;

Considérant que M. Griesmar a droit aux intérêts des sommes qui lui sont dues à compter du 24 janvier 2002, jour où, ainsi qu'il a été dit ci-dessus, il a demandé le paiement de ces sommes ; qu'à cette date il n'était pas dû une année d'intérêts ; que les conclusions à fin de capitalisation des intérêts présentées par M. Griesmar ne peuvent, par suite, être accueillies ;

DÉCIDE :

Art. 1er : L'arrêté du 1er juillet 1991 concédant à M. Griesmar sa retraite est annulé en tant qu'il a refusé à l'intéressé le bénéfice de la bonification d'ancienneté d'une année par enfant.

Art. 2 : Le ministre de l'Économie, des Finances et de l'Industrie modifiera, dans le délai de deux mois suivant la notification de la présente décision, les conditions dans lesquelles la pension de M. Griesmar lui a été concédée et revalorisera rétroactivement cette pension.

Art. 3 : Les sommes dues à M. Griesmar porteront intérêts à compter du 24 janvier 2002.

Art. 4 : Le surplus des conclusions de la requête de M. Griesmar est rejeté.

CORRIGÉ

Comme l'illustre l'arrêt *Griesmar* rendu par le Conseil d'État le 29 juillet 2002, le droit communautaire a profondément ébranlé le régime français de retraite de la fonction publique, en ce qu'il accorde des avantages spécifiques aux femmes fonctionnaires.

Fonctionnaire, M. Griesmar avait fait valoir ses droits à la retraite. Après que son livret de pension lui fut notifié, il adressa une demande de révision du montant de sa pension conformément à l'article L. 55 du Code des pensions civiles et militaires de retraite, réclamant le bénéfice de la bonification d'ancienneté d'une annuité par enfant prévue par l'article L. 12, sous b), de ce code en faisant valoir qu'il avait assuré l'éducation de trois enfants. Pour obtenir l'extension de cet avantage que l'article L. 12, sous b), réservait aux fonctionnaires de sexe féminin, il se prévalait du principe communautaire d'égalité des rémunérations prévu à l'article 119 CE devenu article 141 CE. Sa demande n'ayant pas été accueillie, il saisit le Conseil d'État d'une requête tendant à l'annulation de l'arrêté du 1er juillet 1991 par lequel le ministre de l'Économie et des Finances lui avait concédé sa pension de retraite, en tant qu'il lui avait refusé le bénéfice de cette bonification. Comme l'article 234 CE l'impose aux juridictions nationales dont les décisions ne sont pas susceptibles de recours, lorsqu'elles sont confrontées à une difficulté sérieuse d'interprétation du droit communautaire, le Conseil d'État, par arrêt du 28 juillet 1999, sursit à statuer et posa en substance à la Cour de justice des Communautés européennes les questions préjudicielles suivantes : les pensions servies par le régime français de retraite des fonctionnaires entrent-elles dans le champ d'application de l'article 141 CE ? Dans l'affirmative, l'article L. 12, sous b) du Code des pensions civiles et militaires de retraite est-il incompatible avec les exigences du principe d'égalité des rémunérations posé par cette disposition communautaire ? Par arrêt du 29 novembre 2001, la Cour de justice répondit à ces deux questions par l'affirmative. Se conformant à l'autorité de chose interprétée dont son revêtus les arrêts rendus par la juridiction communautaire sur renvoi préjudiciel, le Conseil d'État a, en l'espèce, accueilli la demande en annulation de M. Griesmar et a prescrit au ministre de l'Économie et des Finances de revaloriser rétroactivement sa pension.

Après avoir rappelé le raisonnement ayant conduit le Conseil d'État à étendre le bénéfice de la bonification d'ancienneté au requérant (§I), il conviendra d'évaluer la portée de cette solution : elle dépasse le cas d'espèce et remet en cause l'ensemble des avantages spécifiques réservés aux femmes fonctionnaires par le Code français des pensions civiles et militaires de retraite (§II).

§I L'EXTENSION DE LA BONIFICATION D'ANCIENNETÉ À M. GRIESMAR

Sur la foi de l'interprétation du principe communautaire d'égalité des rémunérations donnée à titre préjudiciel par la Cour de justice, le Conseil d'État ne pouvait que conclure à l'incompatibilité avec ce principe de l'article L. 12, sous b), du Code des pensions civiles et militaires de retraite de l'État en tant qu'il réserve le bénéfice de l'avantage qu'il institue aux femmes fonctionnaires (A). En conséquence, il annule l'arrêté du ministre de l'Économie et des Finances concédant à M. Griesmar sa pension de retraite et, statuant sur les droits de ce dernier, il juge qu'il a droit au bénéfice de la bonification d'ancienneté et prescrit donc au ministre de revaloriser rétroactivement sa pension (B).

A. LA CONTRARIÉTÉ ENTRE L'ARTICLE L. 12, SOUS B) ET LE DROIT COMMUNAUTAIRE

Comme le révèlent les questions préjudicielles posées par le Conseil d'État, l'appréciation de la compatibilité entre l'article L. 12, sous b) et le principe d'égalité des rémunérations entre travailleurs masculins et féminins posé par l'article 119 CE (devenu l'article 141 CE) nécessitait d'abord de déterminer si les pensions servies par le régime français de retraite des fonctionnaires sont au nombre des rémunérations visées par l'article 141 CE. Pour la Cour de justice, la réponse est affirmative car elles sont directement fonction du rapport d'emploi qui unit les fonctionnaires à leur employeur : elles sont versées en rémunération des services que les fonctionnaires ont accomplis jusqu'à la cessation régulière de leurs fonctions et leur montant tient compte du niveau, de la durée et de la nature des services accomplis. Répondant à la seconde question, la Cour de justice estime ensuite que l'article L. 12, sous b), instaure une discrimination au détriment des fonctionnaires masculins. Cette disposition octroie en effet aux fonctionnaires féminins une bonification d'ancienneté par enfant élevé. Or, au regard de ce critère de l'éducation des enfants, la situation d'un fonctionnaire masculin peut être comparable. La Cour de justice estime enfin que cette conclusion ne saurait être infirmée par l'article 6, § 3 de l'accord sur la politique sociale invoqué par le Conseil d'État dans son renvoi préjudiciel. Cette disposition autorise certes les États membres à maintenir ou à adopter des discriminations positives, afin de réduire les inégalités de fait qui affectent les femmes dans leur vie professionnelle. Mais la bonification d'ancienneté est accordée aux fonctionnaires féminins ayant la qualité de mère au moment de leur départ à la retraite, elle ne tend pas à compenser les désavantages auxquels leurs carrières professionnelles sont exposées. Et la Cour de justice de conclure que *« le principe de l'égalité des rémunérations s'oppose à ce qu'une bonification, pour le calcul d'une pension de retraite, accordée aux personnes qui ont assuré l'éducation de leurs enfants, soit réservée aux femmes, alors que les hommes ayant assuré l'éducation de leurs enfants seraient exclus de son bénéfice »*.

Tirant les conséquences pour l'espèce au principal de cette interprétation du droit communautaire qu'il avait sollicitée, le Conseil d'État ne pouvait que juger qu'*« il (en) résulte »* que l'article L. 12, sous b) du Code des pensions civiles et militaires de retraite *« est incompatible »* avec le principe communautaire d'égalité des rémunérations, dans la mesure où il réserve le bénéfice de la bonification d'ancienneté d'un an par enfant qu'il institue aux femmes fonctionnaires. L'arrêt *Griesmar* illustre ainsi une fois de plus le rôle joué par le renvoi préjudiciel comme substitut du recours en manquement au profit des particuliers, déjà souligné par la Cour de justice dans l'arrêt *Van Gend en Loos*. Il permet en effet un contrôle indirect de l'application du droit communautaire, dans la mesure où l'interprétation du droit communautaire donnée par la Cour de justice détermine bien souvent la réponse du juge national à une question de compatibilité du droit national. Il constitue de la sorte un instrument très efficace de protection juridictionnelle des droits conférés aux particuliers avec le droit communautaire. De fait en l'espèce, le Conseil d'État, tirant les conséquences de l'incompatibilité de l'article L. 12, sous b), avec le droit communautaire, accueille la requête de M. Griesmar.

B. LE SORT DE LA REQUÊTE DE M. GRIESMAR

Après avoir conclu à l'incompatibilité du b) de l'article L. 12 du Code des pensions civiles et militaires de retraite avec le principe communautaire d'égalité des rémunérations, le Conseil d'État en écarte l'application au litige. L'arrêté du ministre de l'Économie et des Finances du 1er juillet 1991 concédant à M. Griesmar sa retraite se trouve dès lors, en tant qu'il lui refuse le bénéfice de la bonification d'ancienneté prévue par l'article L. 12, sous b) *« alors même qu'il établirait avoir assuré l'éducation de ses enfants »*, privé de base légale. En conséquence, il est dans cette mesure annulé. Comme cette affaire le montre, c'est par la voie de l'exception que le Conseil d'État contrôle, depuis son arrêt *Nicolo* rendu le 20 octobre 1989, la conventionnalité de la loi.

Le Conseil d'État statue ensuite sur les conclusions à fin d'injonction fondées sur l'article L. 911-1 du Code de justice administrative dont M. Griesmar avait assorti son recours en annulation, tendant à ce qu'il soit ordonné au ministre de l'Économie et des Finances de le faire bénéficier de la bonification d'ancienneté prévue par l'article L. 12, sous b) du Code des pensions civiles et militaires de retraite. En réalité, une telle demande était, semble-t-il, superfétatoire. Comme le relève en effet le juge administratif, le contentieux des pensions civiles et militaires de retraite est un contentieux de pleine juridiction qui donne pouvoir au juge saisi de se prononcer lui-même sur les droits des intéressés. Il constate alors que M. Griesmar a bien assuré la charge de trois enfants et juge qu'en conséquence, il « a droit » au bénéfice de l'avantage institué par l'article L. 12, sous b), *« dans la mesure où sont maintenues des dispositions plus favorables aux fonctionnaires de sexe féminin ayant assuré l'éducation de leurs enfants, en ce qui concerne la bonification d'ancienneté retenue pour le calcul de la pension »*. En effet, M. Griesmar ayant assuré l'éducation de ses enfants, il ne se trouve pas dans une situation différente au regard du critère d'octroi de la bonification. Partant, le Conseil d'État prescrit au ministre de l'Économie et des Finances de modifier, dans le délai de deux mois suivant la notification de l'arrêt, les conditions dans lesquelles la pension de M. Griesmar lui a été concédée et de revaloriser rétroactivement cette pension.

§II LA REMISE EN CAUSE DES AVANTAGES EN MATIÈRE DE RETRAITE RÉSERVÉS AUX FEMMES FONCTIONNAIRES

Il était à l'évidence à prévoir que la solution de l'arrêt *Griesmar* dépasserait le cadre étroit de l'espèce qui l'avait suscitée et qu'elle générerait d'autres contentieux. De fait, elle a ouvert la porte à l'extension aux fonctionnaires de sexe masculin de tous les avantages que le Code des pensions civiles et militaires de retraite réserve aux fonctionnaires de sexe féminin (A). Il résulte néanmoins de l'arrêt *Griesmar* que les demandes des hommes fonctionnaires tendant à obtenir le bénéfice d'avantages en matière de retraite réservés aux femmes fonctionnaires se heurtent à une limite d'ordre procédural.

A. L'EXTENSION DE LA SOLUTION *GRIESMAR* AUX AUTRES AVANTAGES EN MATIÈRE DE RETRAITE ACCORDÉS AUX FEMMES FONCTIONNAIRES

L'interprétation du principe communautaire d'égalité des rémunérations déborde le cadre de l'espèce *Griesmar,* étant donné l'autorité *erga omnes* dont sont revêtus les arrêts préjudiciels. Il était donc inévitable que cette interprétation conduise à la remise en cause d'autres avantages spécifiques aux femmes fonctionnaires institués par le régime français de retraite des fonctionnaires, dès lors que de tels avantages n'apparaissent pas fondés sur une réelle différence de situation en rapport avec leur objet entre les hommes et les femmes fonctionnaires. De fait, la Cour de justice a jugé contraire au principe d'égalité des sexes en matière de rémunérations l'exclusion des fonctionnaires masculins du bénéfice du droit à une pension de retraite à jouissance immédiate, quand le conjoint est atteint d'une infirmité ou d'une autre maladie incurable le plaçant dans l'impossibilité d'exercer une profession quelconque (CJCE, 13 décembre 2001, *Mouflin,* C-206/00). Le Conseil d'État est arrivé à la même conclusion à propos du droit à jouissance immédiate d'une pension de réversion, dans la mesure où il ne bénéficie qu'au conjoint survivant de sexe féminin, la jouissance de la pension de réversion étant différée, le plus souvent jusqu'à ce qu'il atteigne soixante ans, quand le conjoint survivant est de sexe masculin (CE, 5 juin 2002, *Choukroun*). Enfin, le Conseil d'État a jugé contraire au principe communautaire de l'égalité des rémunérations l'exclusion des hommes fonctionnaires du bénéfice de la jouissance immédiate d'une pension de retraite accordée aux personnes qui ont assuré l'éducation de trois enfants au moins (CE, 26 février 2003, *Llorca*). On le voit, c'est l'ensemble des avantages exclusivement accordés aux femmes par le régime français des pensions de retraite des fonctionnaires qui est menacé par le raisonnement développé dans l'affaire *Griesmar*. Mais les demandes des fonctionnaires masculins tendant à obtenir le bénéfice de ces avantages se heurtent à une limite.

B. LES LIMITES À L'OCTROI AUX HOMMES FONCTIONNAIRES DE TOUS LES AVANTAGES EN MATIÈRE DE RETRAITE ACCORDÉS AUX FEMMES FONCTIONNAIRES

Les recours contentieux se multiplient, mis en œuvre par des fonctionnaires masculins qui, prenant appui sur la solution de l'affaire *Griesmar,* réclament l'extension à leur profit d'avantages que le Code des pensions civiles et militaires de retraite réserve aux femmes fonctionnaires. Mais leurs demandes se heurtent parfois à une cause de forclusion, déjà évoquée dans l'arrêt *Griesmar*. Avant de reconnaître à ce requérant le bénéfice de la bonification d'ancienneté prévue par l'article L. 12, sous b), le Conseil d'État a, en effet, bien pris soin de souligner que celui-ci avait formulé une demande de révision de sa pension dans le délai d'un an prévu à l'article L. 55 du Code des pensions civiles et militaires de retraite. En d'autres termes, en vertu de l'article L. 55, les fonctionnaires masculins qui se sont vu notifier une décision de concession de pension, et qui souhaitent obtenir le bénéfice d'avantages que le Code des pensions civiles et militaires de retraite réserve aux femmes fonctionnaires doivent avoir demandé la révision de leur pension dans le délai d'un an. En cas de non-respect, ils sont forclos et leur recours contentieux tendant à l'annulation de la décision ayant refusé leur demande de révision et/ou de la décision de concession de leur retraite est rejeté, comme le Conseil d'État l'a confirmé dans un arrêt *Lucet* rendu le 29 janvier 2003. L'application de pareille cause de forclusion est de nature à limiter singulièrement la portée de l'effet *ex tunc* attachée à l'arrêt *Griesmar* comme, en principe, à tous les arrêts préjudiciels. Il semble que ce soit le souci des deniers de l'État qui a conduit le Conseil d'État à appliquer cette cause de forclusion. En pratique, elle interdit toute réclamation aux fonctionnaires masculins dont la pension a été concédée plus d'un an avant l'arrêt *Griesmar*, sauf à ce qu'ils aient pressenti les droits que leur confère en la matière le droit communautaire avant l'intervention de la Cour de justice. De telles considérations financières n'avaient pourtant pas déterminé la Cour de justice à accéder à la demande du gouvernement français de donner un effet *ex nunc* à sa solution dans l'affaire *Griesmar* : aux autorités françaises qui évaluaient à 3 à 5 milliards de francs le coût de l'attribution rétroactive de la bonification à tous les fonctionnaires masculins qui ont eu des enfants, elle avait rétorqué que les conséquences financières pour un État d'un arrêt rendu à titre préjudiciel ne sauraient par elles-mêmes justifier une limitation de ses effets dans le temps...

Dominique RITLENG
Professeur à la Faculté de droit de Nancy II

CAS PRATIQUE – SESSION 2003

Annale corrigée de l'IEJ de Nice

SUJET

Les étudiants devront résoudre le cas pratique suivant :

Art Law est juriste, il travaille pour une société multinationale, la « European Company ». Les dossiers s'accumulent sur son bureau, nombreux sont les problèmes relatifs au droit communautaire. Il sait que vous êtes spécialiste de la matière et vous demande conseil sur plusieurs points qui, tous, concernent la procédure de la question préjudicielle (art. 234, TCE).

1° La société « European Company » a des relations commerciales suivies avec une société belge (Belgium Company) ayant un établissement stable au Luxembourg. La Belgium Company rencontre des difficultés avec le fisc belge. En 1999, elle a connu des pertes en Belgique alors que son établissement luxembourgeois était bénéficiaire. La même année, le Luxembourg lui a refusé la compensation entre les bénéfices luxembourgeois et les pertes belges. L'année suivante, elle a opéré une déduction fiscale des pertes subies par son établissement belge sur l'exercice comptable. Or, l'État belge estime que ces pertes auraient dû être imputées sur les bénéfices de l'établissement luxembourgeois l'année de leur réalisation, en 1999, et qu'elles ne peuvent pas être imputées sur les bénéfices de la société belge dans l'exercice comptable de l'année postérieure, c'est-à-dire en l'an 2000. Le président directeur général de la Belgium Company a téléphoné et a demandé si la Belgium Company peut saisir la CJCE pour lui poser une question préjudicielle en vue de lui demander une interprétation du droit belge qui soit conforme au droit communautaire. Votre ami est embarrassé, il ne connaît pas les conditions de recevabilité des questions préjudicielles et vous demande conseil.

2° European Company est engagée dans un litige en droit de la concurrence communautaire. Elle a conclu un contrat de licence de huit ans avec une société néerlandaise l'autorisant à fabriquer des montres au nom de sa marque « Intime ». En cas de litige, une clause compromissoire désignait l'Institut néerlandais de l'arbitrage comme compétent, tandis que la loi applicable désignée était la loi néerlandaise. European Company a résilié le contrat après quatre années d'exécution. La société néerlandaise a saisi l'arbitre pour rupture abusive et apparemment une condamnation à des dommages-intérêts risque de sanctionner le comportement de la European Company. Pour se sortir d'affaire, elle voudrait que l'arbitre pose la question de la compatibilité du contrat de licence avec le droit communautaire de la concurrence. Pour sa part, elle estime que ce contrat est nul en application de l'article 81 du TCE. Votre ami vous interroge : l'arbitre peut-il poser une question préjudicielle à la CJCE ?

3° Un litige oppose la « European Company » à l'administration néerlandaise qui refuse d'enregistrer aux Pays-Bas une succursale nouvellement créée au motif que sa seule activité ne se développera pas aux Pays-Bas mais en France. Saisie de l'affaire la cour d'appel de Paris a posé une question préjudicielle à la CJCE à propos de l'interprétation du libre établissement secondaire. La CJCE vient de répondre en estimant que le refus d'enregistrement de la société est une atteinte au principe de libre établissement. Quels sont les effets de l'arrêt de la CJCE ?

CORRIGÉ

§1 QUESTION 1

La Belgium Comparny ne peut pas saisir la CJCE pour lui poser une question préjudicielle ayant pour but de lui demander une interprétation du droit belge : les parties à un litige au principal sont irrecevables à saisir la CJCE d'une question préjudicielle. En application de l'article 234 du Traité CE (ancien 177), la juridiction nationale dispose d'une compétence exclusive pour saisir la Cour de justice d'un renvoi préjudiciel. En conséquence, l'initiative du renvoi appartient au juge national. En outre les parties ne peuvent pas changer la teneur des questions, ni en changer l'objet (CJCE, 9 décembre 1965, *Singer,* aff. 44/65, *Rec.* p. 1191 – CJCE, 6 juillet 2000, *ATB et autres,* aff. C-402/98, *Rec.* 1, p. 5501 : « il convient de rappeler à cet égard que l'article 177 du Traité institue une coopération directe entre la Cour et les juridictions nationales par une procédure non contentieuse, étrangère à toute initiative des parties et au cours de laquelle celles-ci sont seulement invitées à se faire entendre. Aux termes de cette disposition, il appartient au juge national et non aux parties au litige principal de saisir la Cour. La faculté de déterminer les questions à soumettre à cette dernière étant dévolue au seul juge national, les parties ne sauraient en changer la teneur... »).

La procédure préjudicielle s'inscrit dans le cadre d'une collaboration entre le juge communautaire et le juge national.

Les juges nationaux doivent interroger la Cour à titre préjudiciel sur l'interprétation du droit communautaire ou la validité des actes adoptés par les institutions communautaires. L'objet du recours de la Belgium Company est en conséquence inadapté car la question préjudicielle ne peut porter que sur l'interprétation du droit communautaire (notamment CJCE, 19 mars 1964, *Unger,* aff. 75/63, *Rec.* p. 347 et CJCE, 18 octobre 1990, Arrêt *Massam Dzodzi c/ État Belge,* C-297/88 et C-197/89, *Rec.* 1, p. 3763). Sur l'interprétation du droit communautaire, la Cour de justice estime qu'elle n'a pas à apprécier la pertinence de la question ou son opportunité. Dans l'arrêt *Dzodzi* précité, elle a interprété une disposition du droit communautaire alors que le litige se déroulait en dehors du champ d'application du droit communautaire : l'existence d'un intérêt a été retenu pour éviter les divergences d'interprétation. L'ensemble du droit originaire est susceptible de faire l'objet d'une interprétation par le juge communautaire avec toutefois des conditions particulières posées par le Traité d'Amsterdam concernant le domaine communautaire ou troisième pilier et des matières du troisième pilier non communautarisées (CJCE, 6 octobre 1970, *Crad,* 9/70, *Rec.* 839 : « tous les actes des institutions sans distinction » relèvent de la compétence interprétative).

En ce qui concerne le problème fiscal posé, il résulte de la jurisprudence de la CJCE que les États doivent appliquer leur fiscalité directe en respectant le droit communautaire (CJCE, 14 décembre 2000, *Amid,* aff. C-141/99, *Rec.* 2000.1, p. 11619) : « Par sa question la juridiction de renvoi demande en substance si l'article 52 du Traité du 25 mars 1957 instituant la Communauté européenne s'oppose à une réglementation d'un État membre en vertu de laquelle une société de droit national, ayant son siège dans cet État membre, ne peut déduire du bénéfice imposable d'une année, au titre de l'impôt sur les sociétés, une perte subie l'année précédente, qu'à la condition que cette perte n'ait pas pu être imputée sur le bénéfice réalisé, au cours de la même année antérieure, par un de ses établissements stables situés sur un autre État membre, dans la mesure où une perte ainsi imputée ne peut être déduite du revenu imposable dans aucun des États membres concernés, alors qu'elle serait déductible si les établissements de ladite société étaient situés exclusivement dans l'État membre où elle a son siège... il échet de rappeler que, si la fiscalité directe relève de la compétence des États membres, il n'en reste pas moins que ces derniers doivent l'exercer dans le respect du droit communautaire – voir notamment, arrêts du 14 janvier 1995, *Schumacker,* C-279/93, *Rec.* p. I-225).

En l'espèce, le libre établissement (article 43 du TCE) est entravé par les dispositions fiscales directes – de la compétence des États membres – discriminatoires.

§II QUESTION 2

L'arbitre ne peut pas poser de question préjudicielle à la CJCE. Les arbitres ne sont pas considérés comme des juridictions au sens de l'article 234 du Traité CE qui précise que la Cour doit être saisie par « une juridiction d'un des États membres » (CJCE, 23 mars 1982, *Entreprise Nordsee,* 102/81, *Rec.* 1095 et CJCE, 1er juin 1999, *Eco Swiss,* aff. C-126/97, *Rec.* I, p. 3055). La Cour a considéré dans ces deux arrêts qu'un tribunal arbitral conventionnel ne constitue pas une « juridiction d'un État membre » au sens de l'article 234 CE dès lors qu'il n'y a aucune obligation, ni en droit, ni en fait, pour les parties contractantes de confier leurs différends à l'arbitrage et que les autorités publiques de l'État membre concerné ne sont ni impliquées dans le choix de la voie de l'arbitrage ni appelées à intervenir d'office dans le déroulement de la procédure devant l'arbitre (Nordsee) – « les arbitres, à la différence d'une juridiction nationale, ne sont pas en mesure de demander à la Cour de statuer à titre préjudiciel sur des questions tenant à l'interprétation du droit communautaire (Swiss). Dans cette dernière espèce, il a toutefois été retenu qu'il existe un intérêt manifeste à ce que, pour éviter des divergences d'interprétation futures, toute disposition de droit communautaire reçoive une interprétation uniforme, quelles que soient les conditions dans lesquelles elle a été appelée à s'appliquer, que dès lors les questions tenant à l'interprétation de l'interdiction édictée à l'article 81, paragraphe 1, CE puissent être examinées par les juridictions nationales appelées à se prononcer sur la validité d'une sentence arbitrale et puissent faire l'objet le cas échéant d'un renvoi préjudiciel devant la Cour.

§III QUESTION 3

La Cour d'appel qui a sollicité la CJCE est tenue d'appliquer au litige l'interprétation donnée par la Cour (CJCE, 14 juin 1969, *Milch-, Fett- und Eierkontor,* aff. 29/68, *Rec.* p. 165, ainsi que CJCE, 8 février 1990, *Shipping and Forwarding Enterprise safe,* aff. C-320/88, *Rec.* I, p. 285 ; 10 mai 2001, *Agora et Excelsior,* aff. C-223/9 et C-260/99, *Rec.* I, p. 3605).

En ce qui concerne les arrêts préjudiciels en interprétation concernant également les autres juridictions, elles sont tenues de respecter l'interprétation de la CJCE ou de demander une autre interprétation (notamment CJCE, 11 juin 1987, *Pretore du Salo,* aff. 14/86, *Rec.* p. 2545). L'arrêt interprétatif a un effet dès l'entrée en vigueur de la norme concernée (not. CJCE, *Denkavit,* 27 mars 1980, aff. 61/79, *Rec.* p. 455).

À titre exceptionnel les effets de l'arrêt peuvent être limités dans le temps pour éviter de graves conséquences économiques et financières (CJCE, 11 août 1995, *Roders,* aff. 367/93 à 377/93, *Rec.* I-2248).

En ce qui concerne les arrêts qui déclarent un acte invalide, ils lient toutes les juridictions nationales (CJCE, 13 mai 1981, *International chemical corporation,* aff. 66/80, *Rec.* p. 1191). Ils ont un effet rétroactif à l'instar d'un arrêt d'annulation (CJCE, 26 avril 1994, *Roquete frères,* aff. C-228/92, *Rec.* I, p. 1445). Il reste possible de ressaisir la Cour de l'invalidité d'un même acte sur la base d'autres moyens (CJCE, 13 juillet 1978, *Milac,* aff. 8/78, *Rec.* p. 1721).

L'institution de laquelle émane l'acte doit le retirer (CJCE, 19 octobre 1977, *Ruckdeschel,* aff. Jointes 117/76 et 16/77, *Rec.* p. 1753 ; *Moulins et huileries de Pont à Mousson,* aff. Jointes, 124/76 et 20/77, *Rec.* p. 1795) et des conséquences sont possibles sur les mesures nationales d'exécution de l'acte invalidé.

Joëlle TOESCA-ZONINO
Avocate au barreau de Grasse

Annale corrigée de l'IEJ de Paris II

SUJET

Les étudiants devront résoudre le cas pratique suivant :

L'État hollandais entend soumettre les entreprises de location de grues mobiles à une série de normes techniques de nature à accroître la qualité des services et la sécurité sur les chantiers.

Deux options s'offrent au gouvernement.

– **La première** est de laisser la profession s'organiser elle-même.

Ainsi, une entité de droit privé a mis en place un système de certification accordée aux entreprises contre paiement d'une cotisation à condition qu'elles satisfassent une série de normes techniques. L'affiliation est facultative et ouverte à tous. Elle regroupe 40 % des opérateurs présents dans ce secteur en Hollande.

Pour assurer la crédibilité de cette certification, l'entité impose une série de règles aux opérateurs certifiés qu'elle sanctionne, en cas de violation, par la radiation :

– le respect impératif de ses propres normes ; aucun autre système d'accréditation n'est reconnu, ni pris en compte ;

– les opérateurs certifiés ne peuvent pas louer leurs grues à des opérateurs non certifiés. La sous-location temporaire entre entreprises de location est en effet fréquente dans ce secteur. Il est à noter que, pour des raisons techniques, les grues mobiles ne peuvent être déplacées que dans un rayon de 50 km du lieu où leur propriétaire les a entreposées ;

– les opérateurs certifiés ont l'obligation de pratiquer des prix acceptables afin d'éviter de mettre en difficulté ce marché instable (l'organisme de certification publie d'ailleurs des prix conseillés afin d'en préciser le sens et qui sont supérieurs aux prix du marché).

– **La seconde option** est d'intervenir directement et de poser une nouvelle réglementation qui reprendrait les mêmes obligations que celles posées par l'entité sus-mentionnée mais s'imposerait à tout opérateur exerçant sur le territoire néerlandais, la loi se substituant au mécanisme conventionnel précédent.

Quid de la légalité de **chacune de ces deux options** au regard du droit communautaire primaire ?

CORRIGÉ

Ce cas pratique met en cause tant le droit de la concurrence que la liberté d'établissement et de prestation de services.

§1 PREMIÈRE OPTION

L'article 81 § 1 CE dispose : « Sont incompatibles avec le Marché commun et interdits tous accords entre entreprises, toutes décisions d'associations d'entreprises et toutes pratiques concertées, qui sont susceptibles d'affecter le commerce entre États membres et qui ont pour objet ou pour effet d'empêcher, de restreindre ou de fausser le jeu de la concurrence à l'intérieur du Marché commun... ».

Un système de certification accompagné d'une restriction quant aux partenaires économiques des opérateurs certifiés et d'une politique tarifaire est-il de nature à nuire à la concurrence ?

A. SUR LA QUALITÉ D'ENTREPRISE OU DE DÉCISION D'ASSOCIATION D'ENTREPRISES

Il convient tout d'abord de s'interroger sur la nature de l'organisme de certification et sur son activité. L'application de l'article 81 CE est subordonnée au préalable à la qualification d'entreprise au sens communautaire du terme à savoir « une entité exerçant une activité économique, indépendamment du statut juridique de cette entité et de son mode de financement »[1]. Si les opérateurs adhérents sont des entreprises, l'entente ne peut se concevoir que si l'entité de certification l'est également.

Le contrôle objectif des prestations assurées par des entreprises de location de grues est-il une activité économique ?

La réponse est positive ; l'organisme offre une prestation économique car sa certification constitue un avantage pour l'opérateur, celui d'une meilleure fiabilité et sécurité auprès de sa clientèle ; elle a donc une valeur économique ou marchande. Le fait que ce service donne lieu à paiement d'une cotisation en est la confirmation même si le caractère non lucratif d'une activité n'est pas rédhibitoire[2].

Enfin, si l'État semble accueillir favorablement le système mis en place par cette entité, il ne l'a chargée d'aucune mission de service public et ne lui a accordée aucune prérogative de puissance publique, ce qui aurait pu faire hésiter sur le caractère économique de sa prestation[3].

Il est possible également de s'interroger sur la qualification éventuelle de la décision d'association d'entreprises, la frontière entre destinataires des services et adhérents est floue. L'article 81 CE vise en effet tout organisme professionnel de fait ou de droit qui aurait la volonté de coordonner le comportement de ses membres[4].

Il reste que si l'entité est une entreprise lorsqu'elle assure la certification, il est possible de considérer qu'elle agit comme une association d'entreprises lorsqu'elle impose

1. CJCE, 23 avril 1991, *Höfner et Elser*, C-41/90, *Rec*. I-1979.
2. « Le seul fait que (la personne morale en cause) ne poursuit pas un but lucratif n'enlève pas à l'activité qu'elle exerce sa nature économique », il suffit qu'elle puisse se concevoir sous une forme lucrative. CJCE, 16 novembre 1995, *FFSA*, C-244/94, *Rec*. I-4013.
3. Le système de certification aurait pu alors être comparé à un mécanisme d'autorisation administrative, ce qui ne constitue pas une activité économique : CJCE, 17 octobre 1995, *DIP Spa*, C-140 à 142/94, *Rec*. I-3257 ; CJCE, 18 mars 1997, *Cali/Servizi ecologici porto di Genova*, C-343/95, *Rec*. I-1547.
4. CJCE, 29 octobre 1980, *FEDETAB*, 209 à 215 et 218/78, *Rec*. 3125.

à ses adhérents une série d'obligations, notamment en matière tarifaire. Dès lors, ses décisions ne doivent pas aller à l'encontre de l'article 81 CE.

B. SUR LA NOTION D'ENTENTE

L'entité de certification est donc une entreprise qui, en échange de sa prestation, impose une série de comportements réduisant la marge de manœuvre de ses clients quant au choix de leurs partenaires commerciaux lors de location de grues mobiles. De même, elle réduit les possibilités des opérateurs non certifiés de conclure de tels contrats quelle que soit l'attractivité de leur offre.

Ce comportement a bien, au sens de l'article 81 CE, « pour objet ou pour effet » de restreindre la concurrence dans ce secteur. Il suffit que les entreprises aient exprimé leur volonté commune de se comporter sur le marché d'une manière déterminée, la forme de l'accord étant indifférente[5].

L'entente prend ici la forme d'un contrat de services qui impose aux contractants des comportements contraires au droit de la concurrence. Il s'agit d'un accord entre entreprises qui ne sont pas en concurrence entre elles puisque l'entité n'a pas d'activité de location mais qui vise à nuire aux entreprises tierces ; l'entente pourrait être qualifiée de verticale car intervenant entre opérateurs situés à des stades différents[6].

Il en est de même à l'égard des prix pratiqués par les adhérents de cette entité.

La Cour estime que tout opérateur sur le marché doit rester libre de déterminer de manière autonome sa politique commerciale[7]. Une entité ne peut donc pas coordonner la politique tarifaire de ses adhérents, l'article 81, paragraphe 1, sous a) déclare expressément incompatibles avec le Traité les ententes qui consistent à « fixer de façon directe ou indirecte les prix d'achat ou de vente ou d'autres conditions de transaction ». La difficulté réside cependant s'agissant de prix conseillés et non obligatoires. Une telle incitation peut-elle être contraire à l'article 81 CE alors même que les opérateurs sont libres de s'y soustraire ?

Il convient d'examiner quelle est la force de l'encadrement tarifaire de l'entité en cause.

En fait, la publication de prix indicatifs doit être mise en relation avec l'obligation de pratiquer des prix acceptables. Malgré la qualification de prix conseillés, il est possible d'affirmer que l'entité ne fait que concrétiser l'obligation imposée à ses adhérents, dès lors il s'agirait bien d'un système de prix imposés[8].

D'ailleurs le but poursuivi, c'est-à-dire assurer une certaine stabilité dans ce secteur révèle la nature de ce système qui permet aux opérateurs de prévoir avec un degré raisonnable de certitude la politique tarifaire poursuivie par les autres opérateurs adhérents et d'éviter une chute des prix.

Il est possible également d'adopter une autre qualification.

---

5. Voir TPI, 24 octobre 1991, *Petrofina/Commission*, T-2/89, *Rec.* II-1087.
6. CJCE, 13 juillet 1966, *Grundig et Consten*, 56 et 58/64, *Rec.* 429.
7. CJCE, 14 juillet 1981, *Züchner*, 172/80, *Rec.* 2021.
8. CJCE, 17 octobre 1972, *Vereniging van Cementhandelaren/Commission*, 8/72, *Rec.* 977.

Si la politique tarifaire de l'entité n'est réellement qu'indicative, il reste qu'elle révèle la volonté de celle-ci de coordonner le comportement de ses membres. Or, ce constat suffit à qualifier le comportement de l'entité de décision d'association d'entreprises. En effet, une telle volonté suffit indépendamment de la reprise effective par ses membres de ses recommandations[9].

C. SUR L'AFFECTATION DU COMMERCE ENTRE ÉTATS MEMBRES

Il faut que cette entente affecte le commerce entre États membres. Le droit de la concurrence ne condamne pas en soi les atteintes au marché mais celles qui nuisent à la construction communautaire à savoir l'édification d'un marché unique. Il s'agit d'éviter que les comportements anticoncurrentiels n'entravent le commerce intra-étatique ce qui conduirait à un cloisonnement du marché intérieur. Ainsi, la Cour rappelle qu'il faut établir avec un degré de probabilité suffisant la possibilité d'exercer une influence directe ou indirecte, actuelle ou potentielle, sur les courants d'échanges entre États membres et ceci de manière à faire craindre une entrave à la réalisation d'un marché unique entre États membres[10].

L'interdiction de louer à des opérateurs non certifiés est susceptible de nuire à l'accès au marché néerlandais des opérateurs établis à l'étranger. De même, un système de prix imposés restreint la liberté de ces opérateurs. Certes, l'accès à ce système de certification n'est pas réservé aux opérateurs nationaux mais en imposant ses propres normes sans prendre en compte celles des autres États, le système revient à imposer aux opérateurs établis à l'étranger et déjà soumis à un ensemble de normes un cumul de réglementations propre à le dissuader d'aller offrir ses services en Hollande.

Le fait de cloisonner un marché national est, par principe, de nature à entraver le commerce entre États membres[11].

Il reste néanmoins à établir si la location de grues peut se concevoir au niveau international ?

En effet, la mobilité limitée des grues n'est-elle pas un obstacle en soi à l'existence d'un commerce entre États membres ?

Le faible rayon d'action à savoir 50 km semble peu propice à des offres de locations émanant d'établissements situés à l'étranger ; néanmoins un commerce frontalier peut exister, en l'occurrence avec l'Allemagne et la Belgique. Dès lors en cloisonnant le marché national, cette entente entrave des situations de commerce inter-étatique.

D. SUR LE CARACTÈRE SENSIBLE DE L'ATTEINTE À LA CONCURRENCE

Il reste à constater que cette entente entre l'entité et les entreprises adhérentes sur le marché de la location de grues mobiles en Hollande a un effet sensible sur la concur-

9. CJCE, 27 janvier 1987, *Verband der Sachversicherer/Commission*, 45/85, *Rec.* 405.
10. CJCE, 17 juillet 1997, *Ferriere Nord/Commission*, C-219/95, *Rec.* 4411.
11. CJCE, 17 octobre 1972, *Vereniging van Cementhandelaren/Commission*, 8/72, *Rec.* 977.

rence même potentiellement. La Cour impose le franchissement d'un seuil de sensibilité pour constater la violation de l'article 81 CE. La théorie *de minimis* s'applique en droit de la concurrence[12]. La Commission a explicité les critères de détermination de ce seuil dans sa communication sur les accords d'importance mineure de 1997 revisitée en 2001. La part de marché détenue par l'ensemble des participants doit être de 15 % pour les ententes verticales et de 10 % pour les accords horizontaux[13]. Il est à noter que les accords sur les prix sont prohibés par principe sans que le dépassement de ces seuils ne soit établi.

En l'espèce, le système regroupe 40 % des opérateurs agissant dans ce domaine et son accès reste strict puisque les autres systèmes d'accréditation ne sont pas reconnus.

Même si la recommandation de la Commission ne lie pas le juge, il est aisé de considérer qu'une restriction à la liberté économique de ces opérateurs nuira sensiblement à l'état de la concurrence sur le marché sous réserve que ces entreprises certifiées soient de taille et de puissance économique notables, c'est-à-dire qu'elles détiennent des parts de marché conséquentes[14].

E. SUR L'APPLICATION DE LA RÈGLE DE RAISON

La violation de l'article 81 CE est donc avérée sauf à vérifier que la règle de raison puisse fonctionner. Par cette expression, la doctrine vise la possibilité de nier la restriction de concurrence lorsque l'entente produit d'autres effets qui se révèlent positifs sur l'état concurrentiel du marché. Ainsi, la Cour a-t-elle procédé à ce bilan concurrentiel en examinant le système de la distribution sélective. Si ce mode de vente empêche les opérateurs non agréés de distribuer les produits du fabricant, il permet d'en préserver l'image et d'offrir aux consommateurs des prestations de meilleure qualité[15]. La distribution sélective est un moyen de concurrencer des méthodes de vente plus traditionnelles. Dès lors, dans cette balance des avantages et inconvénients pour la concurrence, il faut rechercher si les effets restrictifs d'une pratique ne sont pas compensés par ses effets bénéfiques sur la concurrence.

En l'espèce, la certification permet d'éclairer le client et de lui offrir des garanties sur l'état de la prestation. En ce sens, elle participe à une meilleure information donc à un meilleur choix du client, ce qui est conforme à l'esprit de concurrence et contribue à la transparence du marché. Un accroissement d'information rend la concurrence plus objective donc plus effective.

De plus, en empêchant l'opérateur de louer de telles grues auprès d'un opérateur non certifié, l'organisme évite un contournement du système ; un opérateur certifié ne pourrait faire usage que d'appareils ou d'engins conformes aux normes de certification sauf à porter atteinte à la crédibilité du système.

---

12. CJCE, 9 juillet 1969, *Völk*, 5/69, *Rec.* 295.
13. JOCE n° C 372 du 9 décembre 1997, modifié par une nouvelle communication du 22 décembre 2001.
14. CJCE, 1er février 1978, *Miller/Commission*, 19/77, *Rec.* 131.
15. CJCE, 25 octobre 1977, *Metro/Saba*, 26/76, *Rec.* 1875.

Il reste que ce système doit reposer sur des règles strictement nécessaires à la réalisation de cet objectif. Le principe de proportionnalité est au cœur de la règle de raison.

En l'espèce, l'organisme se refuse à prendre en compte les garanties offertes par d'autres systèmes même équivalents. Ce refus n'est nullement nécessaire à la préservation de la qualité et de la sécurité des produits. Le Tribunal de Première Instance a, dans un arrêt de 1997, confirmé la position de la Commission qui estimait qu'« un système de certification (doit être) totalement ouvert, indépendant et transparent et prévoyant l'acceptation de garanties équivalentes offertes par d'autres systèmes »[16].

Or, un mécanisme qui se refuse à reconnaître des certifications équivalentes protège en fait les opérateurs certifiés par ses soins au détriment des non certifiés sans que cela soit nécessaire pour maintenir la qualité des produits et des services.

Dès lors que le régime de certification n'est pas conforme à l'article 81 CE, il en va de même des règles présentées comme nécessaires à son bon fonctionnement comme l'interdiction de louer auprès d'opérateurs non agréés.

F. SUR L'ÉVENTUALITÉ D'UNE DÉCISION D'INAPPLICATION DE L'ARTICLE 81 CE

L'article 81 paragraphe 3 met en place un système d'exemption individuelle lorsqu'une entente contribue « à améliorer la production ou la distribution des produits ou à promouvoir le progrès technique ou économique, tout en réservant aux utilisateurs une partie équitable du profit qui en résulte, et sans :

– imposer aux entreprises intéressées des restrictions qui ne sont pas indispensables pour atteindre ces objectifs ;

– donner à ces entreprises la possibilité, pour une partie substantielle des produits en cause, d'éliminer la concurrence ».

L'ensemble de ces conditions est cumulatif[17].

Il appartient à la Commission, suite à une notification, d'apprécier si l'entente en cause peut être exemptée au regard des conditions posées par l'article 81 paragraphe 3 à savoir si l'atteinte à la concurrence comporte pour l'économie des avantages certains supérieurs à ses inconvénients[18]. Ainsi est-il possible de dépasser le simple bilan concurrentiel positif pour intégrer d'autres intérêts dignes de protection, tels le progrès technique lié à un accord de spécialisation dans le domaine de la production[19] ou la stabilisation d'un réseau de distribution et le maintien de l'emploi qui en résulte[20].

Cette évaluation est à distinguer de celle opérée par la règle de raison. Il ne s'agit pas d'effectuer un bilan quant aux effets positifs ou négatifs sur la concurrence mais de prendre en compte d'autres intérêts de nature à tempérer l'exigence de concurrence.

---

16. CJCE, 22 octobre 1997, *SCK/FNK*, T-213/95 et T-18/96, *Rec.* II-1746, pt. 125.
17. CJCE, 17 janvier 1984, *VBVB et VBBB/Commission*, 43/82 et 63/82, *Rec.* 19.
18. Le règlement du 16 décembre 2002, applicable le 1er mai 2004 supprime ce système de notification et confère un effet direct à l'article 84 paragraphe 3 CE.
19. Voir le règlement n° 2658/1000 de la Commission du 29 novembre 2000 concernant l'application de l'article 81, paragraphe 3 du Traité à des catégories d'accords de spécialisation, *JOCE*, n° L 304 du 5 décembre 2000.
20. CJCE, 25 octobre 1977, *Metro/Sabad*, *ibid.*

La mise en place d'un système privé de certification peut contribuer à améliorer la production ou le progrès technique ou économique s'il contient une valeur ajoutée au regard des prescriptions légales. Dès lors que les normes privées posent des exigences de qualité supérieure aux conditions légales, elles favorisent l'amélioration du produit et notamment sa sécurité. De plus, en uniformisant les normes, elles permettent une meilleure comparaison entre prestataires et favorise la transparence du marché.

Il convient donc de vérifier l'existence d'une telle plus-value. L'objectif proclamé par l'entité ne saurait suffire s'il n'est accompagné d'une politique effective de rehaussement des standards[21]. Il reste que la valeur ajoutée d'un système de certification ne découle pas du simple fait qu'il impose des obligations non prévues par la loi.

Preuve doit être rapportée qu'elles sont plus aptes à réaliser l'objectif poursuivi.

Enfin, l'amélioration peut aussi consister en une meilleure application des normes légales et un meilleur contrôle de leur respect[22].

Si tel était le cas, il faut également vérifier le caractère indispensable des restrictions qui accompagnent cette amélioration objective.

Or, le refus de prendre en compte les certifications émanant d'autres systèmes est une réponse déjà jugée disproportionnée. La Cour sera d'autant plus exigeante sur cette condition que la plus-value invoquée par l'entité sera faible, conformément au principe de proportionnalité. L'interdiction de location à des opérateurs non agréés ne pourra être validée que si le système est jugé proportionné.

Il faut également que l'entente réserve aux utilisateurs une partie du profit. En l'espèce, si la plus-value est admise, il est possible d'admettre qu'elle bénéficie à l'utilisateur qui jouira d'un instrument plus fiable. Il n'est nullement requis d'avantage pécuniaire[23].

Enfin si des restrictions de concurrence peuvent se concevoir, il n'est pas possible d'admettre une suppression de la concurrence.

Concernant l'exigence de prix acceptables et la publication des prix conseillés, il est possible d'avancer l'idée que cette pratique permet une meilleure transparence du marché, mais comme il s'agit de prix imposés, cette connaissance ne constitue pas une amélioration car le choix de l'utilisateur s'en trouve réduit d'autant plus que les prix pratiqués sont supérieurs à ceux du marché.

L'exemption semble donc peu probable et la violation de l'article 81 CE confirmée.

§II DEUXIÈME OPTION

Si l'État entend réglementer lui-même le secteur de la location de grues mobiles, le droit de la concurrence ne lui est pas opposable. Il en irait autrement si le gouvernement déléguait son autorité ou associait à la prise de décision les opérateurs car il lui serait reproché de favoriser ou d'imposer la constitution d'ententes[24]. L'article 10 CE

21. CJCE, 22 octobre 1997, *SCK/FNK*, T-213/95 et T-18/96, *Rec.* II-1746, pt. 195.
22. CJCE, 22 octobre 1997, *SCK/FNK*, T-213/95 et T-18/96, *Rec.* II-1746, pt. 200.
23. CJCE, 25 octobre 1977, *Metro/Saba*, *ibid.*
24. CJCE, 16 novembre 1977, *Inno/Atab*, aff. 13/77, *Rec.* 2115.

impose aux États de s'abstenir de toutes mesures susceptibles de mettre en péril la réalisation des buts du Traité, telle l'instauration d'une concurrence effective.

En l'espèce, l'État agissant de façon directe sans la participation des opérateurs ne pourrait se voir opposer l'article 10 CE combiné avec l'article 81 CE.

Il reste qu'une telle réglementation serait susceptible de porter atteinte à des libertés d'origine communautaire en particulier la libre prestation de services visée à l'article 49 CE et la liberté d'établissement de l'article 43 CE qui permettent à un opérateur issu d'un État membre d'agir sur le territoire d'un autre État.

En effet, la Hollande entend imposer ses propres normes à tout opérateur exerçant sur son territoire de façon provisoire ou permanente. Cette réglementation n'est pas discriminatoire car elle ne distingue pas selon l'origine des prestataires mais elle peut constituer une entrave non discriminatoire.

En effet, le simple fait d'imposer le respect de ses normes constitue pour l'opérateur étranger une entrave à sa liberté car, déjà soumis dans son pays à une réglementation, il sera contraint à modifier son comportement commercial contrairement aux opérateurs du pays d'accueil. La Cour de Luxembourg a en effet estimé dans son arrêt *Säger* de 1991, qu'un opérateur, qui n'est pas établi dans le pays d'accueil et n'y exerce que des prestations de services occasionnelles, ne peut se voir opposer le droit de ce pays sauf à subir une entrave à sa libre prestation de services[25].

De même, la liberté d'établissement connaît la notion d'entrave non discriminatoire alors même qu'elle se traduit par une installation durable à titre principal ou secondaire dans le pays d'accueil. Pourtant, dans un arrêt *Gebhard* de 1995, la Cour a estimé que l'État d'accueil ne pouvait pas imposer par principe le respect de son droit sauf à constituer une entrave à la liberté d'établissement[26].

Ces jurisprudences résultent du principe de reconnaissance mutuelle consacré par la Cour dans son arrêt *Cassis de Dijon* de 1979[27].

Les Pays-Bas entendent imposer pour tous une réglementation qui impose une série de normes techniques, une obligation de ne louer ou de ne sous-louer qu'aux opérateurs respectant ses normes, avec une politique de prix raisonnables ; la liberté de l'opérateur qui entend s'installer en Hollande ou y offrir ponctuellement ses services à partir d'un établissement fixé dans un autre État membre est donc entravée.

Il reste que ces entraves peuvent être justifiées par des raisons d'ordre public, de santé publique ou de sécurité publique visées aux articles 46 et 55 CE. De plus, s'agissant de mesures non discriminatoires, des dérogations supplémentaires d'origine jurisprudentielle, les raisons impérieuses d'intérêt général, peuvent s'appliquer[28].

Ainsi, dans l'arrêt *Gebhard,* la Cour dispose que « les mesures nationales susceptibles d'entraver ou de rendre moins facile l'exercice des libertés fondamentales garanties par le Traité doivent remplir quatre conditions : elles doivent s'appliquer de façon non discriminatoire ; elles doivent être justifiées par des raisons impératives d'intérêt

25. CJCE, 25 juillet 1991, *Säger,* 76/90, *Rec.* 4221.
26. CJCE, 30 novembre 1995, *Gebhard,* C-55/94, *Rec.* 4165.
27. CJCE, 20 février 1979, *Cassis de Dijon,* 120/78, *Rec.* 649.
28. CJCE, 25 juillet 1991, *Säger, ibid.* et CJCE, 30 novembre 1995, *Gebhard, ibid.*

général ; elles doivent être adaptées à la réalisation des objectifs qu'elles poursuivent et elles ne doivent pas aller au-delà de ce qui est nécessaire afin de les atteindre »[29].

En l'espèce, la protection de la sécurité et des intérêts des utilisateurs semble constituer une raison légitime. En revanche, le souci de maintenir la stabilité de ce secteur en imposant des prix raisonnables n'est pas recevable. La Cour a toujours affirmé que des motifs économiques ne pouvaient constituer une raison impérieuse d'intérêt général, la loi du marché ne pouvant être entravée que pour des motifs autres qu'économiques[30].

Il reste que concernant les mesures assurant la sécurité et la qualité des services, il faut vérifier leur efficacité au regard du but poursuivi et surtout leur proportionnalité.

En l'espèce, ce dernier point pose problème car le refus de prendre en compte tout système de certification étranger suffit à qualifier la méthode hollandaise d'excessive.

En effet, si l'État a le droit d'être plus exigeant que les autres États membres en matière de sécurité et de protection des utilisateurs, il ne peut imposer des contrôles ou des obligations auxquels satisfait déjà, dans son État, l'opérateur. De même, il ne peut ignorer des méthodes différentes qui protégeraient tout autant l'utilisateur. Les Pays-Bas ne pourraient donc pas appliquer cette réglementation aux opérateurs d'origine communautaire.

Le principe de proportionnalité s'oppose donc aux deux options qui se présentent à l'État hollandais.

Joël CAVALLINI
Maître de conférences à l'Université de Paris II

29. CJCE, 30 novembre 1995, *Gebhard, ibid.*

30. Par exemple, CJCE, 23 novembre 1999, *Arblade,* C-369/96 et C-376/96, *Rec.* I-8453 ou plus récemment, CJCE, 4 juin 2002, *Commission/France,* C-483/99, *Rec.* I-4781 ; la Cour refuse de prendre en compte des objectifs de politique économique tels le renforcement de la structure concurrentielle du marché, la modernisation des moyens de production.

Galop d'essai corrigé de l'IEJ de Paris II

SUJET

Vous êtes référendaire à la Cour de justice et êtes invité à préparer un projet de conclusions dans une affaire dont la Cour est saisie à titre préjudiciel.

Les questions posées à la Cour de justice sont relatives aux conditions d'engagement de la responsabilité d'un État membre en cas de violation du droit communautaire.

Vous êtes invité à répondre plus particulièrement aux deux questions suivantes :

1. La jurisprudence de la Cour est-elle également applicable dans le cas où le comportement de l'organe réputé contraire au droit communautaire est constitué par une décision d'une juridiction suprême d'un État membre ?

2. Dans l'hypothèse d'une réponse affirmative à la première question : la jurisprudence de la Cour selon laquelle il appartient à l'ordre juridique de chaque État membre de désigner la juridiction compétente pour trancher les litiges qui mettent en cause des droits individuels, dérivés de l'ordre juridique communautaire est-elle également applicable dans le cas où le comportement de l'organe réputé contraire au droit communautaire est constitué par une décision d'une juridiction suprême d'un État membre ?

Vous pourrez présenter le projet de réponse dans des développements structurés.

CORRIGÉ

On peut être surpris par les questions posées, relatives à la possibilité d'engager la responsabilité d'un État membre du fait de la prétendue violation d'une règle communautaire par une juridiction nationale *supérieure*. Le juge communautaire a en effet déjà précisé d'une façon très détaillée les conditions d'engagement de la responsabilité d'un État membre en cas de violation d'une règle communautaire, tandis qu'il existe dans le même temps une difficulté conceptuelle à mettre en cause la responsabilité d'un État membre du fait de l'activité d'une juridiction suprême.

Ainsi, depuis les arrêts *Francovich e.a.* du 19 novembre 1991 (Aff. jtes C-6/90 et C-9/90, *Rec.* p. I-5357, point 35), confirmés par les arrêts *Brasserie du pêcheur* et *Factortame* du 5 mars 1996 (Aff. jtes C-46/93 et C-48/93, *Rec.* p. I-1029), il est particulièrement clair que :

– le principe de mise en jeu de la responsabilité d'un État membre du fait des dommages causés aux particuliers par des violations du droit communautaire qui lui sont imputables est **inhérent au système du traité** ;

– que ce principe est valable pour toute hypothèse de violation du droit communautaire par un État membre ;

– et ce, **quel que soit l'organe de l'État membre** dont l'action ou l'omission est à l'origine du manquement (*Brasserie du pêcheur* et *Factortame,* point 32).

Cependant, eu égard à l'organisation judiciaire hiérarchisée commune à l'ensemble des États membres, où le dernier mot revient par principe aux juridictions suprêmes, il ne va pas de soi que la responsabilité d'un État membre puisse être engagée du fait de l'activité d'une juridiction supérieure supposée avoir violé le droit (d'origine communautaire en l'occurrence).

L'engagement de responsabilité d'une juridiction supérieure apparaît d'autant plus problématique que la Cour de justice n'a précisément pas été instituée comme une Cour constitutionnelle et/ou de cassation suprême dotée d'un pouvoir de sanction des arrêts rendus par les juges nationaux, statuant notamment (ou qui plus est ?) en dernière instance.

Aussi, au-delà même des fondements de la responsabilité des États membres du fait de l'activité de leurs juridictions supérieures, est posée la question des **conditions** de mise en jeu de cette responsabilité (§I).

On sait également que les **modalités** d'engagement de cette responsabilité seront étroitement liées au respect du principe de l'autonomie procédurale des États membres. Il importe donc de se poser également en l'espèce la question des modalités par lesquelles les juridictions internes accepteront d'organiser la sanction de leurs juges suprêmes, sous le contrôle de ces derniers, bien entendu. Cette question se pose avec d'autant plus d'acuité que sera mise en cause la responsabilité de l'État du fait de la violation d'une règle de rang constitutionnel par une juridiction supérieure, voire même par la juridiction constitutionnelle de l'État concerné... (§II)

§I LES CONDITIONS DE LA MISE EN JEU DE LA RESPONSABILITÉ D'UN ÉTAT MEMBRE DU FAIT DE LA VIOLATION DU DROIT COMMUNAUTAIRE PAR UNE JURIDICTION SUPÉRIEURE

Du fait de la difficulté qu'il y a à concevoir qu'un État membre puisse voir sa responsabilité engagée du fait de l'activité normative de ses juridictions les plus hautes en dépit même du progrès en résultant apparemment pour les particuliers (A), il y a lieu de s'interroger sur le fait de savoir si les conditions habituellement requises pour engager la responsabilité de cet État ne doivent pas être, dans une telle hypothèse, strictement interprétées (B).

A. LES OBSTACLES À LA MISE EN JEU DE LA RESPONSABILITÉ ÉTATIQUE DU FAIT DE L'ACTIVITÉ D'UNE JURIDICTION SUPÉRIEURE

Paradoxalement, les particuliers voient leurs droits renforcés judiciairement du fait de l'engagement possible de la responsabilité des États membres du fait de l'activité des juridictions suprêmes. Bien que les fondements à la reconnaissance d'une telle responsabilité soient fort bien assis, les obstacles à l'engagement de la responsabilité étatique du fait de l'activité d'une de ses juridictions suprêmes font question.

1. Le sort des juridictions supérieures dans la jurisprudence communautaire

La Cour européenne des droits de l'homme a récemment illustré les limites de l'appréciation souveraine laissée aux juridictions nationales statuant en dernier ressort.

L'affaire *Dangeville,* en effet, a connu un ultime rebondissement avec l'arrêt du 16 avril 2002, par lequel la Cour européenne a condamné la France : par un arrêt du 30 octobre 1996 rendu en Assemblée, le Conseil d'État avait en effet refusé d'accorder réparation à un contribuable alors que l'État avait violé les dispositions de la 6e directive TVA.

En droit communautaire, on sait également que les juridictions dont les décisions ne sont pas susceptibles de recours juridictionnels de droit interne sont tenues de saisir la Cour de justice des questions d'interprétation soulevées devant elles, sauf lorsqu'il existe déjà une jurisprudence en la matière ou lorsque la manière correcte d'appliquer la règle communautaire apparaît de toute évidence (en ce sens, CJCE, 6 octobre 1982, *Cilfit,* Aff. 283/81, *Rec.* 3415).

Cette jurisprudence, qui encadre l'obligation faite par le Traité aux juridictions statuant en dernière instance, démontre également la place que réserve à ces juridictions le système communautaire afin de préserver notamment l'uniformité d'interprétation et d'application du droit communautaire rendue nécessaire par le respect du principe de primauté.

C'est ainsi que la Cour de justice a rappelé, dans un arrêt récent, que la responsabilité d'un État membre pouvait être engagée du fait de l'activité de l'une de ses juridictions supérieures (CJCE, 30 septembre 2003, *Gerhard Köbler,* Aff. C-224/01). Même les grands principes de droit ne sauraient faire échec à une telle responsabilité.

2. L'arbitrage entre les grands principes de droit

Ni le principe de séparation des pouvoirs, ni celui de l'indépendance du pouvoir judiciaire et des magistrats le composant, ni même le principe de l'autorité de la chose jugée ne sauraient faire obstacle à la reconnaissance d'obligations spécifiques à la charge des juridictions suprêmes.

En effet, le droit communautaire reconnaît le principe de l'autorité de la chose définitivement jugée et il ne saurait être contesté, protecteur des relations juridiques et garant d'une bonne administration de la justice.

Cependant, une procédure visant à engager la responsabilité de l'État n'a pas le même objet et n'implique pas nécessairement les mêmes parties que la procédure ayant donné lieu à la décision ayant acquis l'autorité de la chose définitivement jugée ; par ailleurs, accorder réparation du fait d'une décision de justice n'entraîne pas l'annulation à proprement parler de la décision rendue en dernière instance.

De même, le principe de responsabilité concerne non la responsabilité personnelle du juge, mais celle de l'État, de telle sorte que l'indépendance du juge ne saurait être remise en cause.

B. LES CONDITIONS D'ENGAGEMENT DE LA RESPONSABILITÉ ÉTATIQUE DU FAIT DE L'ACTIVITÉ DES JURIDICTIONS SUPRÊMES

On comprend qu'une interprétation stricte des conditions d'engagement de la responsabilité d'un État membre du fait de la violation d'une règle communautaire soit requise dans l'hypothèse particulière où la violation émane d'une juridiction suprême.

1. *Rappel des conditions d'engagement de la responsabilité des États membres*

Pour ce qui est des conditions dans lesquelles un État membre est tenu de réparer les dommages causés aux particuliers par des violations du droit communautaire qui lui sont imputables, il résulte de la jurisprudence de la Cour qu'elles sont au nombre de trois, à savoir que la règle de droit violée ait pour objet de conférer des droits aux particuliers, que la violation soit suffisamment caractérisée et qu'il existe un lien de causalité direct entre la violation de l'obligation qui incombe à l'État et le dommage subi par les personnes lésées (v. par exemple CJCE, 4 juillet 2000, *Haim,* Aff. C-424/97, *Rec.* I-5123).

2. *Interprétation stricte des conditions d'engagement de la responsabilité d'un État membre du fait de l'activité d'une juridiction statuant en dernier ressort*

Pour la Cour de justice, la responsabilité de l'État pour des dommages causés par la décision d'une juridiction nationale statuant en dernier ressort qui viole une règle de droit communautaire est régie par les mêmes conditions.

Toutefois, la responsabilité de l'État du fait d'une violation du droit communautaire par une telle décision ne saurait être engagée que dans le cas exceptionnel où le juge a méconnu **de manière manifeste** le droit applicable.

Ce renforcement de la deuxième condition précitée d'engagement de la responsabilité de l'État résulte à la fois de la spécificité de la fonction juridictionnelle ainsi que des exigences légitimes de sécurité juridique.

Afin d'apprécier le caractère manifeste de la violation de la règle communautaire, le juge interne pourra notamment considérer : le degré de clarté et de précision de la règle violée, le caractère délibéré de la violation, le caractère excusable ou inexcusable de l'erreur de droit, la position prise, le cas échéant, par une institution communautaire, ainsi que l'inexécution, par la juridiction en cause, de son obligation de renvoi préjudiciel en vertu de l'article 234, troisième alinéa, CE.

En tout état de cause, une violation du droit communautaire sera considérée comme étant suffisamment caractérisée lorsque la décision concernée est intervenue en méconnaissance manifeste de la jurisprudence de la Cour en la matière (voir, en ce sens, arrêt *Brasserie du pêcheur et Factortame,* précité, point 57).

Encore convient-il de vérifier les modalités de mise en jeu de la responsabilité de l'État.

§II LES MODALITÉS DE MISE EN JEU DE LA RESPONSABILITÉ D'UN ÉTAT MEMBRE DU FAIT DE LA VIOLATION DU DROIT COMMUNAUTAIRE PAR UNE JURIDICTION SUPÉRIEURE

S'il n'est pas douteux que le droit communautaire demeure respectueux du principe d'autonomie procédurale, y compris lorsqu'il s'agit de mettre en jeu la responsabilité étatique (A), reste entière la question de savoir comment la responsabilité d'un État membre peut être engagée du fait de l'activité des juridictions supérieures françaises, voire du Conseil constitutionnel (B).

Cette question revêt une importance capitale en France, où les particuliers sont privés de tout recours direct devant le Conseil constitutionnel.

A. LE PRINCIPE DE L'AUTONOMIE PROCÉDURALE DES ÉTATS MEMBRES

Le principe d'autonomie procédurale des États membres et ses limites semblent devoir s'appliquer sans restriction ni interprétation extensive à la procédure d'engagement de la responsabilité d'un État membre du fait de l'activité d'une juridiction supérieure.

1. Rappel du principe d'autonomie procédurale des États membres

Selon une jurisprudence constante, en l'absence d'une réglementation communautaire, c'est à l'ordre juridique interne de chaque État membre qu'il appartient de désigner les juridictions compétentes et de régler les modalités procédurales des recours en justice destinés à assurer la pleine sauvegarde des droits que les justiciables tirent du droit communautaire (CJCE, 16 décembre 1976, *Rewe,* Aff. 33/76, *Rec.* 1989 ; *Comet,* Aff. 45/76, *Rec.* 2043 ; CJCE, 27 février 1980, *Just,* 68/79, *Rec.* 501 ; CJCE, *Francovich e.a.,* précité, point 42 ; ou encore CJCE, 14 décembre 1995, *Peterbroeck,* Aff. C-312/93, *Rec.* I-4599, point 12).

2. Limites au principe d'autonomie procédurale des États membres

Une jurisprudence constante limite l'autonomie procédurale des États membres dans deux hypothèses, *(i)* soit que les conditions fixées par les législations nationales en matière de réparation des dommages soient moins favorables que celles concernant les réclamations semblables de nature interne, *(ii)* soit que ces conditions n'aient pour objet ou pour effet de rendre, en pratique, impossible ou excessivement difficile l'obtention de la réparation (CJCE, 16 décembre 1976, *Rewe,* 33/76, *Rec.* 1989).

Au vu de cette jurisprudence, rien ne fait obstacle à l'engagement de la responsabilité d'un État membre. Le droit français prévoit d'ailleurs une telle occurrence dans son Code de l'organisation judiciaire.

On ajoutera, à cet égard, que la Cour européenne des droits de l'homme considère que les voies de droit interne comme n'étant pas épuisées lorsque, dans le cas spécifique d'une procédure trop longue, la responsabilité de l'État n'a pas été engagée, en France, sur le fondement des dispositions de l'article L. 781-1 du Code de l'organisation judiciaire (CEDH, 11 septembre 2002).

B. VERS LA REMISE EN CAUSE DU POUVOIR SOUVERAIN DES JUGES CONSTITUTIONNELS

C'est aussi bien l'enjeu de la suprématie du droit communautaire sur le droit constitutionnel français que la résistance actuelle des juridictions suprêmes françaises à reconnaître la suprématie des règles communautaires sur celles de rang constitutionnel qui interroge avec une grande acuité la possibilité d'engager la responsabilité de l'État du fait de l'activité de ses juridictions suprêmes, voire même du Conseil constitutionnel.

1. Position du problème

Il convient de rappeler, à titre liminaire, que la Cour de justice est dépourvue de toute prérogative spécifique pour statuer sur l'interprétation – et qui plus est sur la légalité – du droit interne. Cette compétence ressort du domaine exclusif des juridictions internes, sous le contrôle ultime des juridictions suprêmes, y compris lorsque est en cause l'application d'une règle issue de l'ordre juridique communautaire.

On sait, pour autant, que la Cour de justice exerce un contrôle particulièrement « serré » des questions posées par les juridictions nationales saisissant le juge communautaire de questions préjudicielles. C'est dans ce contexte que la Cour de justice peut être amenée à se prononcer *in concreto* dans un litige afin de statuer utilement ; dans ce cas, elle s'érige en juge des faits.

Elle peut également être conduite à se prononcer sur la conformité d'une disposition nationale au regard de la règle communautaire invoquée dans le litige et se substituer, s'agissant de la conformité au droit communautaire d'une loi, au contrôle du juge constitutionnel.

En particulier, on sait que le principe de primauté affirme la supériorité de toute règle communautaire sur toute disposition de droit interne, y compris de rang constitutionnel. Un État membre ne saurait donc exciper de dispositions, pratiques ou situations de son ordre juridique interne pour justifier le non-respect des obligations et délais résultant des directives communautaires (v. par exemple CJCE, 26 février 1976, *Commission c/ Italie*, Aff. 52/75, *Rec.* 277).

Or, on connaît les résistances des juridictions nationales françaises pour reconnaître une telle prééminence du droit communautaire et/ou international sur des dispositions françaises de rang constitutionnel (v. les arrêts *Sarran* et *Fraisse*).

2. Voies de réflexion

Dans le contexte qui vient d'être rappelé, dont l'enjeu est grand, la question de la compétence juridictionnelle de l'organe susceptible d'engager la responsabilité de l'État est déterminante.

Dans le cas particulier de la violation d'une règle communautaire qui n'aurait pas été sanctionnée au motif qu'elle serait « couverte » par une disposition nationale de rang constitutionnel, et eu égard aux jurisprudences convergentes du Conseil d'État et de la Cour de cassation, il n'est pas certain qu'aucune juridiction ne soit à même d'engager la responsabilité de l'État dans cette configuration spécifique.

Par ailleurs, en l'absence, en France, d'accès des particuliers à la justice constitutionnelle, il reste douteux que la responsabilité de l'État puisse être engagée du fait de l'activité du Conseil constitutionnel.

Jérôme BOISSEAU
Avocat au barreau de Paris

ANNALES CORRIGÉES DE L'ÉPREUVE DE DROIT PÉNAL

1. Annale corrigée de l'IEJ d'Angers

2. Annale corrigée de l'IEJ de Bordeaux IV

3. Annale corrigée de l'IEJ de Nancy II

4. Annale corrigée de l'IEJ de Paris II

5. Galop d'essai de l'IEJ de Paris II

Annale corrigée de l'IEJ d'Angers

SUJET

Les étudiants commenteront l'arrêt ci-dessous rendu par la Cour d'appel de Papeete le 27 juin 2002.

Document autorisé : Code pénal

CA Papeete, 27 juin 2002, *M. Eugène, Loïc :* Juris-Data n° 2002-188514

[...]

Sur l'action publique :

Il ressort de l'enquête préliminaire de gendarmerie que le 31 mars 2000, suite à un renseignement reçu par les gendarmes de la brigade de Tiarei, ceux-ci ont découvert dans la buanderie et le jardin de Loïc M. à Papenoo 305 plants de cannabis d'une hauteur de 0,90 m à 3 m et 84 pousses de 10 à 15 cm.

M. M. a déclaré avoir planté les pieds et pousses de cannabis en provenance de 150 graines achetées à la gare de Titioro à Papeete, après une intervention de la gendarmerie pour des faits similaires.

Il a prétendu ne pas faire commerce de cannabis mais l'utiliser en tisane pour soulager ses douleurs, car il est paraplégique à la suite d'un accident.

La matérialité des faits reprochés à Loïc M. est établie par les constatations des gendarmes et les déclarations du prévenu.

Cependant M. M. invoque un état de nécessité pour justifier la détention des pieds de cannabis plantés, ceux-ci étant nécessaires à la confection de tisanes qui sont les seuls moyens de calmer ses douleurs, les autres médicaments proposés lui abîmant les reins.

Effectivement, M. M. est bien paraplégique et ses douleurs habituelles ne sont pas contestées, de même qu'il est de notoriété publique que le cannabis est parfois utilisé comme médicament pour soulager des douleurs.

Malgré les termes généraux de la citation, il apparaît que compte tenu de la mention restrictive du procès-verbal de convocation en justice lui reprochant d'avoir en l'espèce détenu 305 pieds de cannabis et 84 pousses, il n'est pas reproché au prévenu de commerce de cannabis ou d'offre ou de cession à des tiers de ces plants stupéfiants.

M. M. soutient que le nombre de plants dont il a assuré la culture était dû à la nécessité d'obtenir des plantes femelles seules de nature à lui procurer la grande quantité de fleurs nécessaires à ses tisanes.

Il ne peut être reproché à M. M. de refuser l'utilisation de médicaments classiques qu'il considère comme de nature à endommager ses reins.

M. M. est bien menacé par un danger actuel, ses souffrances constantes et la détention des pieds et pousses de cannabis est destinée à la consommation de tisanes nécessaires à la sauvegarde de sa santé et donc de sa personne, le moyen employé n'étant pas en l'espèce disproportionné par rapport à la gravité de la menace.

Il convient donc, par application de l'article 122-7 du Code [pénal], de retenir l'excuse de nécessité et réformant le jugement entrepris, de relaxer M. M. des fins de la poursuite.

[...]

CORRIGÉ

La législation européenne apparaît divisée sur la légalisation de la consommation des drogues dites douces. Les Français sont également divisés, un projet de loi ayant comme but la dépénalisation est déposé à l'Assemblée nationale.

C'est dans ce contexte qu'a été rendu l'arrêt de la Cour d'appel de Papeete en date du 27 juin 2002, décision qui de par son contenu ne pouvait demeurer inaperçue.

Les faits sont simples. Monsieur M., paraplégique, a planté et cultivé à son domicile des plants de cannabis provenant de 150 graines achetées dans une gare.

Une procédure est établie et est soumise à la justice pour infraction à la législation sur les stupéfiants et plus précisément sur une incrimination limitée à l'acquisition et l'emploi illicite de stupéfiants.

Afin d'échapper à la sanction, il oppose le fait justificatif de l'état de nécessité. Il précise alors qu'il se trouvait dans l'obligation absolue d'avoir recours à de telles substances en infusion de cannabis afin de ne plus souffrir physiquement. Il poursuit en exposant que tous les médicaments pharmaceutiques n'ont plus d'effet et ont de surcroît des conséquences dommageables sur ses reins et seule l'utilisation de cette tisane lui procure le bien-être et l'absence de douleurs.

La juridiction de premier degré n'a pas suivi ce raisonnement et l'a condamné. Monsieur M. a alors interjeté appel de cette décision.

La Cour était alors amenée à s'interroger sur le plan suivant : la lutte contre la douleur, non remédiée par une thérapie médicamenteuse autorisée, autorisait-elle l'utilisation et la détention de produits stupéfiants interdits par la loi et ainsi constitue une violation nécessaire des textes réprimant ces utilisations et détentions.

Par son arrêt, la Cour de Papeete répond de manière affirmative et prononce ainsi la relaxe. Elle a retenu l'état de nécessité tel que prévu à l'article 122-7 du Code pénal. Il était, en effet, relevé que « Monsieur M. se trouvait dans une situation de danger actuel » de par des souffrances insurmontées par les médicaments autorisés et atténuées uniquement par les tisanes de cannabis.

La Cour précisait même qu'il en allait de « la sauvegarde de la santé du prévenu et donc de sa personne ».

Cette décision est une application inédite des dispositions de l'article 122-7 du Code pénal, plus précisément l'application de la notion d'état de nécessité ne manque pas de surprendre et de susciter des critiques quant à l'application des conditions strictes de ce fait justificatif.

La solution retenue, semble-t-il aujourd'hui frappée de l'autorité de la chose jugée, est discutable tans dans la reconnaissance de l'existence d'un danger actuel et imminent (§I) que dans la vérification de l'existence d'un rapport de proportionnalité entre le mal atteint et l'infraction commise par nécessité (§II).

§1 LES SOUFFRANCES PHYSIQUES COMME DANGER JUSTIFIANT L'INFRACTION COMMISE

Pour que l'état de nécessité soit retenu, il convient de rapporter l'existence d'un danger auquel était confronté le prévenu (A), la Cour l'estimant caractérisé en l'espèce (B).

A. L'EXISTENCE D'UN DANGER IMMINENT

Le danger est nécessaire comme condition d'application de l'article 122-7 du Code pénal. La conception ayant présidé à l'admission légale de l'état de nécessité consiste à admettre que confronter à un mal imminent menaçant sa santé physique ou morale, ses droits ou ses intérêts, une personne se trouve parfois contrainte de commettre une infraction et ce afin d'obtenir la sauvegarde de son intégrité.

L'agent est, contrairement à la contrainte physique ou morale, confronté à un dilemme : ou bien accepter de subir le mal, ou bien le refuser en commettant volontairement une infraction.

L'admission d'un tel fait justificatif a pour effet de faire disparaître le préalable légal de l'incrimination. L'infraction commise se trouve ainsi justifiée et l'incrimination pénale du fait litigieux est paralysée par l'autorisation expresse de la loi (art. 122-7 C. pén.).

En l'espèce, le prévenu soutient la disparition de l'incrimination d'infraction à la législation sur les stupéfiants par l'état de nécessité dans lequel il se trouvait de par des douleurs insupportables subies par sa maladie.

Néanmoins pour que les dispositions de ce fait justificatif reçoivent application, nécessité est faite que le mal dont il souffre soit reconnu par le juge répressif comme un danger imminent qui a contraint le prévenu à commettre l'acte de sauvegarde puni par la loi. Seul un tel danger le menaçant dans son intégrité, au sens large, est de nature à justifier l'atteinte à un intérêt inférieur (la loi).

C'est le raisonnement que validera la Cour d'appel.

B. L'EXISTENCE D'UN DANGER ACTUEL CONSACRÉ PAR LA COUR

La Cour de cassation affirme de manière constante l'obligation de démontrer l'existence d'un danger actuel et imminent auquel était confronté l'agent et que seule la commission de l'infraction a permis d'éviter.

Dans un arrêt en date du 19 novembre 2002, la chambre criminelle a dénié l'existence d'un tel danger à propos de risques, seulement hypothétiques, sur la santé des prévenus résultant de plantes génétiquement modifiées que ceux-ci avaient ravagées.

Aussi en l'espèce, pouvait-on considérer que Monsieur M. était confronté à un danger actuel et imminent ?

La Cour de Papeete l'affirme clairement en relevant qu'il était « menacé par un danger actuel ». Néanmoins, si l'existence de souffrances est patente, son imminence laisse quant à elle dans la perplexité.

Tout au contraire l'activité de culture de plants interdits s'inscrit dans la durée et laisse ainsi à penser que le mal dont est atteint le prévenu est continu.

La permanence, la continuité sont-elles compatibles avec l'état de nécessité ?

L'on peut raisonnablement en douter. En effet, admettre qu'un danger continu puisse suffire à l'exigence de l'article 122-7 du Code pénal conduirait à admettre la possibilité pour un prévenu de se trouver constamment en infraction tant que le danger continu et n'a pas cessé.

Ceci semble être le cas en ce qui concerne Monsieur M. qui de par cette décision va pouvoir bénéficier d'une immunité quasi permanente sur le fondement du mal qu'il invoque.

Il s'agit ainsi d'une interprétation particulièrement souple de la condition de danger que la Cour a retenu. De surcroît, l'appréciation des autres conditions de l'état de nécessité est encore plus contestable.

§II UNE PROPORTIONNALITÉ CONTESTABLE ENTRE L'ATTEINTE SUBIE ET L'INFRACTION NÉCESSAIRE

En admettant la nécessité de l'acte de sauvegarde posée par le prévenu (A), la Cour d'appel se livre à une interprétation « élastique » de l'exigence de proportionnalité (B).

A. LA NÉCESSITÉ DISCUTABLE DE L'ACTE DE SAUVEGARDE

La commission de l'infraction, à savoir la détention et l'usage de stupéfiants, doit de principe être le seul moyen d'échapper au mal imminent affectant le prévenu. Doit toujours être privilégié le moyen légal et le moyen *contra legem* doit être l'ultime recours.

Si en matière de légitime défense, il n'est pas exigé que l'acte de défense ait été le seul nécessaire pour sauvegarder l'intérêt en présence menacé (sauf pour les biens), la stricte nécessité est en revanche exigée pour l'application de l'article 122-7 du Code pénal.

En l'occurrence, on peut sérieusement douter de cette stricte nécessité. En effet, le prévenu n'aurait-il pas pu avoir recours à d'autres médicaments moins traumatisants pour ses reins ? Pour le moins il aurait pu avoir recours à une prescription médicale lui permettant d'avoir accès aux substances contenues dans le cannabis et ce en toute légalité.

L'interrogation quant à cette interprétation extrêmement extensive est récurrente. La Cour se suffit d'une sorte de commune renommée du cannabis pour le traitement des douleurs sans aucun argument réellement scientifique pour suivre le raisonnement du prévenu. La Cour devrait encore procéder à un contrôle de proportionnalité entre les intérêts en présence.

B. L'INTERPRÉTATION SOUPLE DU CONTRÔLE DE PROPORTIONNALITÉ

Pour que l'état de nécessité soit retenu, il faut en principe que l'intérêt sacrifié soit toujours inférieur à l'intérêt sauvegardé. C'est ce que reconnaît la Cour en indiquant que le produit employé « n'était pas disproportionné par rapport à la gravité de la menace ».

Il s'agit donc clairement de faire prévaloir la santé de la personne sur l'objectif poursuivi qu'est la violation de la loi.

D'ailleurs la Cour relève que la culture ainsi réalisée l'était pour le seul usage personnel du prévenu et n'avait pas fait l'objet d'une activité commerciale.

Il reste que la Cour d'appel a pris de nombreuses libertés avec l'appréciation des conditions exigées par l'article 122-7 du Code pénal et s'inscrit en opposition avec la tendance affichée des autorités publiques au durcissement de la répression en la matière.

Cette décision semble ainsi audacieuse mais paraît s'inscrire dans un certain contexte local qui ne paraît pas pouvoir être généralisé.

Luc BARBIER
Magistrat chargé de cours à l'IEJ d'Angers

Annale corrigée de l'IEJ de Bordeaux IV

SUJET

Les étudiants devront résoudre le cas pratique suivant :

Monsieur X est le P-DG d'une SA florissante, spécialisée dans la vente et la réparation de véhicules. Il a embauché son épouse pour un travail de secrétariat à mi-temps, par contrat signé le 1er septembre 2002, porté dans les comptes annuels de la société présentés le 30 décembre 2002. Mais Madame X n'est jamais venue travailler. Elle a, en revanche, avec l'aval de son mari, toujours perçu les salaires versés par la société, environ 1 500 euros nets par mois. Elle a fini par donner sa démission, qui a pris effet le 1er mars 2003.

Par ailleurs, Monsieur X a, quelques temps plus tard, chargé l'un de ses employés, Y, d'aller récupérer un véhicule dans un garage tenu par un de ses amis, à une centaine de kilomètres de là, en vue d'une livraison à un client (pratique courante dans le milieu automobile). Il lui indique précisément ce qu'il doit faire ainsi que le modèle et les caractéristiques de la voiture avec laquelle il doit revenir. Or, le véhicule a été volé peut de temps auparavant : Monsieur X le sait (même s'il n'a pas « commandé » la voiture), mais pas Y. Deux jours plus tard, sur le chemin du retour, Y est arrêté par la police : c'est là qu'il apprend avec stupeur qu'il conduit une voiture volée. L'enquête, aussitôt ouverte, met rapidement au jour la situation de l'entreprise.

Vous indiquerez :

– la ou les qualifications à retenir ;

– les peines encourues par leur auteur ;

– le point de départ du délai de prescription de l'action publique de chaque infraction commise.

NB : Monsieur X a déjà été condamné, pour abus des biens sociaux, à un mois d'emprisonnement assorti du sursis simple, par un tribunal correctionnel, le 12 juin 1997.

PS : vous ne traiterez pas de la situation du garagiste, ami de Monsieur X.

CORRIGÉ

§1 QUALIFICATIONS À RETENIR

A. MONSIEUR X A EMBAUCHÉ SA FEMME QUI N'EST JAMAIS VENUE TRAVAILLER

Abus de biens sociaux : article L. 242-6 3° et 4° du Code de commerce : « ... »

Conditions préalables :

– président, administrateurs ou directeurs généraux : X est P-DG

– d'une SA : la société X en est une.

1. Élément matériel

a) Objet de l'abus

Biens (tous les biens : fonds, créances...) ou crédit (capacité d'emprunt...) ; pouvoir (droits accordés par la loi ou les statuts aux dirigeants sociaux) ou voix (droits de vote).

Ici, X fait embaucher sa femme et la rétribue alors qu'elle ne vient pas travailler : Abus des biens : il utilise l'argent de la société. Abus de pouvoir ? Le fait de faire signer un contrat de travail à quelqu'un ne caractérise pas un abus ; l'abus réside uniquement dans le fait de la payer avec de l'argent de la société alors qu'elle ne travaille pas. Seulement abus des biens.

b) Usage abusif

Acte de disposition, détournement ou un simple acte d'administration. L'usage est abusif quand il est contraire à l'intérêt social.

X a fait rétribuer sa femme par la société, alors que celle-ci ne fournit aucun travail en contrepartie. A fait donc dépenser de l'argent à sa société pour rien. C'est un acte contraire à l'intérêt de la société (elle s'appauvrit). Élément matériel présent.

2. Élément moral

C'est une infraction intentionnelle. L'agent doit être de « mauvaise foi » : il doit savoir que l'acte est contraire à l'intérêt social (a) et il doit avoir agi à des fins personnelles ou pour favoriser une autre société (b).

a) Un usage contraire à l'intérêt social

L'agent doit avoir conscience qu'il a agi en contradiction avec les intérêts de la société.

En sa qualité de chef d'entreprise (déjà condamné pour ABS), X ne peut ignorer qu'il fait dépenser de l'argent pour rien à sa société.

b) Un usage à des fins personnelles

L'agent doit avoir agi à des fins personnelles ou pour favoriser une société dans laquelle il est intéressé directement ou indirectement.

Ici, X a agi à des fins personnelles, même si sa femme est la première intéressée. Intérêt indirect, celui de sa femme, mais il en profite aussi.

B. MADAME X A PERÇU LES SALAIRES SANS AVOIR JAMAIS TRAVAILLÉ

Recel de choses consécutif à l'ABS de son mari ?

Art. 321-1 du Code pénal : « ... »

1. Élément matériel

a) Objet du recel

– Une chose, quelle qu'elle soit. Peu importe que la chose soit remplacée dans le patrimoine du receleur ou de l'auteur de l'infraction d'origine.

Ici, le recel porte sur l'argent perçu par Mme X : chose corporelle et mobilière. Peu importe que Mme X ait dépensé cet argent et que celui-ci ait été remplacé par d'autres choses.

– Une chose, provenant d'un crime ou d'un délit. Peu importe lequel. Peu importe que l'auteur principal n'ait pas été condamné. C'est l'infraction qui compte : elle doit réellement avoir été commise (par quelqu'un d'autre que le receleur).

Ici, la perception des fonds provient du délit d'ABS commis par son mari.

b) Acte de recel

L'article 321-1 du Code pénal retient deux types d'actes : dissimuler, détenir, transmettre une chose ou faire office d'intermédiaire pour la transmettre (al. 1er) ; bénéficier, par tout moyen, du produit d'un crime ou d'un délit (al. 2nd).

Ici, bénéficier du produit d'un délit. Mme X profite de l'argent qui lui est indûment versé par la société. Or, cet argent provient de l'ABS de son mari.

2. Élément moral

Infraction intentionnelle : mauvaise foi à caractériser (a) + moment d'apparition de la mauvaise foi (b).

a) Mauvaise foi

L'agent doit savoir que la chose provient d'un crime ou d'un délit. La preuve de la mauvaise foi peut s'induire des circonstances de l'espèce.

Ici, Mme X sait qu'elle a signé un contrat de travail. Or, elle perçoit des salaires sans jamais aller travailler. Elle ne peut donc pas ne pas savoir que la situation est anormale, qu'elle perçoit de l'argent qui ne lui est pas dû, uniquement grâce à son mari. Elle a forcément conscience de l'origine illicite des sommes versées.

b) Moment d'apparition de la mauvaise foi

Elle doit apparaître dès le départ, même si le recel est une infraction continue.

Ici : Mme X n'est jamais venue travailler.

C. Y CONDUISAIT UNE VOITURE VOLÉE

On sait, par hypothèse, que la voiture provient d'un vol, mais on ne sait pas par qui il a été commis. Recel de chose consécutif à un vol ? Détenir ou faire office d'intermédiaire afin de transmettre une chose provenant d'un vol ?

Non, il n'était pas au courant que le véhicule était volé. Il n'a donc pas agi de mauvaise foi. Pas d'intention coupable. Pas d'infraction.

D. X A CHARGÉ Y DE RÉCUPÉRER LA VOITURE QU'IL SAVAIT VOLÉE

Complicité de recel de chose ? Art. 121-7, CP.

NB : pas de recel consécutif au vol car X n'a jamais rien détenu (Y arrêté avant), rien transmis, n'a pas fait office d'intermédiaire (client non inclus dans l'opération illicite). Impossible de lui reprocher un quelconque acte matériel constitutif d'un recel. Il n'existe pas de tentative de recel.

1. Élément légal

Complicité de crime ou de délit par tous les moyens de complicité prévus par l'article 121-7 du Code pénal et complicité de contravention que par provocation ou instruction.

Ici, complicité de recel de chose, donc de délit : tous les moyens de complicité sont envisageables.

2. Élément matériel

a) Un usage principal punissable

– acte incriminé : ici, art. 321-1, CP.

– acte toujours punissable (pas d'amnistie, d'abrogation...) : c'est le cas ici.

– peu importe que l'auteur ne soit pas punissable, pour une raison de droit ou de fait, notamment quand l'élément moral fait défaut. Peu importe que l'élément moral soit absent en raison d'une cause de non-imputabilité ou de non-culpabilité.

Ici, défaut d'intention coupable de « l'auteur principal », Y.

Crim., 8 janvier 2003 : la relaxe de l'auteur principal pour défaut d'intention coupable n'exclut pas la possibilité de recherche la culpabilité du complice. Solution qui n'est pas nouvelle.

b) Un acte de complicité

Caractéristiques :

– acte positif : oui, il lui explique ce qu'il doit faire.

– acte causal : oui, c'est parce qu'il lui fournit des explications précises qu'il revient avec le véhicule volé.

– acte antérieur ou concomitant : oui, antérieur (avant le départ d'Y).

Cas de complicité :

– *provocation à l'acte principal* par l'un des moyens énumérés à l'article 121-7 du Code pénal (don, promesse, menace, ordre, abus d'autorité ou de pouvoir).

Oui : il lui donne l'ordre d'aller chercher la voiture.

– *aide ou assistance* à la consommation de l'acte illicite. Matérielle ou morale.

Peut être retenue, dans la mesure où il lui fournit certainement les moyens de se rendre sur les lieux. Mais pas précisé.

– *instructions :* il n'est pas nécessaire que l'un des moyens de l'article 121-7 ait été utilisé ; les instructions doivent être précises.

X explique précisément à Y ce qu'il doit faire et lui indique le modèle et les caractéristiques de la voiture. Instructions précises et utilisables.

3. Élément moral

Infraction intentionnelle : le complice doit avoir eu l'intention de s'associer à l'acte principal.

Ici, X sait que la voiture a été volée et il demande quand même à Y d'aller la chercher.

Élément moral présent. Infraction constituée.

E. RESPONSABILITÉ DE LA SA

a) Pas pour l'ABS (pas de texte...)

b) Pour le recel de chose ?

Conditions d'engagement de la responsabilité des personnes morales :

– toutes les personnes morales peuvent être déclarées responsables, sauf l'État.

Ici : SA (personne morale de droit privé ayant une activité économique).

– principe de spécialité : le texte d'incrimination doit expressément prévoir la responsabilité de la personne morale.

Ici : envisagée par l'article 321-12 du Code pénal.

– infraction commise par un organe ou un représentant.

Ici, infraction commise par un salarié. Pas de délégation : aller chercher une voiture dans un autre garage est une pratique relevant des attributions normales d'un salarié (précisé dans le texte). Y ne peut engager la responsabilité de la SA.

Conditions non remplies. La SA n'est pas responsable du recel.

c) Pour l'ordre donné par X ?

Mêmes conditions à étudier :

– principe de spécialité : oui, l'article 121-2 du Code pénal prévoit que les personnes morales sont responsables pénalement selon les distinctions des articles 121-4 à 121-7 du Code pénal, ce qui inclut la complicité. Elles peuvent donc être complices d'une infraction.

– infraction commise par son organe ou son représentant : ordre et instructions donnés par X, P-DG de la SA.

– infraction commise pour le compte de la SA : en vue de vendre une voiture (entre dans l'objet social de la société).

Conditions remplies : la SA est complice, au même titre que X, en raison de l'ordre et des instructions donnés par X à son salarié.

§II PÉNALITÉS

A. MONSIEUR X

– ABS : 5 ans d'emprisonnement + 375 000 euros d'amende.

– complicité de recel de chose : mêmes peines que le receleur : 5 ans d'emprisonnement + 375 000 euros d'amende.

Question : X est-il en état de récidive ?

La récidive est constituée de deux termes.

– *1er terme :* une condamnation pénale irrévocable. Pas de 1er terme si la condamnation a disparu au moment de la commission de la seconde infraction, par exemple, dans le cas d'un sursis non révoqué.

Ici, condamnation par jugement d'un tribunal correctionnel le 12 juin 1997.

La condamnation subie par X a-t-elle déjà disparu ? (on ne dit pas que le sursis a été révoqué). Art. 132-35, CP : « ... ». Pt de départ du délai : date à laquelle la décision accordant le sursis est devenue définitive. Crim., 12 décembre 1978. Délai d'appel de 10 jours, 2 mois pour le Procureur Général. La décision qui a condamné X est devenue définitive le 12 août 1997.

Donc, délai/sursis : 12 août 1997 + 5 ans = 12 août 2002. La condamnation est réputée non avenue depuis le 12 août 1997. Les infractions sont postérieures (contrat de travail signé en septembre, 1er salaire versé en octobre ; voiture volée ramenée par Y « quelques temps plus tard »). Pas de 1er terme de la récidive.

X n'est pas en état de récidive. Il encourt donc les peines précédemment énumérées pour chaque infraction.

Question : résolution du concours réel ?

– *unicité de poursuites :* outre les déclarations de culpabilité, on prononce toutes les peines de natures différentes. En présence de peines de même nature, on n'en prononce qu'une, dans la limite du maximum légal le plus élevé.

Ici, X encourt 5 ans d'emprisonnement et 375 000 euros d'amende.

– *pluralités de poursuites :* toutes les peines pourront avoir été prononcées contre X. Si des peines de natures différentes ont été prononcées contre lui, elles doivent toutes être exécutées. Si des peines de même nature ont été prononcées contre lui, il ne devra les exécuter que dans la limite du maximum légal le plus élevé.

Il devra exécuter, au maximum, 5 ans d'emprisonnement et payer 375 000 euros d'amende.

B. MADAME X

Elle encourt les peines du recel aggravé : 10 ans d'emprisonnement et 750 000 euros d'amende, car le recel a été commis pendant plusieurs mois, donc de façon habituelle : art. 321-2, CP (l'habitude commençant dès la deuxième fois).

C. LA SA

Elle encourt, portée au quintuple, la peine d'amende encourue par X pour complicité de recel : 375 000 × 5 = 1 875 000 euros d'amende.

§III DÉLAI DE PRESCRIPTION

A. ABS COMMIS PAR X

Délit instantané : normalement, 3 ans à compter du jour où il a été commis.

Mais, la jurisprudence a voulu lutter contre les risques de prescription de ce délit « occulte ». Crim., 10 août 1981 : jour où le délit est apparu et a pu être constaté dans des conditions permettant l'exercice de l'action publique + Crim., 27 juin 2001 : la prescription de l'action publique, court, sauf dissimulation, à compter de la présentation des comptes annuels par lesquels les dépenses litigieuses sont mises indûment à la charge de la société.

Mais, en plus, ici, il s'agit d'un contrat à exécution successive (contrat de travail → salaires perçus tous le mois). Crim., 28 mai 2003 : casse un arrêt de Besançon qui faisait partir le délai à compter de la conclusion du contrat : *« viole la loi la Cour d'appel qui énonce que le délit est une infraction instantanée constituée en tous ses éléments le jour où la société a conclu le contrat de travail litigieux et qu'elle n'a pas été réitérée à chaque perception indue de salaire ».*

Ici, il n'y a pas eu de dissimulation (Mme X a signé un contrat et celui-ci a été porté dans les comptes de la société).

En principe, le délai doit partir de la présentation des comptes annuels dans lesquels les dépenses litigieuses (salaires de Mme X) ont été mises à la charge de la SA. Il ne faut pas prendre en compte le jour de la signature du contrat. Les salaires ont été versés jusqu'en février 2003 (démission le 1er mars 2003) : le délai devrait partir du jour de la présentation des comptes 2003 (à venir). Mais, la solution est alors illogique puisque l'infraction a été découverte auparavant par l'enquête policière. Par conséquent, il faut retourner au principe premier dégagé, en 1981, par Crim. : le délai court à compter du jour où l'infraction a été constatée dans des conditions permettant l'exercice de l'action publique, donc du jour où l'enquête policière l'a mise au jour.

B. COMPLICITÉ DE RECEL DE CHOSE DE X ET DE LA SA

Point de départ du délai en matière de complicité : le jour où a été consommé l'acte principal et non celui où le complice a agi. Crim., 8 janvier 1991.

Ici, acte principal : recel de chose, délit continu. Il faut donc partir du jour où l'état délictueux a cessé : quand Y a été arrêté par la police. Le délai court pendant trois ans à compter de cette date.

C. RECEL DE CHOSES DE MME X

Le recel est un délit continu : le délai de trois ans court, normalement, du jour où l'état délictueux a cessé. Mais, en matière d'abus de biens sociaux, la jurisprudence a modifié le décompte pour tenir compte du caractère occulte de cette infraction. Le recel du produit d'un ABS ne peut se prescrire avant que l'infraction dont il procède soit apparue et ait pu être constatée dans des conditions permettant l'exercice de l'action publique. Crim., 6 février 1997. Crim., 27 octobre 1997.

Ici, le point de départ du délai de prescription de l'ABS de X a été fixé au jour de sa découverte par l'enquête policière. Le recel de Mme X commence donc à se prescrire à compter de cette même date.

Virginie PELTIER
Maître de conférences à l'Université de Bordeaux

Annale corrigée de l'IEJ de Nancy II

SUJET

Veuillez faire un commentaire global de ces arrêts sous l'angle des programmes de droit pénal général et de droit pénal spécial :

Cass. soc., 2 déc. 1998, *Fdida c/ Sté OCME France*

LA COUR – (...) Sur le premier moyen :

Vu l'article 1315 du Code civil ;

Attendu que le salarié peut produire en justice, pour assurer sa défense dans le procès qui l'oppose à son employeur, les documents de l'entreprise dont il a la connaissance à l'occasion de l'exercice de ses fonctions ;

Attendu que M. Fdida, salarié de la société OCME France depuis le 13 février 1984 et au sein de laquelle il occupait en dernier lieu les fonctions de directeur territorial des ventes, a été licencié pour faute grave le 28 janvier 1993 ; que le salarié, soutenant que son licenciement était en réalité motivé par l'embauche d'un salarié bénéficiant d'une rémunération moindre, a saisi la juridiction prud'homale ;

Attendu que, pour débouter le salarié de sa demande d'indemnité pour licenciement sans cause réelle et sérieuse, l'arrêt attaqué a écarté des débats deux documents qui auraient été frauduleusement soustraits à l'employeur par le salarié ;

Qu'en statuant ainsi, alors qu'il résultait de ses constatations que la lettre de la société Egor, ressources, carrières humaines et commerciales et le projet de budget de la société pour 1993 produits par le salarié contenaient des informations dont les membres du personnel pouvaient avoir normalement connaissance, la Cour d'appel a violé le texte susvisé.

Par ces motifs, et sans qu'il y ait lieu de statuer sur le second moyen :

Casse et annule, mais seulement en ses dispositions ayant débouté le salarié de sa demande d'indemnité pour licenciement sans cause réelle et sérieuse, l'arrêt rendu le 20 février 1996, entre les parties, par la Cour d'appel de Paris ; remet, en conséquence, quant à ce, la cause et les parties dans l'état où elles se trouvaient avant ledit arrêt et, pour être fait droit, les renvoie devant la Cour d'appel de Paris, autrement composée.

MM. Carnet, cons. f.f. prés., M. Le Roux-Cocheril, rapp., M. Kehrig, av. gén. ; SCP Delaporte et Briard, SCP Piwnica et Molinié, av.

Cass. crim., 16 mars 1999, *Sté des Ets Rabot*

LA COUR – (...) Vu l'article 311-1 du Code pénal ;

Attendu que toute appropriation de la chose appartenant à autrui, contre le gré de son propriétaire ou légitime détenteur, caractérise la soustraction frauduleuse constitutive de vol, quels que soient le mobile qui a inspiré son auteur et l'utilisation du bien appréhendé ;

Attendu qu'il résulte de l'arrêt attaqué que lorsqu'il a été mis fin à ses fonctions de directeur commercial, Marc Larrazet a reconnu avoir emporté divers documents commerciaux, administratifs et financiers des établissements Rabot et les avoir dissimulés à son domicile sous un vide sanitaire où ils ont été retrouvés sur ses indications au cours d'une perquisition ; qu'il a été poursuivi pour vol ;

Attendu que, pour relaxer le prévenu de ce chef, l'arrêt attaqué retient notamment qu'il ne s'agit que de copies ou de doubles d'originaux qui auraient pu lui être utiles dans l'hypothèse de mise en cause de sa gestion, et qu'il apparaît indéniable qu'ils ne lui auraient été d'aucune utilité pour concurrencer son ancien employeur dans le cadre d'une activité parallèle ; que les juges ajoutent qu'il n'est pas démontré qu'il y a eu de sa part une utilisation frauduleuse de ces documents ;

Mais attendu qu'en prononçant ainsi, la Cour d'appel a méconnu les textes susvisés et le principe ci-dessus rappelé ;

Que la cassation est, dès lors, encourue.

Par ces motifs :

Casse et annule, en toutes ses dispositions, l'arrêt de la Cour d'appel de Nouméa, en date du 26 août 1997, et pour qu'il soit à nouveau jugé conformément à la loi,

Renvoie la cause et les parties devant la Cour d'appel de Nouméa autrement composée, à ce désignée par délibération spéciale prise en chambre du conseil ; (...).

MM. Gomez, prés., Pinsseau, cons.-rapp., Géronimi, av. gén. ; SCP Guiguet, Bachellier et de la Varde, SCP Monod et Colin, av.

Cass. crim., 11 juin 2002, G. [arrêt n° 3295 F-P+F+I]

LA COUR – (...) Vu l'article 593 du Code de procédure pénale, ensemble le principe du respect des droits de la défense ;

Attendu que tout jugement ou arrêt doit comporter les motifs propres à justifier la décision et répondre aux chefs péremptoires des conclusions des parties ; que l'insuffisance ou la contradiction des motifs équivaut à leur absence ;

Attendu qu'il résulte de l'arrêt attaqué que G. G., journaliste, auteur de deux articles publiés dans l'hebdomadaire l'Express, intitulés « Tableaux, un héritier accuse » et « Fausses factures pour un château », a, devant la juridiction civile où l'avaient attrait les époux P., notamment pour diffamation publique, versé aux débats plusieurs copies de pièces ;

Attendu qu'à l'issue d'une information ouverte sur plainte de M. P., lequel soutenait que ces pièces étaient couvertes par le secret de l'instruction, G. G. a été renvoyé devant le tribunal correctionnel pour recel ;

Attendu que, pour infirmer, sur l'appel du Ministère public et de la partie civile, le jugement ayant décidé que la poursuite se heurtait à une fin de non-recevoir tirée du principe de valeur constitutionnelle que constitue l'exercice des droits de la défense, l'arrêt attaqué se borne à énoncer que le secret de l'instruction correspond à des restrictions nécessaires, dans une société démocratique, tant à la protection des droits d'autrui qu'à l'autorité et l'impartialité du pouvoir judiciaire, au sens de l'article 10, § 2 de la Convention EDH, et que le recel de pièces obtenues par ce délit échappe aux prévisions de l'article 41 de la loi du 29 juillet 1881 ;

Mais attendu qu'en statuant ainsi, sans rechercher si, en l'espèce, la production en justice des pièces litigieuses, objet des poursuites exercées contre l'intéressé, n'avait pas été rendue nécessaire par l'exercice des droits de la défense, la Cour d'appel n'a pas donné de base légale à sa décision ;

D'où il suit que la cassation est encourue de ce chef.

Par ces motifs, et sans qu'il y ait lieu d'examiner le second moyen proposé :

Casse et annule, en toutes ses dispositions, l'arrêt susvisé de la Cour d'appel de Paris, en date du 21 mai 2001, et pour qu'il soit à nouveau jugé, conformément à la loi ;

Renvoie la cause et les parties devant la Cour d'appel de Versailles, à ce désignée par délibération spéciale prise en chambre du conseil ;

(...)

M. Cotte, prés., Mme Karsenty, cons.-rapp., M. Di Guardia, av. gén. ; SCP Waquet, Farge et Hazan, av.

CORRIGÉ

En matière probatoire, la fin justifierait-elle les moyens ? La question de la loyauté des preuves est classiquement posée, notamment en procédure civile – au sens large – et en procédure pénale, mais c'est sous l'angle du droit pénal, spécial et général, que les trois arrêts présentés au commentaire apportent des réponses qui paraissent *a priori* en contradiction. Les droits de la défense, auxquels les avocats sont particulièrement attentifs, sont au cœur des trois affaires et leur prise en compte donne cohérence aux solutions retenues ou à retenir.

Les deux premières décisions concernent des salariés qui prétendaient se constituer une preuve à partir de documents appartenant à leur employeur. Le débat est placé sur le terrain du droit pénal spécial, spécifiquement sur la caractérisation du vol. Dans l'arrêt du 2 décembre 1998, la Chambre sociale de la Cour de cassation, pour autoriser la production en justice de ces documents, nie la soustraction frauduleuse. L'élément matériel serait défaillant. Dans la deuxième espèce, le salarié admet avoir emporté des documents de l'entreprise, mais comme le mobile est bon : préparer sa défense, et qu'il n'y a pas d'utilisation frauduleuse des documents, la Cour d'appel décide de le relaxer. C'est l'élément moral du vol qui est nié. Cette prise en compte du mobile ne peut qu'être censurée par la Chambre criminelle en son arrêt du 16 mars 1999. Une contradiction semble alors apparaître : pas de vol pour la Chambre sociale, vol pour la Chambre criminelle. Elle n'est cependant qu'apparente car liée à des justifications spécieuses, c'est-à-dire trompeuses sous leur apparence de vérité. Un réel point commun unit ces deux premiers arrêts : la négation de l'infraction par des arguments de droit pénal spécial conduit à l'impasse dans la recherche d'une justification de l'utilisation probatoire des documents soustraits (§ 1).

S'il y a vol, comment éventuellement justifier le salarié ? Il faut se placer dans une logique des faits justificatifs, au sens du droit pénal général. C'est ce que fait le troisième arrêt, celui de la Chambre criminelle en date du 11 juin 2002. En l'espèce, une infraction de recel est indubitablement caractérisée : un journaliste détient des pièces obtenues en violation du secret de l'instruction et s'en sert pour assurer sa défense civile. Mais selon la Cour de cassation il convient de rechercher si cette production en justice des pièces litigieuses « n'avait pas été rendue nécessaire par l'exercice des droits de la défense ». L'état de nécessité pourrait ainsi justifier l'usage des moyens irréguliers et en fixer les conditions et limites, tout en réglant les conflits entre différentes valeurs fondamentales : droits de la défense, propriété, secret (§ 2).

§1 L'IMPASSE DES JUSTIFICATIONS SPÉCIEUSES FONDÉES SUR LA NÉGATION DE L'EXISTENCE DE L'INFRACTION

Dans les deux premières décisions, c'est en déformant les éléments constitutifs du vol que certains cherchent à justifier le salarié. S'il n'est pas voleur, il a droit d'utiliser les documents de l'entreprise pour assurer ou préparer sa défense. Or, la Chambre sociale déforme l'élément matériel du vol en adoptant une analyse hétérodoxe de la matérialité du vol par confusion entre support et information (A). La Chambre criminelle ramène à une analyse orthodoxe de l'intention dans le vol, des juges du fond qui, par indulgence, s'étaient égarés dans une confusion avec le mobile (B).

A. L'ANALYSE HÉTÉRODOXE DE LA MATÉRIALITÉ DU VOL PAR CONFUSION ENTRE SUPPORT ET INFORMATION (SOC., 2 DÉC. 1998)

L'arrêt (*Bull. civ.* V, n° 535 ; *Rev. Jur. Soc.* 1999-26 n° 17 ; *JCP* 1999.II.10166, note Bouretz ; *D.* 1999.431 note Gaba ; *D.* 2000. Somm. 87, obs. Frossard) est assez peu explicite sur l'agissement commis par le salarié. Soit il a directement pris les originaux de deux documents de l'entreprise (une lettre et un projet de budget) : la soustraction est alors patente. Soit il en fournit des photocopies, mais pour la soustraction de photocopies et reproductions, la jurisprudence *Logabax* fait autorité : la maîtrise momentanée de documents appartenant à l'employeur suffit à en caractériser l'appréhension frauduleuse pendant le temps nécessaire à la reproduction car le salarié n'en a que la détention matérielle (Crim., 8 janv. 1979, *Bull. crim.* n° 13 ; *D.* 1979.509, note Corlay et IR. 185, obs. Roujou de Boubée ; *RSC* 1979.571, obs. Bouzat). Il y a donc bien eu soustraction et le but de produire ces reproductions dans une instance prud'homale ne change rien (v. Crim., 24 oct. 1990, *Bull. crim.* n° 355 ; Crim., 8 déc. 1998, *Bull. crim.* n° 336 ; *Dr. Pén.* 1999, comm. n° 68). On comprend que la Cour d'appel de Paris ait écarté des débats les deux documents frauduleusement soustraits.

Or la Chambre sociale casse au prétexte que « le salarié peut produire en justice, pour assurer sa défense dans le procès qui l'oppose à son employeur, les documents de l'entreprise dont il a connaissance à l'occasion de l'exercice de ses fonctions ». Certes, il est acquis aux débats que les deux documents « contenaient des informations dont les membres du personnel pouvaient avoir normalement connaissance ». Mais on ne peut confondre le support de l'information et le contenu, à savoir l'information elle-même et sa connaissance. On ne reprochait évidemment pas au salarié de faire état d'une information qu'il aurait soustraite car on sait qu'il n'y a jamais de vol possible sur une pure information, peu important d'ailleurs qu'elle soit connue de tous ou secrète.

Pour « sauver » le salarié, la Chambre sociale occulte le vol du support (effectivement caractérisé) en ne s'attachant qu'au contenu (les informations connues) et en laissant croire faussement que le vol n'existerait que sur des informations secrètes ou obtenues irrégulièrement, hors l'exercice des fonctions. Cette analyse mérite une ferme critique car elle est pénalement fausse et elle cause contradiction entre les deux Chambres.

B. L'ANALYSE ORTHODOXE DE L'INTENTION INDÉPENDANTE DU MOBILE OU DE L'UTILISATION ENVISAGÉE (CRIM., 16 MARS 1999)

Pénalement fausse est également l'analyse de la Cour d'appel de Nouméa, en son arrêt du 26 août 1997. Un directeur commercial reconnaît avoir emporté divers documents commerciaux, administratifs et financiers de son entreprise et les avoir dissimulés à son domicile sous un vide sanitaire où ils ont été retrouvés lors d'une perquisition.

Il est poursuivi pour vol. La Cour d'appel le relaxe en retenant notamment « qu'il ne s'agit que de copies ou de doubles d'originaux qui auraient pu lui être utiles dans l'hypothèse de mise en cause de sa gestion, et qu'il apparaît indéniable qu'ils ne lui auraient été d'aucune utilité pour concurrencer son ancien employeur dans le cadre d'une activité parallèle (...) et qu'il n'est pas démontré qu'il y a eu de sa part une utilisation frauduleuse de ces documents ».

Compte tenu d'une part, de l'indifférence du droit pénal français aux mobiles et d'autre part, de la définition constamment consacrée de l'intention dans le vol, – selon laquelle le vol suppose conscience de l'appartenance de la chose d'autrui et volonté de se comporter comme propriétaire contre le gré du propriétaire ou légitime détenteur –, la Chambre criminelle ne pouvait que censurer l'erreur commise par des juges d'appel trop indulgents. Elle casse en rappelant en chapeau le principe selon lequel « toute appropriation de la chose appartenant à autrui, contre le gré de son propriétaire ou légitime détenteur, caractérise la soustraction frauduleuse constitutive de vol, quels que soient le mobile qui a inspiré son auteur et l'utilisation du bien appréhendé » (sur cet arrêt du 16 mars 1999, *JCP* 1999.II.10166 précité ; *Gap. Pal.* 1999.1. chron. p. 88, obs. Doucet ; *D.* 2000. Somm. 120, obs. Segonds). Le vol est punissable même quand il est inspiré par un « bon mobile » (voler pour récupérer son dû, pour donner aux pauvres ou à son parti, voire, comme ici, se procurer un moyen de défense...) et indépendamment de l'utilisation frauduleuse ou non de la chose (V. spéc. les obs. Giudicelli-Delage in *RCS* 2001, p. 829).

À l'issue de l'analyse de ces deux arrêts, la contradiction est manifeste. La Chambre sociale privilégie les droits de la défense du salarié au détriment du respect de la propriété de l'employeur. Pour cela, sachant pertinemment qu'en matière civile, les moyens de preuve obtenus de façon illicite doivent être écartés des débats, elle en arrive à nier faussement et à masquer subtilement un vol pourtant bien réel. Dans d'autres circonstances, là aussi en faveur du salarié, elle n'hésite pas, à l'inverse, à exclure des preuves déloyalement obtenues par l'employeur : par caméra cachée (Soc., 20 nov. 1991) ou plus récemment, par filature (Soc., 26 nov. 2002 : « une filature organisée par l'employeur pour contrôler et surveiller l'activité d'un salarié constitue un moyen de preuve illicite dès lors qu'elle implique nécessairement une atteinte à la vie privée de ce dernier, insusceptible d'être justifiée, eu égard à son caractère disproportionné, par les intérêts légitimes de l'employeur »). La Chambre criminelle paraît alors bien dure, attachée à la défense de la propriété, au risque de mettre parfois le salarié dans la quasi impossibilité de produire une preuve. Mais sa solution est rigoureusement exacte : il y a vol et peu importe le mobile de défense en justice.

C'est sur un terrain autre que celui du droit pénal spécial qu'il faut se placer pour dépasser la contradiction.

§II LA POSSIBILITÉ D'UNE JUSTIFICATION ENCADRÉE PAR LA RÉFÉRENCE À L'ÉTAT DE NÉCESSITÉ

Puisqu'il y a infraction, et donc atteinte à une valeur juridiquement protégée, mais qu'il convient aussi d'assurer la protection d'autres valeurs, comme le respect des droits de la défense, constitutionnellement reconnus, seule la logique développée en droit pénal général, par la reconnaissance des faits justificatifs, permet de sortir de la contradiction. L'arrêt du 11 juin 2002 en indique la voie (A) dont il conviendra de chercher à préciser les conditions et limites (B).

A. LA PRODUCTION EN JUSTICE RENDUE NÉCESSAIRE PAR L'EXERCICE DES DROITS DE LA DÉFENSE (CRIM., 11 JUIN 2002)

La contradiction entre les arrêts (Soc., 1998 et Crim., 1999) a été vite et amplement soulignée par la doctrine (v. réf. préc.), à un point tel qu'elle a pu servir d'argument pour invoquer l'erreur de droit. Ainsi, la Cour d'appel de Paris (9 nov. 2000, *D.* 2001. Somm. 2345, obs. De Lamy ; *Dr. pén.* 2001, 57, obs. Véron ; et *RSC* 2001, p. 829, obs. préc.), par « un exercice de style qui se rapproche du grand écart » entre les solutions des deux chambres (G. Giudicelli-Delage, p. 831), a pu approuver la relaxe d'une salariée ayant photocopié à l'insu de son employeur, pour préparer sa défense, des documents dont elle avait la légitime possession dans le cadre de ses fonctions : le vol existe mais la Cour prend argument de l'exigence de la prévisibilité du droit (art. 6, CEDH) et applique l'article 122-3 du Code pénal : cette salariée ne peut pas être déclarée coupable du vol en raison de l'erreur sur le droit qu'elle n'était pas en mesure d'éviter. Cette solution ne résisterait vraisemblablement pas aux exigences posées par la Cour de cassation pour l'admission de l'erreur de droit. Aussi c'est une autre solution plus sûre qu'indique l'arrêt du 11 juin 2002 (*Bull. crim.* n° 132 ; *D.* 2002.IR, 2453 et obs. *JCP* 2003.II.10061, note Dreyer ; *Gaz. Pal.* 2002.2.1745, note Monnet ; *Dr. pén.* 2002, 135, obs. Véron ; *RSC* 2002.619, obs. Francillon et 881, obs. Renucci ; *adde* en confirmation Crim., 11 fév. 2003).

Dans une instance civile en diffamation, un journaliste avait produit pour sa défense des pièces dont les originaux figuraient dans un dossier d'instruction. Il est consécutivement poursuivi correctionnellement pour délit de recel (art. 321-1, C. pén.), délit dont on sait qu'il peut porter sur tout « produit d'un crime ou d'un délit ». Or en l'espèce, l'accès à la pièce originale ne pouvait avoir eu lieu que grâce à une infraction : une violation du secret de l'instruction ou du secret professionnel, voire un vol. Le recel est donc indiscutable. C'est hors la contestation de l'existence de l'infraction qu'il faut ici défendre le journaliste. Audacieusement, le tribunal correctionnel décida alors que la poursuite se heurtait à « une fin de non-recevoir tirée du principe de valeur constitutionnelle que constitue l'exercice des droits de la défense », créant ainsi judiciairement un obstacle constitutionnel à une poursuite. La Cour d'appel, fidèle aux textes, infirma en observant que ce délit de recel ne peut entrer dans les immunités prévues à l'article 41 de la loi du 29 juillet 1881 (v. spécialement l'alinéa 3 sur les écrits produits en justice) et que le secret de l'instruction emporte des restrictions nécessaires, dont le journaliste ne pouvait se dispenser. La chambre criminelle casse en reprochant à l'arrêt de n'avoir pas recherché si « la production en justice des pièces litigieuses, objet des poursuites exercées contre l'intéressé, n'avait pas été rendue nécessaire par l'exercice des droits de la défense », dont le principe du respect est rappelé en visa.

C'est ainsi l'état de nécessité qui peut justifier un comportement révélant objectivement une infraction à l'origine de la preuve produite. Le cadre est posé, mais il faut remplir les exigences de l'article 122-7 du Code pénal.

B. CONDITIONS ET LIMITES DE CET ÉTAT DE NÉCESSITÉ PROBATOIRE

Il convient d'abord de constater l'existence de la situation du « danger actuel ou imminent ». En l'espèce, le journaliste est attaqué en justice et la production des pièces est faite en défense. L'éventualité d'un procès ne devrait donc pas suffire. Ainsi dans l'arrêt du 16 mars 1999, le salarié n'évoquait que le risque d'un procès en responsabilité, ce qui fait plus croire à un prétexte qu'à une réelle utilité des documents dérobés. C'est le sens même de l'expression « droits de la défense » qui est ici déterminant : la jurisprudence française admet que le demandeur bénéficie des droits de la défense alors que la Cour européenne des droits de l'homme les réserve à l'accusé (v. M.-A. FRISON-ROCHE et T. GARÉ, *Les droits de la défense en matière pénale,* in Libertés et droits fondamentaux, Dalloz, 9e éd. 2003, p. 469 et s. spéc. p. 470). Concrètement, la solution peut parfois déjà dépendre de la réalité de cette menace du « danger judiciaire » (par ex. à propos de la violation du secret professionnel par le médecin attaqué en justice).

Il importe ensuite et surtout de vérifier que l'acte irrégulier commis est « nécessaire à la sauvegarde de la personne ou du bien, sauf s'il y a disproportion entre les moyens employés et la gravité de la menace ». Les enjeux du droit probatoire sont ici flagrants. Se procurer des preuves est déterminant, mais ne peut se faire par n'importe quel moyen car sont en jeu, la loyauté, l'intégrité physique et la dignité des personnes, la propriété, le respect des secrets, des domiciles... On ne saurait justifier ruses, artifices, provocations, prélèvements corporels imposés, hypnose, voire vols, menaces, extorsions de pièces sous prétexte qu'il faut obtenir la preuve d'infractions ou assurer les droits de la défense. Mais à l'inverse, en cas d'irrégularités ou de déloyautés, pouvant parfois aller jusqu'à l'infraction, la preuve contestée ne saurait être *ipso facto* écartée (v. Crim., 26 avril 1987 ; 11 fév. et 23 juill. 1992 ; 6 avr. 1993 et 6 avr. 1994, cités in GUINCHARD et BUISSON, *Procédure pénale,* 2e éd., 2002 Litec, n° 471, p. 475) et l'agent mérite d'être poursuivi, sauf état de nécessité caractérisé. Cet état de nécessité, en ce qu'il permet de mettre en balance les valeurs protégées et amène le juge à vérifier *in concreto* si telle atteinte déloyale voire infractionnelle était effectivement nécessaire et proportionnée au danger, offre le moyen d'expliquer la prise en compte de preuves irrégulièrement obtenues et l'impunité consécutive.

Cette considération de l'état de nécessité permet également d'éclairer les solutions admises par la jurisprudence à propos des ruses et provocations policières, des recours aux témoins anonymes, indicateurs ou agents infiltrés, du testing (Crim., 11 juin 2002, *Bull. crim.* n° 131)... la loi venant parfois valider certaines pratiques discutées (notamment sur les écoutes téléphoniques, sur les livraisons de stupéfiants surveillées ou contrôlées, ou plus récemment sur l'anonymat de témoins). La fin ne saurait à elle seule justifier les moyens, mais exceptionnellement la nécessité peut faire loi.

(Pour élargir aux aspects procéduraux, hors programme ici, voir sur la loyauté des preuves, les analyses faites dans les ouvrages de *Procédure pénale,* notamment GUINCHARD et BUISSON, préc. n°s 468 à 472 ; CONTE et MAISTRE DU CHAMBON, 4e éd. 2002, Armand Colin, pp. 40 à 44 ; MERLE et VITU, Tome 2, 5e éd. Cujas, n°s 152 à 164 ; BOULOC, 18e éd. 2001, Précis Dalloz, nos 144 et s. ; PRADEL, 11e éd. Cujas, n°s 396 à 452 ; RASSAT, *Manuel de procédure pénale,* PUF 2002, n° 141).

Jean-François SEUVIC
Professeur à la Faculté de droit de Nancy II, Directeur de l'IEJ

Annale corrigée de l'IEJ de Paris II

SUJET

Les étudiants devront résoudre les cas pratiques suivants :

Cas n° 1. En juin 2003, Adrien Thémis alors âgé de 17 ans a été verbalisé par un agent assermenté de la SNCF après avoir circulé dans un train sans titre de transport valable. À cette occasion, Adrien a déclaré intentionnellement à l'agent verbalisateur une adresse fantaisiste afin de ne pas être poursuivi pour « fraude d'habitude », délit institué par la loi du 15 novembre 2001 (art. 24-1 de la loi du 15 juillet 1845 sur les chemins de fer). De retour à son domicile, Adrien fait part de ce mensonge à son père qui exerce la profession d'avocat. Ce dernier le met alors en garde en lui précisant qu'il risque malgré tout d'être poursuivi pour une autre infraction instituée par la loi « Sarkosy » du 18 mars 2003 et punie de 3 000 euros d'amende (art. 23, loi du 15 juillet 1845). Quelle est la nature d'une telle infraction et devant quelle juridiction de jugement Adrien risque-t-il d'être renvoyé ?

Cas n° 2. Institué par une loi du 15 novembre 2001, le délit de fraude d'habitude est caractérisé dès lors que la personne concernée a fait l'objet, sur une période inférieure ou égale à douze mois, de plus de dix contraventions pour avoir voyagé sans titre de transport ou avec un titre de transport irrégulier. Verbalisé dix fois au cours de l'été 2001, puis deux autres fois en décembre de la même année, Monsieur Thémis peut-il être poursuivi sur le fondement de ce délit. Dans l'affirmative, Monsieur Thémis pourrait-il invoquer au soutien de sa défense les dispositions de la dernière loi d'amnistie ? Pourrait-il par ailleurs se prévaloir de l'insuffisance de ses ressources et des raisons profondes (la recherche d'un emploi) qui, selon lui, justifient pleinement la fraude ?

Cas n° 3. En raison de son prestige professionnel et de la confiance accordée par le Gouvernement, le frère de Madame Thémis a été nommé il y a quelques mois au poste délicat de préfet de Corse. Chargé de la restauration de l'ordre et de la légalité dans une période particulièrement troublée, Jean Thémis s'est rapidement entouré de collaborateurs expérimentés et déterminés comme Filou, son directeur de cabinet et Barbouze, commandant de la légion de gendarmerie de Corse. Bien disposé à mettre fin à l'exploitation des paillotes sur le domaine public maritime, le Préfet Thémis s'est d'abord tourné vers le Génie militaire en charge des opérations de destruction des installations déclarées illégales. Mais, toutes les mises en demeure et les destructions régulières prenaient du temps et les possibilités d'intervention du Génie militaire n'étaient pas sans limites. Exaspéré par ces violations permanentes de l'État de droit, le Préfet Thémis a alors eu l'idée de monter un coup tordu. Un soir, il convoqua ses proches collaborateurs, leur révéla ses projets consistant à mener des actions musclées et clandestines à l'encontre des paillotiers indélicats et leur donna des instructions précises en ce sens.

La première opération envisagée avait pour cible le très médiatique « Nanard », propriétaire d'un restaurant de plage dans la baie d'Ajaccio. Dans la nuit du 19 au 20 août 2003, Barbouze et deux officiers subalternes au visage cagoulé se sont introduits par effraction au domicile de Nanard pendant que Filou restait en position de surveillance à l'extérieur pour observer les allées et venues. À peine les trois hommes armés de matraques et de gourdins avaient-ils commencé à donner une sérieuse leçon à Nanard que son épouse, réveillée par les cris de douleur de son mari, les surprit. Sous l'effet de la panique, elle s'empara alors d'un fusil de chasse et tira dans la direction des trois intrus, atteignant l'un d'eux en plein cœur. Informé par radio du déroulement des événements, le Préfet intima l'ordre de liquider la femme de « Nanard » avant de se replier dans le maquis. Considérant l'ordre excessif par rapport aux instructions initiales, Barbouze et l'officier survivant placé sous son commandement ont alors pris la fuite par la mer. Précisez la responsabilité pénale de chacun des protagonistes ainsi que les moyens de défense susceptibles d'être invoqués.

CORRIGÉ

Cas n° 1. Ce cas pratique renvoie à la question fondamentale de la classification des infractions. En droit pénal français, les infractions peuvent être classées selon leur nature (politique ou de droit commun), selon leurs modalités d'exécution (formelle, matérielle, continue, instantanée). Toutefois, la *summa divisio* consiste à classer les infractions selon leur gravité. C'est d'ailleurs le sens de l'article 111-1 du Code pénal. En règle générale, la détermination de la nature criminelle, correctionnelle ou contraventionnelle d'une infraction ne pose pas de difficultés particulières. En effet, aujourd'hui comme hier, cette question se résout en scrutant les peines principales encourues par les personnes physiques. Sont ainsi des crimes les infractions punies de réclusion ou de détention criminelle, perpétuelle ou à temps (art. 131-1, C. pén.). Sont des délits les infractions punies d'emprisonnement (jusqu'à dix ans) et/ou d'amende dès lors que son taux est supérieur ou égal à 3 750 euros (art. 381, C. pr. pén.). Relèvent enfin de la catégorie des contraventions les infractions punies d'amende dont le montant maximal peut s'élever à 3 000 euros (art. 131-13, C. pén.). Eu égard à ce qui précède, une chose est sûre : l'infraction commise par Adrien n'est assurément pas de nature criminelle. Pour le surplus, il est permis d'hésiter entre la catégorie des délits et celle des contraventions. ***Certains arguments plaident en faveur de la qualification délictuelle de l'infraction*** : en premier lieu, l'énoncé du cas pratique précise que l'infraction de fausse déclaration d'adresse ou d'identité est issue de la loi « Sarkosy » du 18 mars 2003.

Or, il résulte de l'article 34 de la Constitution du 4 octobre 1958 que la loi est compétente pour « déterminer les crimes et délits et les peines qui leur sont applicables ». S'il s'était agi de créer une nouvelle contravention, le Gouvernement aurait été en principe seul compétent (v. également l'art. 111-2, C. pén.). En second lieu, une amende de 3 000 euros ne s'applique en principe qu'aux seules contraventions de cinquième classe commises en état de récidive. Or, de récidive, il n'est point question dans l'affaire qui nous est soumise. ***Malgré ces arguments, la qualification contraventionnelle de l'in-***

fraction nous paraît devoir l'emporter. Le premier argument est d'ordre textuel : il résulte expressément de l'article 381 du Code de procédure pénale que seules peuvent être qualifiées de délits les infractions punies d'une peine d'emprisonnement ou d'amende supérieure ou égale à 3 750 euros, ce qui n'est pas le cas ici. En second lieu, il n'est pas rare que le législateur empiète sur le pouvoir réglementaire en définissant de nouvelles incriminations punies de peines contraventionnelles (v. notamment la contravention d'organisation sans déclaration de « rave-party » inscrite dans la loi du 15 novembre 2001 sur la sécurité quotidienne). À chaque fois qu'il est appelé à se prononcer sur la validité de telles incriminations (v. entres autres, déc. n° 143 DC du 30 juillet 1982) le Conseil constitutionnel refuse de les annuler quand bien même elles reflètent un empiétement manifeste sur la compétence de l'exécutif (dont la seule ressource est alors de recourir à la procédure de l'article 37 al. 2 de la Constitution). En troisième lieu, si la peine de 3 000 euros n'est en principe applicable qu'aux seules contraventions de cinquième classe commises en état de récidive, cette disposition de valeur législative peut toujours être écartée par une loi spéciale. C'est en effet à la loi, et non au règlement, qu'il appartient de définir les peines encourues en matière contraventionnelle (art. 111-2 al. 2, C. pén.) En quatrième lieu, lorsque l'interprétation d'un texte répressif prête à discussion, il est de principe que le doute doit profiter à la personne poursuivie dès lors que la volonté déclarée ou présumée du législateur *(ratio legis)* reste obscure.

Dans cette perspective, l'on peut considérer que des poursuites contraventionnelles sont préférables – du point de vue du délinquant – à des poursuites correctionnelles. Enfin, qu'il nous soit permis de signaler que les rédacteurs de la table NATINF (Nature d'infractions), mise à la disposition des juridictions répressives, ont explicitement rangé l'infraction de fausse déclaration d'identité ou d'adresse parmi les contraventions de police de la cinquième classe.

Une fois la qualification de l'infraction précisée, il est à présent possible de déterminer la juridiction compétente pour juger Adrien. En raison de son âge au moment des faits (17 ans), Adrien ne sera pas déféré à une juridiction pénale de droit commun (en l'occurrence le tribunal de police). Il sera justiciable ou bien d'un juge des enfants ou bien d'un tribunal pour enfants (art. 1er, 20-1 et 21 de l'ordonnance n° 45-174 du 2 février 1945). La nouvelle juridiction de proximité n'a pas lieu d'être évoquée dans la mesure où sa compétence est limitée, s'agissant des mineurs délinquants, aux seules contraventions des quatre premières classes (art. 21, ord. du 2 février 1945 dans sa rédaction issue de la loi du 9 septembre 2002).

Cas n° 2. Comme l'exercice précédent, ce cas pratique se rapporte au programme de droit pénal général à travers l'un des intérêts de la classification des infractions. À cette première question s'en ajoutent d'autres relatives à l'application de la loi pénale dans le temps ainsi qu'aux causes d'irresponsabilité (amnistie, état de nécessité). Autant de questions étroitement liées qu'il convient de scruter tour à tour.

La première difficulté consiste à savoir si l'on peut retenir les contraventions commises avant la date d'entrée en vigueur de la loi du 15 novembre 2001 pour caractériser le délit de fraude d'habitude institué par cette même loi. Instinctivement, on est tenté de répondre négativement à cette première question. En effet, selon les règles gouvernant l'application de la loi pénale dans le temps (art. 112-1 et s., C. pén.), une loi qui crée une nouvelle incrimination ne s'applique qu'aux infractions pénales commises après son entrée en vigueur conformément au principe constitutionnel de la non-rétroactivité des lois pénales plus sévères. La mise en œuvre de ce principe ne soulève aucune difficulté en présence d'infractions instantanées (vol, meurtre), qui se consomment en un trait de temps. En revanche, il en va différemment s'agissant des infractions d'habitude dont la réalisation s'étale dans le temps. Pour réprimer une infraction d'habitude, faut-il impérativement que la répétition d'actes identiques soit postérieure à l'entrée en vigueur de la loi nouvelle ? Une application « intégriste » du principe de légalité postule une telle solution. Pourtant, de longue date, la jurisprudence décide qu'il suffit qu'un acte d'habitude ait été commis après l'entrée en vigueur de la loi nouvelle pour que celle-ci trouve à s'appliquer (en ce sens, Crim., 23 décembre 1853, *S.* 1859, 1, 405). Souvent contestée par la doctrine, cette solution jurisprudentielle est régulièrement confirmée par les tribunaux (v. en dernier lieu à propos du délit de harcèlement moral institué par la loi du 17 janvier 2002, TGI Paris, 31e ch. Corr., 25 octobre 2002, *JCP* 2003, II, 1031 n. C. Duvert). Dans le cadre d'une infraction d'habitude, les juridictions pénales sont donc libres d'examiner les faits antérieurs à la loi nouvelle présentant un caractère indissociable sans faire échec au principe de non-rétroactivité des lois (solution reprise dans la circulaire Crim., 02.10.E8 du 25 avril 2002 portant présentation des dispositions de procédure pénale immédiatement applicables de la loi du 15 novembre 2001 relative à la sécurité quotidienne). Il s'ensuit que le délit de fraude d'habitude est constitué et peut être poursuivi dans la mesure où la prescription de l'action publique n'est pas acquise (3 ans à compter de décembre 2001).

Dans l'hypothèse où des poursuites pénales seraient engagées, Monsieur Thémis pourrait-il se prévaloir des dispositions de la loi d'amnistie du 6 août 2002 ? Une lecture rapide et superficielle de cette loi pourrait le laisser penser. En effet, il ressort des articles 1er et 2 que les contraventions de police commises avant le 17 mai 2002 sont amnistiées de plein droit. Or, en l'absence de contraventions punissables, la fraude d'habitude doit logiquement disparaître. Pourtant, cette amnistie « par ricochet » est expressément écartée par les dispositions de l'article 19 de la loi du 6 août 2002 selon lesquelles « l'amnistie des contraventions de défaut de titre de transport est sans effet sur l'application de l'article 24-1 de la loi du 15 juillet 1845 sur la police des chemins de fer réprimant le délit de défaut habituel de titre de transport ».

L'amnistie de plein droit ne pouvant jouer, qu'en est-il de l'amnistie en raison du *quantum* ou de la nature de la peine (art. 5 à 8 de la loi) ? Là encore, selon la peine prononcée, l'amnistie du délit de fraude d'habitude semble possible. Mais, c'est oublier qu'il existe dans toute loi portant amnistie un chapitre relatif aux infractions pour lesquelles le pardon du législateur est exclu. Or, l'article 14-35° de la loi du 6 août 2002 exclut du bénéfice de l'amnistie les délits de défaut habituel de titre de transport prévus par la loi du 15 juillet 1845 sur la police des chemins de fer. Autant dire que la loi d'amnistie est sans effet sur la situation pénale de Monsieur Thémis.

À défaut de pouvoir se prévaloir du pardon du législateur, Monsieur Thémis peut-il invoquer au soutien de sa défense les circonstances particulières dans lesquelles l'infraction a été commise ? À cet égard, il convient d'abord de rappeler que les mobiles de l'auteur sont en principe indifférents à la répression. Qu'ils soient nobles ou crapuleux, les mobiles sont en principe sans effet sur la responsabilité du délinquant même s'ils peuvent conduire le juge à modérer la sanction qu'il prononce. En mettant en avant sa situation précaire (insuffisance de ressources) et l'utilité de son infraction (recherche d'un emploi), Monsieur Thémis entend peut-être invoquer la cause d'irresponsabilité pénale tendant à l'état de nécessité ? Autrefois jurisprudentielle, cette cause d'irresponsabilité pénale est aujourd'hui inscrite dans le Code pénal à l'article 122-7. Elle correspond à la situation de l'agent qui commet une infraction pénale pour éviter la réalisation d'un danger actuel ou imminent qui le menace lui-même, autrui, ou un bien étant précisé que l'intérêt sauvegardé par l'infraction doit être d'une valeur au moins égale à l'intérêt sacrifié par l'acte délictueux. En ce domaine, il arrive assez souvent que l'équité l'emporte sur l'orthodoxie du raisonnement juridique. Si l'on s'en tient aux conditions posées par les textes, l'état de nécessité ne semble pas pouvoir s'appliquer ici. Cela est vrai que l'on scrute les conditions tenant au danger ou celles tenant à la réaction de l'agent. S'agissant du danger, le nouveau Code pénal légalise certaines exigences jurisprudentielles en précisant qu'il doit être actuel ou imminent. En l'espèce, Monsieur Thémis a commis une fraude en vue de trouver un emploi et mettre ainsi fin à sa situation précaire. Il est *a priori* difficile d'admettre que des difficultés financières puissent justifier toutes sortes de comportements délictueux (vols de vêtements, fraudes en matière de transport, utilisation de faux documents administratifs...) sans doute très utiles à la recherche d'un emploi. Par ailleurs, la fraude n'apparaît pas comme le meilleur – si ce n'est l'unique – moyen d'échapper à la précarité. N'est-il pas concevable de se rendre à un entretien d'embauche sans recourir aux transports publics ? *Quid* de la marche, du vélo, de l'entraide familiale ou amicale ? Commis par commodité et facilité plus que par nécessité, la fraude nous paraît donc juridiquement punissable indépendamment des sensibilités sociales de chacun.

Cas n° 3. Pour résoudre ce dernier cas pratique, il convient d'analyser séparément les agissements de chacun des protagonistes et de déterminer s'ils tombent sous le coup de la loi pénale, étant précisé que seules les qualifications pénales relevant du programme d'entrée au CRFPA sont pertinentes.

Commençons d'abord par Barbouze. Si l'on met de côté la violation de domicile (art. 432-8, C. pén., hors-programme), le commandant de la Légion de gendarmerie de Corse s'est rendu coupable de violences volontaires aggravées. En l'espèce, nous ignorons l'ampleur du préjudice subi par Nanard (mutilation, infirmité permanente, ITT). Cependant, l'énoncé du cas pratique (hommes armés de matraques et de gourdins, cris de douleur de la victime) permet d'affirmer qu'un contact violent – sans doute suivi de traces ou de lésions – est intervenu entre l'agresseur et le corps de la victime. Ces violences ont été commises **intentionnellement, par une personne dépositaire de l'autorité publique, avec préméditation, avec usage d'une arme, et en réunion** (présence de plusieurs personnes agissant en qualité d'auteur ou de complice). Il s'ensuit qu'en l'absence même d'incapacité de travail, les violences commises sur la personne de Nanard sont de nature correctionnelle. Plus précisément, les peines principales encourues pour ces violences accompagnées d'au moins trois circonstances aggravantes sont de 7 ans d'emprisonnement et 100 000 euros d'amende (art. 222-13 *in fine*, C. pén.). Dans l'hypothèse où Nanard pourrait se prévaloir d'une incapacité totale de travail de plus de huit jours, les peines encourues seraient portées à 10 ans d'emprisonnement et 150 000 euros d'amende (art. 222-12 avant-dernier alinéa, C. pén.).

Si aucune poursuite pénale n'est envisageable à l'encontre de l'officier subalterne décédé (le décès du délinquant étant une cause d'extinction de l'action publique, l'officier survivant peut quant à lui être poursuivi sur le même fondement que Barbouze, soit en application de la théorie de la complicité corespective (chacun étant complice de celui qui a porté le coup le plus grave), soit en considérant que la scène unique est indivisible (en ce sens, Ph. CONTE, *Droit pénal spécial,* Litec, 2003, n° 160).

N'ayant pas obtempéré aux ordres du Préfet Thémis s'agissant de la femme de Nanard, Barbouze et l'officier placés sous son commandement ne peuvent pas être poursuivis pour meurtre. Ils ne peuvent pas davantage être poursuivis pour tentative de meurtre, leur fuite par la mer ne caractérisant aucun commencement d'exécution.

S'agissant à présent de Filou, son comportement tombe également sous le coup de la loi pénale. Sans être directement et personnellement impliqué dans les violences infligées à Nanard, Filou s'est tout de même rendu complice des officiers de gendarmerie. En restant en position de surveillance à l'extérieur pour observer les allées et venues, Filou a sciemment apporté son aide ou son assistance aux auteurs dans l'exécution de l'infraction. Son comportement prend la forme d'un acte positif, intentionnel, et concomitant à l'infraction principale. Celle-ci étant un délit, la complicité est toujours punissable (art. 121-7, C. pén.) et Filou s'expose à des peines identiques à celles qu'il aurait encourues en qualité d'auteur principal (art. 121-6, C. pén.).

Pour leur défense, Filou, Barbouze et l'officier survivant seront sans doute tentés de mettre en avant le fait justificatif tiré du commandement de l'autorité légitime (art. 122-4 al. 2, C. pén.). Il est peu probable qu'un tel moyen de défense soit admis. En effet, si les collaborateurs du Préfet ont bien reçu l'ordre de mener une opération « coup de poing », aucun d'entre eux ne pouvait ignorer l'illégitimité de l'action compte tenu du mode opératoire qui leur avait été prescrit. Or, le devoir d'obéissance ne s'impose pas pour un ordre manifestement illégal. Le fait justificatif tiré de la contrainte ne paraît pas devoir prospérer davantage. En effet, la contrainte morale exercée par le Préfet sur ses proches collaborateurs n'est pas irrésistible puisque ces derniers auraient pu désobéir sans s'exposer à des dommages. Ce que démontre d'ailleurs leur refus d'exécuter l'ordre de « liquider » l'épouse de Nanard. Fonctionnaires expérimentés, les collaborateurs du Préfet étaient nécessairement conscients de la gravité des sollicitations dont ils faisaient l'objet de la part du Préfet Thémis. Au lieu de collaborer, il leur appartenait de résister.

Sans doute plus discrets et moins visibles, les agissements du Préfet Thémis n'en demeurent pas moins punissables au titre de la complicité. En réunissant ses collaborateurs et en leur donnant des instructions précises pour donner un sérieux avertissement à

« Nanard », le Préfet Thémis s'est rendu coupable de complicité pas instigation de l'infraction réalisée par les officiers de gendarmerie. En l'espèce, la provocation comme la fourniture d'instructions peuvent être retenues à son encontre. Pour être punissable, la provocation à commettre l'infraction doit satisfaire plusieurs conditions : elle doit d'abord être directe, c'est-à-dire suggérer à une personne déterminée l'idée précise de l'infraction. Cette condition est ici remplie. La provocation doit ensuite être circonstanciée ou si l'on préfère suggestive. Pour cela, elle doit s'accompagner de certains procédés qui exercent une pression sur la volonté de l'agent. En l'espèce, un abus d'autorité ou de pouvoir peut facilement être caractérisé. En tout état de cause, la provocation s'est également accompagnée de la fourniture d'instructions suffisamment précises (comme l'indique l'énoncé) pour être punissables. En conséquence, le Préfet Thémis peut être poursuivi pour complicité de violences volontaires aggravées et la noblesse de ses mobiles (rétablir la légalité républicaine sur l'Ile de Beauté) est sans influence sur le principe même de sa responsabilité (en ce sens, CA Bastia, 15 janvier 2003, Aff. *Bonnet,* inédit). En revanche, son ordre de liquider la femme de Nanard échappe à la répression. L'instigateur d'un meurtre dont les instructions ne sont pas suivies d'effet – le tueur désigné ayant renoncé à sa besogne – ne peut être poursuivi sur le fondement de la tentative (en ce sens la célèbre affaire *Lacour,* Crim., 25 juin 1959, *JCP* 1959, II, 11288). Sans doute les faits reprochés tendaient-ils directement à l'infraction mais ils n'y tendaient pas immédiatement. En bref, la distance entre l'ordre du Préfet et la consommation de l'infraction est beaucoup trop grande et le résultat trop aléatoire. Quant à la complicité, elle doit être également écartée en raison de l'absence d'infraction principale punissable.

Que faut-il penser maintenant des agissements de la femme de Nanard ? Réveillée dans son sommeil par les gémissements de son mari, l'épouse de Nanard s'est emparée d'une arme avant de la pointer et de faire feu dans la direction des intrus, blessant mortellement l'un des officiers. Rien ne permet d'affirmer avec certitude que la femme de Nanard avait l'intention de donner la mort aux agresseurs de son mari. Malgré tout, l'usage de l'arme est un acte volontaire quand bien même son auteur n'aurait pas voulu le dommage qui en résulte. Le tir réalisé sous l'effet de panique est plutôt instinctif. Aussi, la réaction de l'épouse de Nanard paraît tomber sous le coup des violences volontaires ayant entraîné la mort sans intention de la donner (art. 222-7 et 222-8, C. pén.). Contrairement à l'homicide involontaire, cette qualification pénale est compatible avec le fait justificatif de la légitime défense dont les conditions semblent ici réunies. En effet, l'utilisation du fusil de chasse s'inscrit en réaction immédiate contre l'atteinte injustifiée dont est victime Nanard. L'acte de défense est donc commandé par la nécessité de la légitime défense d'autrui. La riposte intervient dans le même temps que l'agression et n'apparaît pas disproportionnée eu égard aux coups violents portés à la victime dont la vie paraissait menacée. En tout état de cause, il convient de souligner que l'épouse de Nanard peut se prévaloir des dispositions de l'article 122-6 du Code pénal qui font présumer la légitime défense dès lors que la riposte intervient de nuit, pour repousser l'entrée par effraction (...) dans un lieu habité.

Frédéric DEBOVE

Maître de conférences à l'Université de Paris II,

Directeur des études de l'IEJ

Galop d'essai corrigé de l'IEJ de Paris II

SUJET

Veuillez commenter l'arrêt suivant rendu par la chambre criminelle de la Cour de cassation le 13 novembre 2002 :

Cour de Cassation, ch. crim., 13 novembre 2002 – N° 01-88.462

LA COUR,

Vu le mémoire produit ;

Sur le moyen unique de cassation, pris de la violation des articles 121-3, 221-6 du Code pénal, 593 du Code de procédure pénale, défaut de motifs et manque de base légale ;

« en ce que l'arrêt attaqué a déclaré le Dr Michèle Y... coupable d'homicide involontaire, et en ce qu'il l'a condamnée à une amende de 20 000 francs et à verser à Alain Z... et Bernadette A... la somme de 60 000 francs à titre de dommages-intérêts, en réparation de leur préjudice ;

« aux motifs que s'agissant du Dr Michèle Y..., pédiatre appelé aussitôt par le Dr B..., il ressort de l'expertise confiée aux professeurs C... et D... qu'il n'a pas apprécié correctement la gravité de l'état de l'enfant puisque c'est le Dr B... qui a lui-même pris la décision de mutation ; que les professeurs E... et F... considèrent que "si le diagnostic d'hématome expansif avait été fait, si l'enfant avait été traité en conséquence, et si notamment il avait été transféré dans un service hospitalier adapté plus tôt, en permettant la survie de l'enfant, du fait d'un traitement plus précoce du choc et de la CIVD, ce risque (de séquelles neurologiques ou physiologiques) aurait probablement été diminué" ; que, pour les professeurs G... et E..., "l'appréciation par le Dr Michèle Y... du risque évolutif de ces lésions traumatiques a été inappropriée, car son attention s'est portée en priorité sur les conséquences loco-régionales du traumatisme obstétrical et non sur les risques majeurs, à savoir la possibilité d'extension rapide de l'hématome superficiel avec apparition de troubles secondaires de la coagulation et hémorragies secondaires et/ou l'existence d'hémorragie intracrânienne d'origine traumatique..." qu'ils ajoutent que "de ce fait, le transfert dans un service de pédiatrie disposant des moyens adéquats de surveillance par son personnel et son équipement... n'a pas été envisagé d'emblée... (qu') en outre, les mesures cliniques élémentaires de surveillance qui auraient pu être employées dans le contexte technique propres de cette maternité (mesure régulière systématique des fréquences respiratoire et cardiaque, du temps de recoloration cutanée, du périmètre crânien) n'ont pas été mises en œuvre dans l'attente des consultations spécialisées, notamment de l'ophtalmologiste" ; qu'ainsi, il résulte des conclusions concordantes d'experts médicaux que se focalisant sur des éléments secondaires au regard de ce que, dans les circonstances de l'espèce, il aurait dû prendre prioritairement en considération, le Dr Michèle Y... n'a pas posé le bon diagnostic ; que corrélativement, rentrant à son domicile avant d'être rappelé deux heures plus tard par le Dr B..., il n'a pas davantage immédiatement mis en place une surveillance médicale adaptée de ce nouveau-né qui aurait pu lui permettre rapidement de revenir sur un premier diagnostic erroné et de prendre l'indispensable décision de transfert de l'enfant vers un service de pédiatrie spécialisé ; que ce non-diagnostic d'un hématome expansif et ce défaut de surveillance constituent des fautes dont le caractère simple suffit pour leur caractérisation, dès lors qu'elles présentent un lien de causalité certain et direct avec le décès de Jordan Z..., qu'il eût été possible d'éviter par une interven-

tion idoine, en dépit des éventuelles séquelles neurologiques ; qu'ainsi sont établies des fautes d'imprudence ou de négligence, au sens de l'article 121-3, alinéa 3, du Code pénal, à l'encontre du Dr Michèle Y... qui n'a pas accompli les diligences normales attendues de lui, compte tenu de ses compétences et des moyens dont il disposait ;

« 1° alors que le délit d'homicide involontaire suppose l'existence d'un lien de causalité certain entre la faute reprochée au prévenu et le décès ; que le seul fait d'avoir causé à la victime une perte de chance d'éviter le décès ne peut dès lors constituer le délit d'homicide involontaire ; que la Cour d'appel ne pouvait par conséquent décider que le Dr Michèle Y... s'était rendue coupable du délit d'homicide involontaire en n'agissant pas de manière à diagnostiquer les lésions plus tôt, sans constater qu'un traitement plus précoce aurait permis, de manière certaine, d'éviter le décès ;

« 2° alors que l'erreur de diagnostic n'est pas constitutive d'une faute pénale, lorsque la complexité des symptômes et la difficulté de leur constatation rendant le diagnostic difficile à établir ; qu'en se bornant à affirmer que l'absence de diagnostic d'un hématome expansif sous-cutané constituait la cause directe du décès, sans rechercher si, au moment où le Dr Michèle Y... avait examiné l'enfant, c'est-à-dire une heure seulement après la naissance, le pédiatre était en mesure de diagnostiquer un hématome expansif, de sorte que sa décision de privilégier les lésions oculaires et orthopédiques au détriment d'un tel hématome résultait d'une simple erreur de diagnostic non fautive, la Cour d'appel a privé sa décision de base légale ;

« 3° alors qu'en se bornant à affirmer que le Dr Michèle Y... avait commis une faute en relation avec le décès, à défaut d'avoir mis en place une surveillance médicale adaptée, ce qui lui aurait permis de revenir rapidement sur un premier diagnostic erroné et de prendre la décision d'un transfert de l'enfant vers un service de pédiatrie spécialisé, sans rechercher si la surveillance de l'enfant confiée à une équipe de médecins, dont le Dr B..., n'était pas suffisante, dès lors que ce dernier avait appelé le SMUR lorsque l'état de l'enfant s'était aggravé, la Cour d'appel a privé sa décision de base légale ;

« 4° alors que, lorsque le lien de causalité entre le comportement du prévenu et le décès est seulement indirect, le délit d'homicide involontaire n'est constitué que si celui-ci a violé de façon manifestement délibérée une obligation particulière de prudence ou de sécurité prévue par la loi ou le règlement, ou a commis une faute caractérisée exposant autrui à un risque d'une particulière gravité qu'il ne pouvait ignorer ; que le lien de causalité pouvant exister entre le défaut de surveillance d'un patient ayant subi un traumatisme et le décès est seulement indirect, la cause directe étant constituée par le traumatisme ; qu'en décidant néanmoins que le lien de causalité entre le défaut de surveillance de la victime et le décès de celle-ci était direct, pour en déduire que toute faute d'imprudence ou de négligence était de nature à engager la responsabilité pénale du Dr Michèle Y..., la Cour d'appel a exposé sa décision à la cassation » ;

Attendu qu'il résulte de l'arrêt attaqué qu'à la suite d'un accouchement difficile pratiqué dans une clinique et ayant donné lieu à l'application de forceps, le nouveau-né, qui présentait notamment des lésions à la face, a été confié par l'obstétricien à Michèle X..., épouse Y..., pédiatre ; qu'après le départ de celle-ci, l'enfant, dont l'état s'était aggravé, a été transféré, à l'initiative de l'obstétricien, dans un hôpital local, puis dans un centre hospitalier universitaire, où il est décédé quelques heures plus tard ;

Attendu que, pour déclarer la prévenue coupable d'homicide involontaire, l'arrêt retient qu'en portant sont attention sur les seules lésions oculaires et orthopédiques, en négligeant le risque majeur d'extension rapide de l'hématome superficiel et les complications hémorragiques qui pouvaient en résulter, et en omettant de mettre en place une surveillance médicale adaptée, elle a commis une faute en relation de causalité directe avec le décès, qui aurait pu être évité si l'enfant avait été transféré à temps dans un service spécialisé ;

Attendu qu'en l'état de ces énonciations procédant de son appréciation souveraine, d'où il résulte que la prévenue n'a pas accompli des diligences normales compte tenu de ses missions, de ses compétences et des moyens dont elle disposait, la Cour d'appel a justifié sa décision ;

D'où il suit que le moyen, inopérant en sa quatrième branche, doit être écarté ;

Et attendu que l'arrêt est régulier en la forme ;

REJETTE le pourvoi.

Président : M. Cotte – *Rapporteur :* M. Beraudo – *Avocat général :* M. L. Davenas – *Avocat :* la SCP Richard et Mandelkern.

CORRIGÉ

La philosophie transcendant les disciplines a toujours servi de guide au juriste. Kant nous enseignait « Agis de telle sorte que tu traites la personne humaine, en toi comme chez les autres, toujours en même temps comme une fin et jamais comme un simple moyen ». Le droit pénal sauvegarde la dignité humaine qui commence par la protection de la personne humaine. L'émotion juridique et commune est accentuée lorsque la victime est un nouveau-né, une victime d'une particulière vulnérabilité. L'arrêt du 13 novembre 2002 illustre utilement cette hypothèse en soulevant une interrogation qui dépasse les termes mêmes de la décision. Comment appliquer les principes de protection pénale aux enfants à naître, naissants ou nouveau-nés en utilisant des critères objectifs du droit répressif ?

À la suite d'un accouchement difficile, le pédiatre n'identifie pas les traumatismes de l'enfant et ne le met pas en observation. Le gynécologue fait appel aux secours, mais l'enfant décède des suites de son traumatisme. Les experts médicaux constatent que le pédiatre n'a pas posé le bon diagnostic et que son inaction présente un lien de causalité certain avec le décès.

Les juges de la Cour d'appel retiennent la responsabilité pénale du pédiatre pour homicide involontaire et sa responsabilité civile pour la réparation du dommage.

Le pourvoi conteste habilement les éléments constitutifs de l'infraction. La Cour de cassation rejette le pourvoi, mais sa décision masque à peine les faiblesses de l'argumentation des juges du fond. Cet arrêt est une nouvelle illustration de la matière délicate de la faute pénale redéfinie par la loi du 10 juillet 2000. Mais il précise surtout la responsabilité pénale en matière d'homicide involontaire d'enfant nouveau-né, naissant, mort-né ou fœtus. Les polémiques juridiques et parlementaires n'ont pas encore abouti à une solution effective. Cette décision destinée à consolider l'édifice en la matière, fait naître quelques interrogations supplémentaires sur le domaine de l'incrimination. La portée de l'arrêt inscrit dans le filigrane de cette problématique dépasse largement la portée juridique directe de l'arrêt. La définition des éléments constitutifs caractérisés par les juges est conforme à l'approche classique du délit d'homicide involontaire. Cependant, la qualification du lien de causalité semble aller à l'encontre de la distinction établie par la loi du 10 juillet 2000. Sa validation par la Cour de cassation correspond plus à un souci de politique répressive qu'à une analyse juridique rigoureuse.

§I L'HOMICIDE INVOLONTAIRE CARACTÉRISÉ

L'article 221-6 du Code pénal définit le délit d'homicide involontaire. Ses éléments constitutifs obéissent à une logique particulière du fait de son appartenance aux infractions involontaires. Certains auteurs critiquent cette expression car elle ne rend pas compte de la nature exacte de l'infraction et lui préfèrent celle d'« infractions par imprudence ». En effet, seul le résultat causé, le dommage, est involontaire. Le comportement dangereux qui a abouti au décès de la victime est volontaire ; il est choisi par l'agent en toute connaissance de cause. L'imprudence illustre mieux l'état d'esprit de l'auteur de l'infraction, mais elle risque d'entraîner une confusion avec les fautes pouvant aboutir à la qualification de l'infraction. C'est notamment le cas de la décision commentée qui retient la faute d'imprudence.

A. LES ÉLÉMENTS CONSTITUTIFS

L'article 221-6 du Code pénal définit l'homicide involontaire comme le fait d'avoir causé la mort d'autrui à la suite d'un des cinq comportements qui sont la maladresse, l'imprudence, l'inattention, la négligence ou le manquement à une obligation de sécurité ou de prudence imposée par la loi ou le règlement dans les conditions de l'article 121-3 du Code pénal.

Le moyen unique de cassation développé par le pourvoi vise les deux articles du Code pénal. Il est intéressant à double titre d'étudier l'articulation de ces deux articles. D'une part, leur existence conjointe donne la définition juridique complète du délit. D'autre part, en l'espèce, leur articulation explique le raisonnement utilisé par le pourvoi pour critiquer la décision des juges du fond.

L'article 221-6 est un texte de droit pénal spécial prévoyant les éléments constitutifs, ainsi que la répression de l'homicide involontaire. Ce texte renvoie à l'article 121-3 du Code pénal qui est un texte de droit pénal général et qui définit la faute pénale. La loi du 10 juillet 2000 a profondément modifié les règles applicables en la matière en établissant une nouvelle hiérarchie des fautes.

Pour pouvoir établir la responsabilité pénale en matière d'infractions involontaires, on emprunte la méthode d'un raisonnement de droit civil. Il convient de qualifier la faute, le dommage et un lien de causalité entre les deux. Alors que la législation et la jurisprudence traditionnelles se contentaient de prouver l'existence et la certitude du lien de causalité, la loi du 10 juillet 2000 rend obligatoire la qualification de ce lien. En effet, selon la nature directe ou indirecte du lien de causalité, les fautes peuvent être plus ou moins graves. Les juges connaissaient ces concepts car ils utilisaient déjà alternativement les théories de la causalité adéquate ou de la proximité des causes. La doctrine traduit cette nouvelle équation de la causalité par une formule mathématique : « la responsabilité d'une personne physique nécessite une gravité de la faute inversement proportionnelle à la proximité de ses conséquences dommageables ».

Si le lien de causalité est direct, la faute pénale peut être simple. L'article 121-3 alinéa 3 définit la faute simple comme une faute d'imprudence, de négligence ou un manquement à une obligation de sécurité ou de prudence prévue par la loi ou le règlement.

L'imprudence et la négligence recouvrent un concept juridique commun, découlant de la même philosophie répressive. L'imprudence désigne une faute de commission, alors que la négligence désigne une faute d'abstention ou d'omission. De façon générale, la faute d'imprudence suppose deux éléments caractéristiques : une imprévoyance et une indiscipline.

L'auteur de l'acte a fait preuve d'imprévoyance dans la mesure où il n'a pas prévu les conséquences négligeables de ses actes. À aucun moment, l'auteur n'a voulu violer la loi pénale. La réalisation du dommage est un élément nécessaire de l'infraction, car elle seule permet la qualification juridique.

L'imprudence nécessite aussi le non-respect d'une certaine discipline sociale. La personne néglige une règle de prudence et néglige de prendre des précautions qui s'imposaient en temps normal.

Le manquement à une obligation de prudence ou de sécurité prévue par la loi ou le règlement est aussi constitutif d'une faute pénale. Du point de vue des principes, on peut se demander si cette définition de faute distincte était nécessaire ou, même, utile. En effet, puisqu'il s'agit d'une obligation de prudence ou de sécurité, sa violation est constitutive d'une faute d'imprudence. Sa définition autonome en tant que faute pénale se révèle ainsi inutile.

Lorsque la faute n'a contribué qu'indirectement à la survenance du dommage, l'alinéa 4 de l'article 121-3 du Code pénal exige une faute qualifiée, revêtant un degré de gravité supérieur. Il existe deux types de fautes qualifiées : la faute délibérée résultant de la violation manifestement délibérée d'une obligation générale de prudence ou de sécurité prévue par la loi ou le règlement et la faute caractérisée qui expose autrui à un risque d'une particulière gravité.

Les juges qualifient les fautes commises par le pédiatre de fautes d'imprudence ou de négligence. La faute d'omission est fortement accentuée, car le pédiatre a commis une série de négligences qui ont abouti à ce résultat fatal. Il s'est abstenu, d'une part, de mettre en place une surveillance adéquate et, d'autre part, d'organiser le transfert vers un établissement plus compétent. Ces fautes simples suffisent à engager la responsabilité pénale dans le cadre d'un lien de causalité direct.

B. LE LIEN DE CAUSALITÉ

Le pourvoi conteste doublement le lien de causalité en mettant en cause aussi bien son existence que sa qualification juridique.

Le lien de causalité doit être certain, car on ne peut pas condamner sur le fondement de simples probabilités ou de simples possibilités où le doute doit toujours profiter au prévenu. Selon le pourvoi, dans son premier développement, le comportement du pédiatre « avait causé à la victime une perte de chance de survie ». En effet, la jurisprudence considère que la simple perte d'une chance ne suffit pas à établir le lien de causalité certain qui doit relier la faute au dommage. *A contrario,* la Cour de cassation qualifie la responsabilité pénale du médecin lorsqu'il a « privé le malade de toute chance de survie » (Crim., 1er avril 2003, *Dr. pén.* 2003, com. n° 110).

La Cour de cassation ne répond pas directement à cet argument qui est cependant fondamental. On peut le regretter, mais la mise en perspective de ce silence et d'autres décisions permet de dégager une idée intéressante du point de vue de la responsabilité pénale médicale. Lorsque la faute du médecin a fait perdre au malade seulement « une chance de survie ou de guérison », la Cour de cassation considère que la faute n'est pas avec certitude la cause déterminante de la mort. La relaxe s'impose. En revanche, la certitude du lien de causalité apparaît lorsque la faute du médecin a fait perdre au malade « toute chance de survie » et la condamnation est justifiée. L'arrêt de 2002 s'incrit dans cette jurisprudence continue et bien établie. En l'espèce, le silence de la Cour de cassation s'explique par le manque de pertinence juridique de cet argument. En effet, les experts médicaux ont constaté que l'attitude du médecin avait privé l'enfant de toute chance de survie, car un traitement approprié en temps utile aurait permis de sauver l'enfant, sans s'avancer quant à l'état des séquelles neurologiques possibles. Ces circonstances de pur fait relèvent de l'appréciation souveraine des juges du fond qui est mise en avant par la Cour de cassation.

En revanche, la contestation de la qualification du lien de causalité revêt une importance particulière pour la caractérisation du délit. Les juges du fond avaient décidé que le défaut de surveillance constituait une faute dont le caractère simple suffisait, car elle présentait un lien de causalité direct avec le décès de l'enfant. Ils appliquent l'article 121-3 alinéa 3 et caractérisent les fautes d'imprudence ou de négligence. Le pourvoi conteste la qualification du lien de causalité direct. En l'espèce, la cause directe du décès était le traumatisme. Le défaut de surveillance d'un patient ne peut revêtir qu'un lien indirect avec le décès qu'il n'a su empêcher, sans le causer directement. Il convient donc de rechercher une faute qualifiée afin de retenir le médecin dans les liens de la prévention. C'est l'alinéa 4 de l'article qui aurait vocation à s'appliquer.

§II VERS UN ÉQUILIBRE DE LA POLITIQUE RÉPRESSIVE

Le problème de qualification du lien de causalité traduit le malaise des juges à maintenir le champ réducteur d'application de l'article 221-6 du Code pénal. En effet, l'exclusion de la protection pénale de l'enfant à naître a créé des problèmes supplémentaires de qualification juridique. À travers sa décision du 13 novembre 2002, la Cour de cassation cherche à retrouver un équilibre de sa politique répressive.

A. UNE SÉVÉRITÉ CROISSANTE

La Cour de cassation rejette le pourvoi et consacre l'analyse de la causalité directe. L'omission de mettre en place une surveillance médicale adaptée et le retard du transfert sont constitutifs d'une faute simple ayant entraîné directement le décès.

Cette analyse expéditive reprenant les termes employés par les juges du fond masque le malaise de la Cour de cassation. En effet, la cause directe du décès était constituée par le traumatisme subi par l'enfant lors de l'accouchement. Le pédiatre n'était pas présent lors de l'accouchement. La causalité directe tient à l'événement ayant provoqué le dommage. Le défaut de surveillance est intervenu dans le dommage seulement au titre de la causalité indirecte. La jurisprudence constante sur « le paramètre déterminant » consolide cette analyse. Lorsque la faute lance une dynamique conduisant inéluctablement au dommage, son impact est direct. Au contraire, lorsque les négligences et autres imprudences sont venues se rajouter à l'événement déclencheur, le lien de causalité est indirect. Le comportement du pédiatre n'a pas l'autonomie et la force active afin de parvenir au dommage seul. Son inertie avait permis au traumatisme d'aboutir au décès, mais ne l'avait pas directement déclenché.

La qualification du lien de causalité était lourde de conséquences juridiques. Si la Cour de cassation admettait l'existence d'un lien de causalité indirect, les juges devaient caractériser une faute qualifiée, ce qui semblait impossible en l'espèce.

La faute délibérée placée au sommet de la hiérarchie de la gravité des fautes résulte de la violation manifestement délibérée d'une obligation générale de prudence ou de sécurité prévue par la loi ou le règlement. Elle a deux éléments constitutifs. Le premier est d'ordre psychologique car il faut que l'auteur ait eu la volonté de violer une obligation de prudence et de sécurité. Il faut prouver que le délit résulte d'un choix de l'agent.

Le deuxième élément est d'ordre matériel car il faut que la violation porte sur une obligation particulière de prudence ou de sécurité imposée par la loi ou le règlement. Seule une obligation prévue par un texte ayant valeur de source de loi au sens constitutionnel peut donner lieu à cette faute. La jurisprudence ne peut se référer à la conduite de l'homme moyen pour en déduire la faute. De plus, le texte parle d'une obligation particulière par opposition à une obligation générale. La jurisprudence semble interpréter cette exigence comme faisant référence à une obligation précise : l'obligation violée doit être suffisamment précise et imposer un mode de conduite circonstancié.

Cependant, il serait dangereux de réduire l'obligation particulière à une obligation précise. Le texte d'incrimination fait référence à une caractéristique de l'obligation et nullement à la qualité de sa formulation. La Chambre criminelle a ouvert largement le domaine d'application de la faute délibérée. Les juges sont obligés de préciser la source et la nature de l'obligation. Si les obligations formulées par les textes visés par les juges n'étaient que des « dispositions générales », elles sont insuffisantes pour caractériser le délit. L'obligation particulière ne doit pas être pénalement sanctionnée et ne constitue pas une infraction autonome.

La faute délibérée découlant de la violation d'une obligation textuelle préexistante et précise est impossible à qualifier en l'espèce. Nul texte ne définit précisément les obligations du pédiatre lors de la surveillance d'un traumatisme post-natal. Une obligation générale de prudence et de sécurité ne suffisant pas, la tâche des juges ressemble à la tâche de Sisyphe condamné aux tortures de l'Enfer.

Les juges devaient obligatoirement se tourner vers le deuxième type de faute qualifiée. C'est une faute d'imprudence classique, car c'est un manquement non délibéré dans son principe, mais présentant le caractère d'une défaillance inadmissible. La faute caractérisée n'exige pas une disposition préexistante prévue par la loi ou le règlement. Il n'y a aucune obligation textuelle préalable. Elle peut donc être constituée en cas de violation d'une règle de bon sens ou d'une circulaire et résulter d'une simple inattention. Si elle peut sembler moins grave du point de vue des principes que la faute délibérée, le législateur les a réunies toutes deux sous le même degré de gravité maximale de la faute. Cependant, les juges ne doivent pas les déduire l'une de l'autre.

Le législateur emploie le terme de « faute caractérisée », ce qui signifie que la faute doit revêtir un certain degré de gravité. Sont donc exclues les fautes légères (qu'on ne retient que dans le cadre du lien de causalité directe). La faute traduit un manquement grossier à la prudence ou à la diligence que la situation imposerait à toute personne raisonnable. Pour pouvoir qualifier la faute caractérisée, il faut le cumul de deux conditions : exposer autrui à un risque et ce risque doit être connu de l'auteur du comportement.

Premièrement, la faute doit exposer autrui à un risque d'une particulière gravité. Afin de le déterminer, il faut tenir compte de la nature du risque (ex. : mutilation) et de son degré de probabilité élevé. Ici, on prend en considération le risque qui intervient en amont de la faute et non le dommage qui est postérieur à la faute. C'est une forme de mise en danger d'autrui. Les juges définissent largement le domaine d'application de la faute caractérisée (Crim., 4 février 2003, *Dr. pén.* n° 71). Deuxièmement, le dommage doit être prévisible et la personne ne pouvait ignorer ce risque. Cette formule retenue par le législateur donne des précisions de fond et de forme. Il est possible aux juges de relever que, compte tenu du contexte, il n'est pas vraisemblable que la personne nie la connaissance du risque. En revanche, il leur est impossible de relever que, compte tenu de ses fonctions, la personne aurait dû connaître le risque. Les juges sont tenus de faire une appréciation *in concreto* de la faute commise par l'agent (Crim., 11 juin 2003, *Dr. pén.* 2003, com., n° 120). On applique les mêmes règles d'appréciation que celles qui sont dégagées par l'alinéa 3 : « accomplir les diligences normales compte tenu de la nature de sa mission, de ses fonctions, de ses compétences, ainsi que du pouvoir et des moyens dont il disposait ».

La Cour de cassation aurait-elle pu retenir une faute caractérisée à l'encontre du pédiatre ? La qualification de la faute est plus difficile, mais il aurait été concevable de retenir une faute caractérisée. Une faute d'abstention peut constituer la faute caractérisée : ce que les juges appellent parfois une fatale inertie. Le risque était d'une gravité certaine, car les experts évoquaient les séquelles neurologiques graves, et le pédiatre, dans sa qualité de médecin ne pouvait l'ignorer. La difficulté principale résidait dans le fait que le risque de séquelles ne trouvait pas sa source directe dans les négligences, mais dans le traumatisme d'origine. Le lien de causalité était tellement distendu que la voie de la relaxe était probable dans le cadre d'une causalité indirecte.

Cela aurait abouti à admettre le deuxième argument développé par le pourvoi qui plaidait l'absence de faute en présence d'une simple erreur de diagnostic. En effet, Sophocle nous enseignait que le propre de l'homme réside dans sa capacité de se tromper. Si l'erreur est humaine, la faute est juridique. Dans notre cas, les juges se sont appliqués à démontrer qu'elle n'était pas seulement civile aboutissant à une responsabilité civile, mais pénale entraînant la condamnation de son auteur. Inspiré de la philosophie de notre époque qui a vu fleurir les phrases choc du type « Responsable, mais pas coupable », voici arriver « Oui à l'erreur de diagnostic, non à la faute médicale ! ».

La Cour de cassation reprend les règles d'appréciation *in concreto* de la faute qui figure à l'alinéa 3 à propos de la causalité directe. Le même critère d'appréciation doit être utilisé en cas de poursuites dirigées contre l'auteur indirect du dommage auquel on impute une faute caractérisée.

Afin de maintenir la condamnation, la Cour devait entériner l'analyse des juges du fond malgré ses défauts apparents. Mais surtout, la Cour de cassation avait une motivation cachée lui permettant de corriger la politique pénale actuelle.

B. UNE SOLUTION JUSTIFIÉE

La sagesse populaire offre fréquemment des axes de réflexion intéressants au juriste. L'arrêt du 13 novembre 2002 serait-il l'arbre qui cache la forêt ? Depuis quelques années la jurisprudence connaît des soubresauts à propos de la qualification de l'homicide volontaire à l'égard de l'enfant nouveau-né, à naître, mort-né. La doctrine classique, la jurisprudence unanime des juridictions du fond, ainsi que certaines décisions indirectes semblaient admettre que l'enfant à naître était protégé par l'incrimination d'homicide involontaire. Or, une décision de la Chambre criminelle (Crim., 30 juin 1999, *Bull.* n° 174), confirmée par un arrêt de l'Assemblée plénière (Ass. Plén., 29 juin 2001, *Bull. crim.* n° 165) de la Cour de cassation ont infirmé cette analyse. Le fœtus, l'enfant à naître ou l'enfant naissant, ne sont pas cet « autrui » visé par l'article 221-6 et ne bénéficient pas à ce titre de la protection du droit pénal.

La Cour de cassation invoque le principe d'interprétation stricte de la loi pénale afin de rejeter l'application de l'incrimination d'homicide involontaire. Les auteurs contestent cette interprétation car le nouveau Code pénal ne semble pas accréditer cette interprétation. Le fait qu'il existe une incrimination spéciale d'interruption volontaire de grossesse ne peut exclure que le fœtus soit protégé aussi contre les atteintes involontaires. Les comportements matériels sont fondamentalement différents.

Au contraire, le législateur semble avoir renoncé au statut spécifique du nouveau-né en droit pénal puisqu'il n'a pas sauvegardé l'incrimination d'infanticide.

L'article 16 du Code civil pose un principe d'ordre public : « la loi garantit le respect de l'être humain dès le commencement de la vie ». Le Conseil constitutionnel a établi le lien entre cet article et le principe à valeur constitutionnelle de sauvegarde de la dignité de la personne humaine, tiré du Préambule de 1946. Ce principe constitutionnel préexiste et prime sur la loi. Il est regrettable que les juges ne s'en soient pas inspirés afin d'interpréter le droit pénal. De plus, l'enfant viable ou celui ayant respiré bénéficie d'une inscription sur les registres de décès. Il n'a pas la personnalité juridique, mais il a des prénoms, une filiation établie.

Il faut aussi rappeler l'existence de nombreuses conventions internationales qui protègent « la vie avant comme après la naissance ». Même si ces conventions ne s'appliquent pas directement en droit interne, la bonne foi internationale de la France devrait leur garantir une application effective.

Le droit comparé offre quelques éléments de réponse intéressants. L'Allemagne et l'Italie appliquent la qualification d'homicide involontaire aux enfants nés ou en train de naître retenant comme critère le détachement du fœtus de l'utérus maternel. Ceci revient à protéger pénalement l'enfant naissant. L'Espagne a choisi de créer des incriminations spécifiques pour les atteintes involontaires au fœtus. Le Royaume-Uni ne permet pas la qualification pénale. Les États-Unis connaissent une situation juridique disparate car certains États protègent le fœtus à travers les incriminations classiques, alors que d'autres connaissent un régime particulier.

La Cour européenne des droits de l'homme a été saisie à plusieurs reprises dans des affaires impliquant le Royaume-Uni, la Norvège ou l'Irlande. La CEDH prend soin de ne pas se prononcer sur la question en affirmant que la protection de la vie concerne essentiellement la période postérieure à la naissance, car rien n'indique que le terme pourrait s'appliquer à la période antérieure à la naissance, mais rien ne l'exclut non plus. Les États ont l'obligation de prendre les mesures propres à protéger la vie des personnes, sans indication particulière sur cette notion.

Le Comité consultatif national d'éthique, de nombreux juristes (Carbonnier, Mayaud, Pradel, Rassat, Roujou de Boubée) ont réclamé une réflexion d'ensemble sur cette question sensible. Des espoirs étaient fondés sur un éventuel revirement de la Cour de cassation. Mais la Cour de cassation persiste et signe puisqu'elle confirme sa décision en 2002 (Crim., 25 juin 2002, *Bull.* n° 144).

Cette solution rompt l'égalité devant la loi pénale. Ainsi, le médecin ayant commis une faute grave ayant entraîné l'accouchement d'un enfant mort-né n'est pas coupable d'homicide. En revanche, celui qui assiste à l'accouchement d'un enfant ayant respiré une fois est coupable d'homicide involontaire. Même faute, même responsabilité, même résultat définitif, mais une qualification pénale différente. Cela inquiète sur la cohérence du système juridique dans son ensemble. En fait, le médecin a intérêt à commettre une faute la plus grave possible afin d'achever l'enfant avant même sa naissance.

Pire encore, le médecin ayant commis une faute aboutissant à un handicap grave ou à des séquelles de l'enfant sera sanctionné pénalement. En effet, il aura commis une faute ayant entraîné un dommage qui est puni par la loi pénale. Le dommage le plus grave qui est le décès de l'enfant est le seul à échapper à la répression pénale. C'est exactement le cas de figure dans lequel nous place l'arrêt du 13 novembre 2002. Le décès de l'enfant lors de l'accouchement aurait entraîné une impunité totale des médecins impliqués dans le processus de l'accouchement et de la surveillance postnatale. Ce n'est que le moment de la survenance du dommage qui permet au droit pénal de s'appliquer.

À travers cette solution, la Cour de cassation s'enferme de plus en plus dans sa logique. La condamnation du pédiatre pourrait constituer une réaction à l'impunité garantie lorsque l'enfant ne survit pas à sa venue au monde. Puisque l'impunité est accordée à certains sur ce fondement juridique, tous ceux qui ne remplissent pas ce critère doivent payer un plus lourd tribut au droit pénal. Ainsi, la distorsion du lien de causalité indirecte en causalité directe permet d'entrer en voie de condamnation. Il ne faut pas que la sévérité de la jurisprudence sur l'après naissance soit inversement proportionnelle à l'avant naissance.

L'incohérence de l'édifice de la Cour de cassation est encore soulignée par un arrêt récent de la Chambre criminelle du 2 décembre 2003 (Crim., 2 décembre 2003). La Cour de cassation qualifie l'homicide involontaire à l'égard d'un enfant qui a vécu une heure après sa naissance prématurée due à un accident de la route. Mais cet enfant n'était pas né lors de la commission de la faute ayant causé son décès. De façon indirecte, la Cour de cassation a accepté l'application de l'incrimination au fœtus. En effet, il est de principe d'apprécier la faute lors de sa commission. Or, lors de la commission de la faute, l'enfant à naître était dans le sein de sa mère. Cependant, la qualification pénale de l'atteinte involontaire est déterminée par le préjudice et peut être transformée ultérieurement en cas d'aggravation. Les principes semblent saufs, mais il s'agit d'une nouvelle soupape pour évacuer la pression de cette question. Quelles sont les solutions pour sortir de cette impasse juridique ?

Le revirement juridique semble exclu car la Cour de cassation a confirmé sa solution et semble décliner les degrés de responsabilité autour de l'exclusion du fœtus du champ de l'homicide involontaire.

Un ajustement jurisprudentiel serait souhaitable afin que la Cour de cassation reconnaisse au moins une protection pénale à l'enfant naissant, par l'opposition au fœtus afin de lui reconnaître un statut hybride entre les personnes et les choses. Étant donné les enseignements de la décision à commenter, cette solution aussi semble exclue.

Il ne reste plus qu'une voie : la voie législative. Il faudrait créer une incrimination spécifique pour protéger le fœtus contre les atteintes involontaires à son intégrité sans lui reconnaître une personnalité juridique. C'est la voie qui était proposée par l'amendement Garraud sur la création du délit d'interruption volontaire de grossesse pour réprimer les fautes ayant conduit à la mort du fœtus. Cet amendement a été proposé lors de la discussion de la loi sur la grande criminalité, la loi Perben II.

Cet amendement proposait la création d'un article 223-11 contenant l'incrimination de délit d'interruption involontaire de grossesse. L'infraction suivait la même structure légale que l'homicide involontaire avec un renvoi à l'article 121-3 du Code pénal. Le texte a été voté en deuxième lecture à l'Assemblée nationale.

Certaines associations ont milité violemment à l'encontre de cette nouvelle incrimination interprétée comme une tentative de reconnaître une personnalité juridique au fœtus et d'interdire l'interruption volontaire de grossesse. La mobilisation médiatique à l'encontre de cette mesure a convaincu le Garde des Sceaux à la retirer devant le Sénat. Cependant, il est envisagé de revenir sur cette incrimination à l'occasion d'une loi spécifique.

Du point de vue juridique, cette mesure avait le mérite de combler un vide répressif et appliquait le parallélisme des formes et des droits. Tout comme on reconnaît aux femmes la liberté de choisir de ne pas avoir d'enfant et de procéder à l'interruption volontaire de grossesse, il faut aussi leur garantir la liberté d'avoir des enfants. Toute personne qui mettrait involontairement un terme à une grossesse désirée se rendrait coupable de cette nouvelle infraction.

Il est souhaitable que le législateur se penche sur cette question et redonne la sérénité à la Cour de cassation. Il est dangereux, en vertu du principe de légalité et de son corollaire d'interprétation stricte de la loi pénale d'obliger la Cour de cassation à des acrobaties juridiques de distorsion des notions afin de garantir la répression des comportements dangereux. L'arrêt du 13 novembre 2002 est une excellente illustration des « dommages collatéraux » provoqués par l'homicide involontaire de l'enfant à naître ou venant de naître.

Cette décision est semblable aux icebergs flottant dans les océans froids. Détachés de la banquise, ils cachent leur imposante masse sous les flots et offrent au spectateur l'impressionnante vue d'un innocent géant de glace. Il ne faut nullement se fier à cette apparence de silence absolu et irréel, car tout contact peut conduire à une issue tragique et sans appel. Le « Titanic » et ses centaines de morts nous le rappellent tristement.

Détachée de la banquise de la responsabilité pénale, la définition de l'homicide involontaire de l'enfant à naître erre à la recherche d'une terre de protection. Rejetée par les uns, souhaitée par les autres, il ne faut pas considérer son appréciation comme anodine ou représentant un cas marginal du droit pénal. L'affrontement entre le droit pénal et l'enfant à naître ne se limite pas à ce cas précis. Certes, le problème central est de savoir si l'enfant est une personne ou une chose. Or, comme nous le rappelait Philippe Malaurie « c'est sur la différence entre la personne et la chose que se jouera le XXIe siècle ». Cette réponse aura des conséquences indéniables sur la définition de la vie elle-même : l'euthanasie, l'embryon, le clonage reproductif ou thérapeutique, la bioéthique.

Claudia GHICA-LEMARCHAND
Maître de conférences à l'Université de Brest

ANNALES CORRIGÉES DE L'ÉPREUVE DE DROIT SOCIAL

1. Annale corrigée de l'IEJ de Bordeaux IV

2. Annale corrigée de l'IEJ de Lille II

3. Annale corrigée de l'IEJ de Nancy II

4. Annale corrigée de l'IEJ de Nice

5. Annale corrigée de l'IEJ de Paris II

6. Annale corrigée de l'IEJ de Paris XIII

7. Annale corrigée de l'IEJ de Toulouse

Annale corrigée de l'IEJ de Bordeaux IV

SUJET

Les étudiants devront résoudre le cas pratique suivant :

M. Dubois est Directeur général de la SA Conserveries Générales qui emploie 579 salariés à Pessac. Il vous pose les questions suivantes.

1 – Un accord d'entreprise signé le 20 novembre 2002 avec le délégué syndical prévoit que les salariés dont le domicile est éloigné de plus de 20 km du lieu de leur travail, ont droit soit à une prime de déplacement équivalente à 2 % de leur salaire de base, soit à une journée de repos supplémentaire par an. La direction a choisi de verser la prime, dont actuellement 14 salariés bénéficient.

Un avenant à la convention collective nationale applicable à l'entreprise, entré en application après son extension à compter du 1er septembre 2003, comporte des dispositions qui ne figuraient pas antérieurement dans la convention collective nationale. Cet avenant prévoit, d'une part, que les salariés travaillant à plus de 20 km de leur domicile, ont droit à une demi-journée de repos supplémentaire par trimestre ; d'autre part, que les primes de déplacement éventuellement instituées dans les entreprises, ne peuvent être inférieures à 4 % du salaire de base et doivent être versées à tous les salariés.

En conséquence, M. Dubois souhaiterait remplacer la prime versée actuellement, par un repos supplémentaire.

a) Cela est-il juridiquement possible ? (répondez en une seule phrase)

b) Pourquoi ? (répondez en deux pages maximum)

2 – M. Laurent est responsable des ventes de la SA Conserveries Générales. Son contrat de travail comporte la clause suivante :

« Il est convenu que, dans le cas où les résultats des ventes dont M. Laurent est responsable, ne seraient pas satisfaisants sur une même période de 12 mois consécutifs, la SA Conserveries Générales serait en droit de procéder à un licenciement. M. Laurent reconnaît de manière irrévocable, que cela constituerait une cause légitime de licenciement. »

Les ventes ont diminué de 6,4 % au cours des derniers mois, alors que la direction espérait une progression d'au moins 8 %. M. Dubois envisage en conséquence de licencier M. Laurent et d'engager un responsable des ventes plus performant. Il est précisé que M. Laurent a été embauché le 1er janvier 2002.

a) Faites l'analyse juridique de la clause figurant dans le contrat de travail de M. Laurent.

b) Indiquez à quelles conditions le licenciement de M. Laurent serait justifié.

3 – M. Dubois se demande s'il ne serait pas plus judicieux de renforcer la fonction commerciale et de recruter un Directeur commercial. Celui-ci serait le supérieur de M. Laurent, qui occuperait un poste de Chargé des relations avec la clientèle. Le salaire de M. Laurent serait diminué, mais celui-ci conserverait son emploi. Une secrétaire de la Direction générale serait affectée à la nouvelle Direction commerciale. Ces changements permettraient d'envisager de meilleurs résultats pour les ventes.

a) Décrivez les obligations de l'employeur à l'égard de M. Laurent pour la mise en œuvre de ces changements.

b) M. Laurent a indiqué verbalement qu'il n'acceptera pas un déclassement qu'il considérerait comme une sanction injustifiée. Serait-il alors possible de le licencier ?

CORRIGÉ

1 – a) Non, il n'est pas juridiquement possible de remplacer la prime versée actuellement par un repos supplémentaire : les articles L. 132-4 et L. 132-23 du Code du travail s'y opposent.

1 – b) Le problème pratique est que si l'employeur remplace par le repos prévu par la convention collective nationale, le bénéfice de la prime prévue par l'accord d'entreprise, certes les salariés travailleront une demi-journée de moins par trimestre, mais ils verront aussi leurs rémunérations diminuer de 2 %. À l'inverse, si la SA Conserveries générales décide d'accorder la prime prévue par la convention collective nationale, non seulement elle devra l'accorder « à tous les salariés » soit à 579 personnes et non plus à 14, mais aussi elle devra accorder une prime de « 4 % du salaire de base ». Le problème juridique posé est plus difficile à identifier et doit donc faire l'objet du début de notre démonstration : il s'agit d'un concours de conventions collectives, qui doit trouver sa solution dans l'application de la disposition la plus favorable.

La convention collective nationale est obligatoire pour tous les employeurs relevant de la branche d'activité, à compter du 1er septembre 2003, en raison de son extension par arrêté ministériel. Ce caractère obligatoire d'une convention collective étendue découle de l'article L. 133-8 al. 1 du Code du travail qui prévoit que « (...) les dispositions d'une convention de branche (...), peuvent être rendues obligatoires pour tous les salariés et employeurs compris dans le champ d'application de ladite convention ou dudit accord, par arrêté du ministre chargé du Travail ». Il nous est indiqué que l'avenant à la convention collective nationale a été étendu, celui-ci doit donc être respecté par la SA Conserveries générales.

L'accord d'entreprise a été signé avec le délégué syndical ; aucune indication ne permet de déceler une irrégularité dans sa conclusion ; il n'a pas été dénoncé. Cet accord doit en conséquence être respecté par la SA Conserveries générales, en application des dispositions de l'article L. 135-1 du Code du travail, selon lesquelles « (...) les conventions et accords collectifs de travail obligent tous ceux qui les ont signés (...) ». L'article L. 135-2 précise : « Lorsqu'un employeur est lié par les clauses d'une convention ou d'un accord collectif de travail, ces clauses s'appliquent aux contrats de travail conclus avec lui (...) ».

Problème juridique posé : la recherche de la disposition la plus favorable

Le problème juridique posé est donc de savoir comment articuler les dispositions de la convention collective de branche et celles de l'accord d'entreprise.

Deux dispositions doivent trouver à s'appliquer :

Art. L. 132-4 du Code du travail : « La convention et l'accord collectif de travail peuvent comporter des dispositions plus favorables aux salariés que celles des lois et règlements en vigueur. – Ils ne peuvent déroger aux dispositions d'ordre public de ces lois et règlements ». Ces dispositions permettent l'institution par convention ou accord collectif, d'avantages non prévus par la loi ou le règlement.

Art. L. 132-23 du Code du travail : « La convention ou les accords d'entreprise ou d'établissements peuvent adapter les dispositions des conventions de branche ou des accords professionnels ou interprofessionnels applicables dans l'entreprise aux conditions particulières de celle-ci ou des établissements considérés. La convention ou les accords peuvent comporter des dispositions nouvelles et des clauses plus favorables aux salariés. – Dans le cas où des conventions de branche ou des accords professionnels ou interprofessionnels viennent à s'appliquer dans l'entreprise postérieurement à la conclusion de conventions ou accords négociés conformément à la présente section, les dispositions de ces conventions ou accords sont adaptées en conséquence ».

Lorsque deux conventions collectives ou accords collectifs sont applicables, il convient de n'appliquer que le plus avantageux d'entre eux (Cass. soc., 18 janv. 2000, *Bouret et a. c/ Sté Comap, Bull. civ.* V, n° 27). La formule retenue en principe par la jurisprudence (Cass. ass. plén., 18 mars 1988, *Bull. Ass. plén.*, n° 3), demeure toutefois assez imprécise et les applications qu'en font les tribunaux, ne sont pas toujours très cohérents (A. Chevillard, *Dr. soc.* 1993, p. 363, spéc. p. 371 s.). Les avantages ayant le même objet ou la même cause ne se cumulent pas : seul le plus favorable d'entre eux doit être accordé. L'appréciation du caractère plus ou moins favorable s'effectue clause par clause, avantage par avantage (comparaison analytique) (Cass. soc., 18 oct. 1972, *Manufacture française de chaussures Eram c/ Lemesle ;* Cass. soc., 22 oct. 1984, *Sté FAO c/ Syndicat CFDT de la FAO et a.*). Faisant application de l'article L. 132-23 du Code du travail, la Cour de cassation a jugé que le fait qu'un accord d'entreprise ait été conclu antérieurement à une convention collective de branche, ne peut conduire à écarter l'application aux salariés des clauses de la convention collective de branche si celles-ci sont plus favorables (Cass. soc., 7 oct. 1997, *Association PEP 80 c/ Martin*). Le choix de la disposition plus favorable doit donc être indépendant des relations hiérarchiques pouvant exister entre les actes collectifs en cause, ainsi que de leur ordre chronologique.

Résolution du problème juridique posé : la SA Conserveries générales doit accorder à la fois le repos supplémentaire prévu par la convention de branche et une prime de déplacement.

Le caractère plus avantageux doit être apprécié globalement pour l'ensemble du personnel, avantage par avantage (Cass. soc., 18 janv. 2000, *TPS 2000,* comm. 92). La CCN ne prévoit pas d'option entre les deux avantages, contrairement à l'accord d'entreprise.

En ce qui concerne le premier avantage – les primes de déplacement : la CCN prévoit que « les primes de déplacement éventuellement instituées dans les entreprises, ne peuvent être inférieures à 4 % du salaire de base et doivent être versées à tous les salariés ». Aussi bien l'accord d'entreprise que la convention nationale accordent une prime de déplacement. Mais il est plus avantageux pour l'ensemble du personnel (CCN) de bénéficier de cette prime plutôt que de réserver cette prime aux salariés travaillant à plus de 20 km de leur domicile (accord d'entreprise). De plus, le taux prévu par la convention collective nationale (4 % du salaire) est plus favorable que celui de l'accord d'entreprise (2 %). La SA Conserveries générales doit donc accorder à tous les salariés, une prime de déplacement égale à 4 % du salaire de base et non plus seulement 2 % pour les seuls salariés éloignés de plus de 20 km de leur domicile.

En ce qui concerne le deuxième avantage – le repos supplémentaire : il est plus favorable pour les salariés travaillant à plus de 20 km de leur domicile, de bénéficier d'une demi-journée de repos par trimestre, soit 2 jours par an (CCN), qu'une journée par an (accord d'entreprise). La CCN ne prévoit pas que la prime de déplacement écarte les jours de repos supplémentaires. La SA Conserveries générales doit accorder une journée de repos par trimestre.

2 – a) La clause citée est une clause habituellement dénommée « clause d'objectifs ». Son régime juridique est précisé par la jurisprudence de la Cour de cassation, en ce qui concerne sa validité et les conditions de son exécution. C'est sur le plan de la validité de cette clause qu'on peut émettre de fortes réserves.

Nullité de la clause figurant dans le contrat de travail de M. Laurent

Il est stipulé que le salarié *« reconnaît de manière irrévocable »* qu'en cas de résultats insuffisants de sa part, la SA Conserveries générales *« serait en droit de prononcer un licenciement »*. Or, aucune clause du contrat de travail ne peut valablement décider qu'une circonstance quelconque constituera une cause de licenciement (Cass. soc., 14 nov. 2000, *JCP* E 2001, p. 574 – Cass. soc., 3 févr. 1999, *RJS* 1999, n° 351). Selon la Cour de cassation, le juge ne peut pas être privé de son pouvoir d'appréciation de l'existence d'une cause réelle et sérieuse de licenciement par les parties (Cass. soc., 30 mars 1999), l'exigence d'un motif réel et sérieux pour le licenciement, posée par l'article L. 122-14 du Code du travail constituant une règle d'ordre public.

Ensuite, cette clause ne comporte pas d'objectifs précis, elle se contente de faire référence à l'hypothèse où les résultats des ventes ne seraient pas « satisfaisants », ce qui ne constitue pas un objectif professionnel suffisamment précis et réaliste. Les objectifs professionnels doivent en effet « correspondre à des normes sérieuses et réalisables » (Cass. soc., 4 juin 1987, n° 84-43.878 – 13 déc. 1995, n° 92-41.023), ce qui n'est pas le cas ici.

Il apparaît en conséquence que cette clause est nulle et que l'employeur ne pourra pas l'invoquer. Le salarié disposera d'une exception de nullité en cas de litige sur la légitimité du licenciement. Cela ne signifie pas que le licenciement devra nécessairement être déclaré sans cause réelle et sérieuse, cela signifie simplement que le juge disposera de son entier pouvoir d'appréciation de la légitimité du licenciement, n'étant pas lié par la clause.

2 – b) *Les conditions dans lesquelles le licenciement de M. Laurent serait justifié sont les suivantes. Deux voies peuvent être envisagées :*

En premier lieu, l'employeur peut s'appuyer sur des consignes de travail qu'il aurait fixées afin de déterminer des objectifs précis que M. Laurent devait atteindre. Dans cette hypothèse, il serait possible de s'appuyer sur le pouvoir de direction de l'employeur, qui fixe les objectifs à atteindre. En effet, les objectifs n'ont pas nécessairement à être stipulés entre les parties puisque les consignes de travail relèvent du pouvoir de direction. Toutefois, les objectifs doivent être « réalistes » (Cass. soc., 14 nov. 2000, préc.). Il faut aussi que le salarié ait eu les moyens de les atteindre (Cass. soc., 11 juill. 2000, n° 98-41.132), que la différence entre les objectifs fixés et les objectifs atteints soit sensible (Cass. soc., 26 janv. 1994, n° 92-40.325) et que la non-réalisation des objectifs soit imputable au salarié (Cass. soc., 4 juin 1987, *D.* 1988, somm. p. 320 – 22 sept. 1993, *D.* 1994, somm. p. 305 – 13 déc. 1994, *D.* 1995, somm. p. 359 – 24 mai 2000, *Laisons soc.* Jurisp. hebdo 2000, n° 680). Si ces conditions sont remplies, le licenciement de M. Laurent, motivé par la non-atteinte des objectifs, sera justifié (Cass. soc., 3 mars 1977, *Bull. civ.* V, n° 165 – 15 nov. 1978, *Bull. civ.* V, n° 769 – 4 juin 1980, *Bull. civ.* V, n° 482 – 20 févr. 1986, *Bull. civ.* V, n° 26).

En second lieu, l'employeur peut, en dehors de la définition d'objectifs professionnels, prononcer un licenciement pour insuffisance professionnelle. On peut admettre qu'aucune faute particulière ne puisse être invoquée à l'encontre de M. Laurent, à qui on reproche seulement de mauvais résultats. Dès lors, la question est de savoir si l'insuffisance professionnelle non fautive pourrait motiver son licenciement (en l'absence de volonté délibérée du salarié, l'hypothèse d'une faute est à exclure). En effet, selon la Cour de cassation, si les erreurs commises par le salarié ne relèvent pas d'une mauvaise volonté délibérée mais de son insuffisance professionnelle, elles ne peuvent constituer une faute (Cass. soc., 31 mars 1998, *Bull. civ.* V, n° 186 – Cass. soc., 9 mai 2000, *Bull. civ.* V, n° 170). Nous sommes dans l'hypothèse où l'insuffisance des résultats peut constituer une cause réelle et sérieuse de licenciement, même si elle n'est pas fautive (Cass. soc., 5 oct. 1983, n° 81-40.846, *Bull. civ.* V, n° 472). La jurisprudence exige cependant que soient remplies certaines conditions, alors même que le contrat de travail ne comporte pas de stipulation relative aux résultats (ou que cette stipulation est nulle). Il faut que l'insuffisance professionnelle repose sur des éléments quantifiables, par exemple par rapport aux résultats passés ; mais il ne faut pas que les résultats insuffisants soient passagers ou dus à la conjoncture économique : il faut enfin qu'ils soient imputables au salarié (Cass. soc., 5 avr. 1990, n° 88-41.871, *Waeselynck c/ Sté RSCG Boulet*).

NB : On n'exigera pas des candidats qu'ils se prononcent sur la réalité des mauvais résultats.

3 – a) *L'employeur a l'obligation de respecter, à l'égard de M. Laurent, les dispositions de l'article L. 321-1-2 du Code du travail.*

Ces changements déterminent une modification substantielle du contrat de travail de M. Laurent pour un motif économique. Cette hypothèse relève des dispositions de l'article L. 321-1 du Code du travail qui définit le motif économique du licenciement.

De son côté, l'article L. 321-1-2 dispose : « Lorsque l'employeur, pour l'un des motifs énoncés à l'article L. 321-1, envisage une modification substantielle des contrats de travail, il en informe chaque salarié par lettre recommandée avec accusé de réception. La lettre de notification informe le salarié qu'il dispose d'un mois à compter de sa réception pour faire connaître son refus. À défaut de réponse dans le délai d'un mois, le salarié est réputé avoir accepté la modification proposée ».

La modification envisagée à l'égard de M. Laurent s'analyse en une modification substantielle de son contrat de travail au sens de ces dispositions. En effet, la SA Conserveries générales envisage de le rétrograder d'un emploi de Responsable des ventes, à un emploi de Chargé des relations avec la clientèle, avec réduction de son salaire. Or la nature de l'emploi occupé et le montant de la rémunération sont considérés par la jurisprudence comme des éléments substantiels du contrat de travail. La SA Conserveries générales doit respecter ces dispositions et proposer en conséquence la modification envisagée selon la procédure légale.

3 – b) *Il est possible d'envisager le licenciement de M. Laurent pour motif économique, s'il refuse la modification envisagée.*

Contrairement à ce qui est indiqué par M. Laurent, la rétrogradation n'aurait pas, dans ce cas, la nature de sanction disciplinaire, puisqu'elle serait consécutive à la mesure de réorganisation décidée par l'employeur. La cause première est déterminante du licenciement serait économique. L'employeur est seul juge dans le domaine de la réorganisation ; il est maître de ses modalités, si celle-ci est faite dans un but de sauvegarde de la compétitivité de l'entreprise (art. L. 321-1, C. trav. ; décision du Conseil constitutionnel n° 2001-455 DC du 12 janvier 2002). D'une manière générale, la Cour de cassation admet que le licenciement puisse trouver une justification dans une telle hypothèse (Cass. soc., 2 juin 1993, *RJS* 1993, n° 728). La réorganisation de l'entreprise peut constituer une cause économique de suppression ou transformation d'emplois ou d'une modification substantielle du contrat de travail (Cass. soc., 1er avr. 1992, *TPS* 1992, comm. 293, n° 1). La réorganisation peut justifier le prononcé de licenciements si elle est effectuée pour sauvegarder la compétitivité de l'entreprise ou du secteur d'activité dans lequel l'entreprise intervient (Cass. soc., 5 avr. 1995, *JCP* 1995 E II, 709).

En l'espèce, il semble bien que la SA Conserveries générales ait pour but la sauvegarde de sa compétitivité : renforcement de la fonction commerciale à la suite de résultats jugés insuffisants par le chef d'entreprise, recrutement d'un directeur commercial en vue de renforcer les ventes, réorganisation réelle (recrutement d'un cadre et nouvelle affectation d'une secrétaire). Toutefois l'existence d'une cause économique ne suffit pas : l'employeur qui envisage un licenciement économique doit chercher à reclasser le salarié (art. L. 321-1, C. trav.). Ce n'est que si aucun emploi compatible avec la qualification de l'intéressé n'est disponible dans l'entreprise, que le licenciement sera justifié par une cause réelle et sérieuse.

François Petit
Maître de conférences à l'Université de Bordeaux

Annale corrigée de l'IEJ de Lille II

SUJET

Les étudiants commenteront l'arrêt ci-dessous rendu par la Chambre sociale de la Cour de cassation le 29 janvier 2003.

Cass. soc. 29 janvier 2003
n° 237 F-D
Sté Abeille Vie c/ Guillaumot
MM. CHAGNY, Prés. – BAILLY, Rapp. –
Mme BARRAIRON, Av. gén. –
SCP PIWNICA et MOLINIÉ,
SCP MASSE-DESSEN et THOUVENIN, av.

Attendu que Mlle Guillaumot, qui était employée depuis le mois de mars 1992 par la société L'Épargne de France, en qualité de conseiller en épargne, est passée en 1997 au service de la société Abeille Vie, à la suite d'une fusion-absorption ; qu'envisageant une réorganisation de ses services, entraînant une modification des contrats de travail des salariés qui provenaient de la société absorbée, la société Abeille Vie a mis en place un plan social et proposé à Mlle Gullaumot une modification de son contrat ; qu'à la suite du refus de cette dernière, elle l'a licenciée le 20 mai 1997, pour motif économique ;

Attendu que la Société Abeille Vie fait grief à l'arrêt attaqué (Dijon, 4 mai 2000) d'avoir dit que ce licenciement n'était pas justifié par une cause réelle et sérieuse et d'avoir en conséquence condamné l'employeur au paiement de dommages et intérêts, alors, selon le moyen :

1° que la modification du contrat de travail consécutive à la réorganisation de l'entreprise constitue l'énoncé d'un motif économique de licenciement ; qu'ayant constaté que la lettre de licenciement mentionnait le refus du salarié d'accepter une modification de son contrat consécutive à une réorganisation de l'entreprise, la Cour d'appel, dès lors tenue de vérifier si cette réorganisation était destinée à sauvegarder la compétitivité de l'entreprise, ainsi qu'elle y était invitée par les conclusions d'appel de l'employeur, ne pouvait dire que ladite lettre n'était pas suffisamment motivée, sans violer les articles L. 122-14-2 et L. 321-1 du Code du travail ;

2° que ne méconnaît pas l'obligation de reclassement du salarié dont le licenciement économique est envisagé, l'employeur qui lui communique la liste, établie dans le plan social, des postes disponibles au sein de l'entreprise et du groupe ; qu'en disant que l'employeur n'avait pas satisfait à son obligation de reclassement en se contentant de proposer à la salariée la liste, établie dans le plan social, des postes disponibles au sein de la société et du groupe, la Cour d'appel a violé l'article L. 321-1 du Code du travail ;

Mais attendu que l'employeur est tenu de rechercher avant tout licenciement et de proposer à chacun des salariés dont le licenciement est envisagé, en vue de leur reclassement, des emplois adaptés à leur qualification, alors même qu'un plan social est établi ;

Et attendu qu'ayant constaté que la société Abeille Vie s'était bornée à communiquer à sa salariée, avec la proposition de modification de son contrat de travail, un extrait du plan social énumérant et décrivant les mesures de reclassement qui étaient prévues dans l'entreprise et dans le groupe dont elle relevait, la Cour d'appel en a exactement déduit que l'employeur n'avait pas satisfait à son obligation de reclassement ; que, par ce seul motif et abstraction faite des motifs critiqués par la première branche du moyen, qui sont surabondants, elle a légalement justifié sa décision ;

Que le moyen n'est pas fondé ;

Par ces motifs : Rejette le pourvoi.

CORRIGÉ

La loi et la jurisprudence ont multiplié les obligations de reclassement à la charge de l'employeur notamment en cas d'inaptitude physique du salarié ou lorsque l'emploi de celui-ci est menacé par l'évolution économique. Ces obligations ont un lien avec la morale : le salarié doit être respecté en tant qu'individu et nul n'ignore l'importance de l'emploi dans notre société. En conséquence, il n'est pas plus grande marque de respect à l'égard d'un partenaire contractuel que de s'efforcer de maintenir son poste de travail comme le témoigne une nouvelle fois l'arrêt rendu par la chambre sociale le 29 janvier 2003.

En l'espèce, une société envisage une réorganisation de ses services et parce que celle-ci va déboucher sur une modification des contrats de travail, elle met en place un plan social. Une salariée, qui refuse la modification de son contrat de travail, est licenciée pour motif économique. Pour la Cour d'appel de Dijon, le licenciement est sans cause sérieuse et en conséquence, l'employeur doit verser des dommages et intérêts.

Selon l'employeur, la Cour d'appel ne pouvait pas déclarer que la lettre de licenciement n'était pas suffisamment motivée alors qu'elle indiquait expressément que la rupture du contrat de travail trouvait son origine dans le refus de la salariée d'accepter une modification de son contrat de travail consécutive à une réorganisation de l'entreprise. L'employeur considère également qu'il n'a pas violé, contrairement à l'affirmation des juges du fond, son obligation de reclassement. Pour lui, cette obligation est respectée car il a communiqué la liste, établie dans le plan social, des postes disponibles au sein de l'entreprise et du groupe.

Le pourvoi est rejeté par la Cour de cassation au motif que l'employeur est tenu de rechercher avant tout licenciement et de proposer à chacun des salariés dont le licenciement est envisagé, en vue de leur reclassement, des emplois adaptés à leur qualification, alors même qu'un plan social est établi. Or, en l'espèce, la société s'était bornée à communiquer à sa salariée, avec la proposition de modification de son contrat de travail, un extrait de plan social énumérant et décrivant les mesures de reclassement qui étaient prévues dans l'entreprise et dans le groupe. La Cour de cassation décide ensuite de ne pas examiner le moyen fondé sur la lettre de licenciement, ce motif sur lequel s'était également appuyée la Cour d'appel, apparaissant comme surabondant.

Peut-on considérer que l'employeur respecte son obligation de reclassement en matière de licenciement économique en communiquant au salarié un extrait de plan social ? La décision rendue par la Cour de cassation permet de s'interroger sur la portée exacte de l'obligation de reclassement. Le licenciement pour motif économique est devenu un ultime remède, il n'est envisageable que si l'employeur a fait des efforts importants pour tenter de reclasser le salarié (§I). On ne peut donc se satisfaire d'un plan social qui intéresse la collectivité dans son ensemble. L'employeur doit rechercher pour chaque salarié s'il existe ou non des possibilités de reclassement au sein de l'entreprise ou du groupe (§II).

§I LICENCIEMENT ÉCONOMIQUE ET RECLASSEMENT

Il convient d'abord de préciser le fondement du reclassement avant de s'intéresser à ses modalités pratiques.

A. LE FONDEMENT DU RECLASSEMENT

La Cour de cassation pose en principe dans sa décision du 29 janvier 2003 que « l'employeur est tenu de rechercher avant tout licenciement et de proposer à chacun des salariés dont le licenciement est envisagé, en vue de leur reclassement, des emplois adaptés à leur qualification ». Dans une décision rendue le 17 mars 1999, la Cour de cassation avait déjà affirmé : « alors même qu'il résulte d'une suppression d'emploi procédant d'une cause économique, le licenciement pour motif économique n'a une cause réelle et sérieuse que si l'employeur s'est trouvé dans l'impossibilité de reclasser le salarié » (Cass. soc., 17 mars 1999, *Dr. soc.* 1999, 503, note G. Couturier). En matière économique, le chef d'entreprise ne peut donc user de son droit de licencier que s'il s'est trouvé dans l'impossibilité de reclasser le salarié, le licenciement étant devenu un ultime remède (A. Lyon-Caen, « Adapter et reclasser : quelques arrêts stimulants de la Cour de cassation », *Semaine Sociale Lamy,* n° 596, 21 avril 1992, 3 ; G. Couturier, *op. cit.,* 496). Cette solution jurisprudentielle a été consacrée par la loi de modernisation sociale du 17 janvier 2002 (article L. 321-1 alinéa 3 du Code du travail).

Comment peut-on justifier sur un plan juridique qu'un contractant, le chef d'entreprise, soit tenu de rechercher un poste adapté à chacun de ses salariés en cas de licenciement économique ? La solution doit être rattachée à l'article 1134 alinéa 3 du Code civil qui prévoit l'exécution de bonne foi des obligations contractuelles. Ainsi, dans un arrêt en date du 17 octobre 1995, la Cour de cassation affirme que « l'employeur, tenu d'exécuter de bonne foi le contrat de travail, a le devoir d'adapter le salarié à l'évolution de son emploi et de favoriser son reclassement » (Cass. soc., 17 oct. 1995, *CSB* sept/oct 1996, suppl. n° 83, 66). Le fondement retenu est celui de la loyauté contractuelle : l'employeur a le devoir de renégocier le contrat lorsque l'évolution de l'entreprise empêche de fournir le travail convenu (A. Sériaux, *Droit des obligations,* PUF, Droit fondamental, 2e éd. 1998, n° 55). Cette référence est le droit commun des obligations contractuelles est parfaitement justifiée puisque l'article L. 121-1 du Code du travail prévoit que le contrat de travail est soumis aux règles du droit commun. L'idée d'un contrat de travail exécuté loyalement a été confirmée par la loi de modernisation sociale qui a introduit dans le Code du travail un article L. 120-4 qui dispose : « le contrat de travail est exécuté de bonne foi ». Le reclassement étant acquis, reste à préciser ses modalités.

B. LES MODALITÉS DU RECLASSEMENT

La Cour de cassation précise dans son arrêt du 29 janvier 2003 que l'employeur doit proposer à chacun des salariés dont le licenciement est envisagé, en vue de leur reclassement, des emplois adaptés. Que faut-il entendre par là ?

L'article L. 321-1 alinéa 3 du Code du travail issu de la loi du 17 janvier 2002 affirme que le licenciement pour motif économique ne peut intervenir que si le reclassement de l'intéressé sur un emploi relevant de la même catégorie que celui qu'il occupe ou sur un emploi équivalent ou, à défaut, et sous réserve de l'accord exprès du salarié, sur un emploi d'une catégorie inférieure ne peut être réalisé dans le cadre de l'entreprise ou, le cas échéant du groupe auquel l'entreprise appartient. La loi ajoute que les offres de reclassement doivent être écrites et précises.

Les hypothèses susceptibles de se présenter à l'employeur sont donc diverses.

En premier lieu, si un emploi de même nature que celui supprimé est disponible, l'employeur a l'obligation d'assurer le reclassement du salarié sur ce nouveau poste.

En second lieu, même si les emplois disponibles sont différents de l'ancien poste, ils doivent aussi être offerts au salarié. La Cour de cassation a affirmé à diverses reprises qu'à défaut d'emplois disponibles dans la même catégorie, il peut être proposé au travailleur dont l'emploi est supprimé, un emploi de catégorie inférieure. Toutefois, si le poste proposé entraîne une modification du contrat, le salarié est en droit de la refuser. Cette deuxième hypothèse soulève une difficulté particulière : le salarié a-t-il les capacités requises pour occuper le poste de travail disponible ? La question se pose notamment lorsque le nouvel emploi suppose une qualification supérieure ou différente. Dans ce cas, l'employeur est tenu d'accompagner son reclassement d'une offre de formation. Le principe est clairement posé depuis un arrêt du 25 février 1992 : « l'employeur, tenu d'exécuter de bonne foi le contrat de travail, a le devoir d'assurer l'adaptation des salariés à l'évolution de leurs emplois » (Cass. soc., 25 fév. 1992, *D.* 1992, 390, note M. Défossez). La solution a été consacrée par la loi du 17 janvier 2002, l'article L. 321-1 alinéa 3 prévoyant désormais que le licenciement économique ne peut intervenir que lorsque tous les efforts de formation et d'adaptation ont été réalisés. Mais l'adaptation n'est pas la reconversion. L'objectif est simplement d'assurer à un salarié qui possède des capacités suffisantes d'adaptation, une formation de courte durée. Un débat est alors susceptible d'apparaître sur les facultés d'adaptation du salarié et sur l'effort de formation que l'employeur doit fournir. La Cour de cassation a précisé dans un arrêt du 3 avril 2001 que si l'employeur a l'obligation d'assurer l'adaptation des salariés en leur assurant une formation complémentaire, il n'a pas en revanche à prendre en charge la formation initiale qui fait défaut (Cass. soc., 3 avril 2001, *Bull. civ.* V, n° 114). Autrement dit, il n'a pas l'obligation de mettre en œuvre une formation lourde qui déboucherait sur une nouvelle qualification professionnelle, c'est une simple obligation d'adaptation qui pèse sur lui.

En troisième lieu, l'entreprise peut licencier le salarié pour motif économique si elle ne peut pas lui proposer un autre emploi. Mais c'est à l'employeur à établir qu'il y a impossibilité de reclassement.

En définitive, on s'aperçoit que l'obligation de reclassement est très générale, elle existe indépendamment du plan social.

§II PLAN SOCIAL ET RECLASSEMENT

On notera tout d'abord que la terminologie a été modifiée depuis la loi de modernisation sociale, on ne parle plus aujourd'hui de plan social mais de plan de sauvegarde de l'emploi. Toutefois, la Cour de cassation n'utilise pas en l'espèce ce nouveau terme car les faits sont antérieurs à la loi du 17 janvier 2002.

Deux idées vont retenir notre attention. Tout d'abord, parce que le plan social a un caractère collectif, il n'épuise pas le droit au reclassement. En second lieu, la modification des contrats de travail peut entraîner l'obligation de mettre en place un plan social.

A. LE PLAN SOCIAL N'ÉPUISE PAS LE DROIT AU RECLASSEMENT

La Cour de cassation réaffirme dans son arrêt du 23 janvier 2003 la nécessité de rechercher un reclassement pour chaque salarié, peu importe si un plan social a été établi. La solution n'est pas nouvelle, la Cour de cassation avait déjà affirmé dans un arrêt en date du 22 février 1995 que même si un plan social a été établi, l'employeur doit rechercher les postes disponibles pour chaque salarié (Cass. soc., 22 fév. 1995, *Dr. soc.* 1995, 389, obs. J.E. Ray). Il convient en effet de ne pas confondre l'obligation de reclassement avec l'obligation de mettre en place un plan social. Comme nous l'avons vu dans la première partie, l'obligation de reclassement se rattache à la bonne foi dans l'exécution du contrat individuel de travail. L'employeur a le devoir de renégocier celui-ci en vue de maintenir le lien contractuel. Quant au plan social, il relève plutôt des garanties collectives qui touchent au régime de la gestion de l'emploi dans l'entreprise (G. Couturier, « Plans sociaux et exigences de reclassement », *Dr. soc.* 1994, 441). Ce caractère collectif se vérifie à plusieurs niveaux. Le plan social doit contenir plusieurs mesures, une seule ne permet pas de parler de plan. De plus, ce plan constitue un objet de concertation, il doit être présenté par l'employeur aux représentants du personnel. Enfin, le plan social doit contenir des mesures de reclassement externe, il s'agit alors de pourvoir pour le mieux au devenir professionnel du salarié après son licenciement (P.-Y. Verkindt, « Plans sociaux : un outil de sélection du personnel », *Dr. soc.* 1994, 464). On s'éloigne alors de l'idée d'une survie du contrat de travail dont on parvient à éviter la rupture.

Certes, le plan social doit contenir depuis la loi du 27 janvier 1993 un plan de reclassement des salariés mais ce plan a aussi un caractère collectif ; il intéresse la collectivité dans son ensemble. À ce stade, les mesures n'étant pas individualisées, l'employeur ne peut échapper à son obligation de reclassement de chaque salarié pris individuellement. Indépendamment des dispositions du plan de reclassement, l'employeur doit rechercher pour chaque salarié s'il existe des possibilités de reclassement. Un travailleur peut contester le non-respect de son obligation de reclassement alors même qu'un plan de reclassement a été établi et jugé valable (Cass. soc., 7 juillet 1998, *RJS* 1998, n° 966).

On notera enfin que la mise en place d'un plan social permet de faciliter le respect de l'obligation de reclassement au niveau individuel, mais cela ne l'épuise pas. L'employeur doit saisir toutes les opportunités de nature à faire échapper le salarié à la perte de son emploi.

Il convient maintenant de préciser pourquoi la simple modification des contrats de travail peut engendrer l'obligation de mettre en place un plan social.

B. LE PLAN SOCIAL PEUT S'IMPOSER EN CAS DE MODIFICATION DU CONTRAT

L'employeur, qui envisage en l'espèce une réorganisation de ses services, a communiqué à sa salariée, avec la proposition de modification de son contrat de travail, un extrait de plan social. Celui-ci a donc été établi avant que la salariée ne fasse connaître sa réponse. Autrement dit, on n'a pas attendu le refus de la salariée de consentir à la modification pour mettre en place le plan social.

Cette démarche renvoie à deux interrogations classiques en droit social. Dans les entreprises de plus de cinquante salariés, lorsque l'employeur veut modifier le contrat de travail d'au moins dix travailleurs, a-t-il l'obligation d'établir un plan social ? Et, en cas de réponse positive, à quel moment doit-il le faire ?

Ces questions ont été tranchées par la Cour de cassation dans les arrêts *Majorette* et *Framatome* rendus le 3 décembre 1996 (Cass. soc., 3 déc. 1996, 2 arrêts, *Dr. soc.* 1997, 16, rapport Ph. Waquet). Selon la chambre sociale, l'employeur doit établir un plan social dès le projet de révision des contrats, il n'a pas à attendre le moment où il va licencier les éventuels récalcitrants. Cette solution s'explique par la finalité du plan social : il est obligatoire non pas à partir d'un nombre de licenciements décidés mais à partir de licenciements envisagés. Il intervient donc dans le cadre d'une perspective floue : l'éventualité de licenciements. Or, dès l'instant où l'employeur propose une modification des contrats pour motif économique, il ne peut pas ne pas envisager le licenciement de ceux qui refusent une telle solution. Certes, l'employeur pourrait en théorie renoncer à la modification. Mais lorsqu'il s'agit d'une réorganisation de l'entreprise, qui a été longuement préparée, l'idée d'une renonciation du chef d'entreprise semble très utopique.

Bernard Bossu
Professeur à l'Université de Lille II

Annale corrigée de l'IEJ de Nancy II

SUJET

Les étudiants devront résoudre le cas pratique suivant :

La société DCJ dont le siège est à Paris est spécialisée dans la production de DVD. Son effectif est de 124 salariés répartis en différents établissements tous situés dans l'Ouest de la France sauf un situé à Nancy et dont l'activité porte sur l'emballage des produits commercialisés par cette société. La société Inov qui a son siège social à Nancy est choisie par la société DCJ pour assurer désormais cette activité, la société DCJ préférant se consacrer à la fabrication du produit. Après de longs pourparlers, un accord est conclu entre les deux sociétés, le cessionnaire l'entreprise Inov reprenant tout le matériel et le stock, elle maintiendra également les locaux à Nancy.

21 des 27 salariés affectés à l'entreprise d'emballage seront repris par Inov. La société DCJ annonce aux autres salariés qu'ils ne seront pas transférés à Inov mais qu'ils seront affectés à des postes similaires dans l'établissement de Brest. Contestant cette mesure, les salariés menacent l'entreprise de cesser la production. Le lendemain ils arrêtent le travail pendant deux heures. Ils seront alors licenciés pour faute grave, l'entreprise n'ayant pu honorer une commande dans les délais. Une fois le transfert réalisé, la société Inov décide de licencier, pour motif économique, quatre des salariés qui avaient été repris.

Monsieur Servin qui a travaillé pendant 18 ans au service de DCJ en qualité de chef d'équipe reçoit également une lettre de licenciement l'informant que son poste est attribué à un salarié nouvellement recruté et qui coûtera moins cher que lui, étant donné les difficultés de gestion rencontrées par l'entreprise depuis la reprise de l'activité emballage. Même si aucun poste n'est actuellement disponible dans l'établissement de Nancy, la société Inov s'engage à contacter M. Servin si un poste correspondant à sa qualification venait à se libérer. Six mois plus tard, M. Servin est informé par un collègue qu'un poste de magasinier est vacant. Il décide de faire valoir sa priorité de réembauchage. La société Inov lui répond que l'emploi a été attribué et qu'elle n'était pas tenue de lui proposer cet emploi.

Madame Auguste conteste pour sa part la mesure qui a été prise à son encontre. En effet, elle a été licenciée par l'entreprise Inov qui lui reprochait d'avoir participé à un rallye automobile le week-end dernier. L'employeur mettait en avant qu'elle devait se reposer pendant le week-end afin d'être plus productive pendant la semaine de travail.

Analysez les pratiques de l'entreprise et conseillez les salariés sur l'étendue de leurs droits.

CORRIGÉ

Après un bref rappel des faits, précisez que plusieurs problèmes se posent.

§1 LE TRANSFERT D'ENTREPRISE ET LES IMPLICATIONS POUR LES SALARIÉS

A. LE TRANSFERT D'ENTREPRISE

En l'espèce le premier problème posé est relatif à un transfert d'entreprise. La question du sort des salariés se pose. Cette situation est régie par l'article L. 122-12 al. 2 du Code du travail. Toutefois la Cour de cassation qui a interprété cet article exige qu'un certain nombre de conditions soient remplies. L'article L. 122-12 al. 2 s'applique toutes les fois qu'il y a un transfert d'une entité autonome conservant son identité et dont l'activité est poursuivie ou reprise.

Nécessité d'une entité économique : depuis un arrêt du 7 juillet 1998 l'entité économique est un ensemble organisé de personnes et d'éléments corporels ou incorporels permettant l'exercice d'une activité qui poursuit un objectif propre. Il est donc nécessaire que plusieurs éléments soient réunis : une activité, des personnes, des éléments corporels ou incorporels. Ces conditions sont remplies en l'espèce. De même il y a bien en l'espèce un transfert.

L'entité transférée doit conserver son identité et l'activité doit être reprise ou poursuivie. En l'espèce nous disposons de peu de renseignements mais il semble que cela ne pose pas réellement problème. Par conséquent l'article L. 122-12 al. 2 semble avoir vocation à s'appliquer. Les salariés bénéficient alors du transfert de leur contrat de travail.

B. LA MUTATION DES SALARIÉS

6 salariés sont mutés à Brest. Le problème qui se pose est de savoir si nous nous trouvons face à une modification de contrat ou à un simple changement des conditions de travail (Cass. soc., 10 juill. 1996). La Cour de cassation a posé un certain nombre de règles : elle précise qu'il s'agit d'une modification de contrat lorsque le lieu de travail proposé au salarié est situé dans **un secteur géographique différent** de celui où il travaillait précédemment. En l'espèce il s'agit bien d'une modification de contrat. En conséquence l'employeur ne peut l'imposer unilatéralement à ses salariés, il doit obtenir leur accord.

En l'espèce un problème supplémentaire se greffe puisque la modification s'explique par des raisons économiques. Dans ce cas le législateur impose à l'employeur le respect d'une procédure particulière prévue par l'article L. 321-1-2 du Code du travail.

C. LA GRÈVE

En réaction à l'annonce par l'entreprise de sa volonté de modifier certains contrats de travail, les salariés décident de cesser la production. Deux questions se posent, il s'agit de la qualification du mouvement et celle des conséquences pour les salariés.

1. *La qualification du mouvement*

Selon la jurisprudence la grève est la cessation collective et concertée du travail en vue d'appuyer des revendications professionnelles connues de l'employeur. Trois éléments cumulatifs se dégagent.

– Cessation de travail : il est exigé par la jurisprudence un arrêt franc et complet de travail. En l'espèce, l'arrêt de travail est de deux heures donc la condition est remplie.

– La cessation doit être collective et concertée : la grève est un droit individuel qui s'exerce collectivement et elle doit traduire une décision commune des salariés d'entamer un mouvement revendicatif en l'espèce cette condition est remplie.

– Les revendications professionnelles connues de l'employeur : en l'espèce les salariés s'opposent à la modification de leur contrat de travail, il s'agit bien de revendications. Par ailleurs la Cour de cassation pose en exigence que la présentation des revendications doit précéder la cessation de travail. La Cour de cassation n'a pas édicté de règles formelles à cet égard, des prises de parole peuvent être suffisantes.

Le mouvement en présence revêt la qualification de grève.

2. *Les conséquences sur l'emploi*

L'article L. 521-1 dispose que la grève ne rompt pas le contrat de travail, sauf faute lourde imputable au salarié. Les salariés ont-ils commis une faute lourde (donner la définition de la faute lourde et préciser qu'en l'espèce aucun fait précis ne leur est reproché si ce n'est que l'entreprise n'a pu honorer une commande dans les délais). En conséquence, l'employeur ne peut rompre le contrat de travail, le licenciement prononcé est nul de plein droit en application de l'article L. 521-1 alinéa 3 et de l'article L. 122-45 du Code du travail. Les salariés disposent d'un choix en la matière. Soit ils demandent la réintégration dans leur emploi avec toutes les conséquences qui découlent du droit à réintégration, soit ils peuvent opter pour une solution indemnitaire et pourront prétendre aux indemnités de rupture du contrat de travail auxquelles s'ajoute une indemnité réparant l'intégralité du préjudice résultant du caractère illicite du licenciement et au moins égale à celle prévue à l'article L. 122-14-4 du Code du travail.

D. LES LICENCIEMENTS POUR MOTIF ÉCONOMIQUE APRÈS TRANSFERT

En la matière, il existe un principe selon lequel le repreneur ne peut s'opposer à la continuation des contrats de travail et ce par application de l'article L. 122-12 al. 2. Toutefois, lorsque le transfert est intervenu, l'employeur peut procéder à la réorganisation de son entreprise s'il l'estime nécessaire et dans ce cadre il pourra éventuellement procéder au licenciement de certains salariés passés à son service. Pour que le licenciement soit légitime, il est nécessaire que l'entreprise justifie que les conditions du licenciement pour motif économique sont remplies.

Le licenciement de Monsieur Servin : il faut apprécier la légitimité du licenciement et s'interroger ensuite sur la priorité de réembauchage.

1. Le bien fondé du licenciement

Selon l'article L. 321-1 du Code du travail plusieurs conditions doivent être remplies.

Il doit s'agir d'un motif non inhérent à la personne du salarié. Cette condition est remplie en l'espèce.

Il faut un élément matériel qui doit se traduire soit par une suppression d'emploi, une transformation d'emploi ou une modification substantielle du contrat de travail. En l'espèce il n'y a pas de suppression d'emploi puisque son poste est confié à quelqu'un d'autre qui coûtera moins cher que lui. Il est également nécessaire qu'il existe un lien de causalité. En l'espèce l'entreprise invoque les difficultés de gestion et le fait que cela sera source d'économie pour l'entreprise. Ces différents éléments ne satisfont pas aux exigences de l'article L. 321-1 du Code du travail.

De plus aux termes de l'article L. 321-1 l'employeur devait proposer un reclassement au salarié, ce qui n'a apparemment pas été fait. En conséquence le licenciement est injustifié, le salarié a droit à une indemnité de licenciement en application de l'article L. 122-9 (celle-ci sera doublée par rapport à l'indemnité de licenciement versée pour un motif personnel), il a également droit à une indemnité compensatrice de congés payés et également à un préavis. Il bénéficie également des dispositions du Pré-pare et de dommages et intérêts en application de l'article L. 122-14-4.

2. La priorité de réembauchage

Elle est prévue à l'article L. 321-14. Le salarié dispose d'un délai d'un an pour demander à en bénéficier et l'entreprise doit alors lui proposer les postes disponibles et compatibles avec ses fonctions pendant un délai d'un an à compter de la rupture du contrat de travail. En l'espèce il semble que le salarié n'ait pas fait valoir sa priorité, dans ce cas l'entreprise n'a pas à lui communiquer les emplois disponibles et le salarié ne peut demander la condamnation de son employeur pour non-respect des règles sur la priorité de réembauchage.

§II LE LICENCIEMENT POUR MOTIF PERSONNEL DE MADAME AUGUSTE

Il est reproché à la salariée d'avoir participé à un rallye le week-end. En l'espèce ce sont des faits qui relèvent de la vie personnelle du salarié. La Cour de cassation depuis un arrêt rendu le 17 avril 1991 pose les règles en la matière sous forme d'un principe et d'exceptions. Il ne peut être procédé au licenciement du salarié pour de tels faits sauf dans l'hypothèse où le comportement de l'intéressé, compte tenu de ses fonctions et de la finalité propre à l'entreprise, a causé un trouble caractérisé au sein de celle-ci. En l'espèce aucun élément ne permet de dire que l'on se situe dans les exceptions. En conséquence le licenciement est sans cause réelle et sérieuse. La salariée pourra éventuellement bénéficier en fonction de son ancienneté d'une indemnité de licenciement, d'un préavis, d'une indemnité de congés payés et de dommages et intérêts sur le fondement de l'article L. 122-14-4 ou L. 12-14-5.

Pascale ÉTIENNOT
Maître de conférences à la Faculté de droit de Nancy II

Annale corrigée de l'IEJ de Nice

SUJET

Les candidats devront résoudre le cas pratique suivant :

L'entreprise Duponnet, installée à Sophia-Antipolis (06) et comprenant 48 salariés a voulu recentrer partiellement son activité à Toulon (83). Monsieur Girardin, cadre technique de cette entreprise d'informatique et bureautique vous consulte et vous soumet son dossier qui comprend notamment les documents suivants :

– La lettre qu'il a reçue de son employeur, en date du 3 mai 2002, le priant « de prendre toutes dispositions pour travailler chez lui, ou commencer à travailler à Toulon le 1er septembre 2002 ».

– La lettre en réponse qu'il a adressée à son employeur, sur les conseils d'un ami, le 27 mai 2002, par laquelle il « considérait son contrat signé à Sophia-Antipolis le 1er décembre 1998, rompu du fait de l'employeur puisque ce document ne comporte aucune clause de mobilité et qu'il ne souhaitait pas travailler chez lui non plus ».

– Son contrat de travail qui ne comporte effectivement aucune stipulation de mobilité, mais comporte une clause de non-concurrence, ainsi libellée « le salarié soussigné s'interdit pendant deux années à compter de la rupture de son contrat, pour quelque cause que ce soit, de s'intéresser directement ou indirectement à toute entreprise susceptible de concurrencer Duponnet, sur tout le territoire français ». Ce même contrat prévoit également une prime de 13e mois, égale à un mois de salaire ; dont le paiement est subordonné à la présence du salarié dans les effectifs de l'entreprise à la date du 31 décembre.

– La convention collective applicable qu'il a pu se procurer récemment, et qui contient entre autres dispositions, deux clauses, l'une de mobilité, ainsi conçue « pour les besoins du service, les salariés pourront être mutés dans l'un des lieux où l'entreprise possède un établissement », l'autre, une clause prévoyant une contrepartie financière de 1/3 de mois de salaire pendant la durée de l'interdiction de concurrence.

– Une lettre d'embauche d'un nouvel employeur, dont l'entreprise de bureautique et d'informatique est située à Roubaix (59) en date du 8 décembre 2002. Vous conseillez Monsieur Girardin à la date du 3 octobre 2003.

CORRIGÉ

Il existe essentiellement deux séries de problèmes posés par ce cas pratique.

§ I LES CLAUSES

A. LIEU DE TRAVAIL ET MOBILITÉ

L'arrêt *Abram* permet au salarié de ne pas travailler chez lui (Cass. soc., 2 oct. 2001, n° 99-42727, *JSL* 6 nov. 2001, n° 89-2).

Le lieu de signature n'est qu'une information, pas une clause de sédentarité, si l'on suit les derniers principes posés par la jurisprudence.

La clause figurant dans la convention collective et instituant une mobilité obligatoire n'est applicable que si le salarié a été informé de cette convention dont il a pu effectivement prendre connaissance (Cass. soc., 27 juin 2002, n° 00-42.696, *Lamy social* 2003, n° 1302). Ici, on peut douter de l'application de la clause car il est dit, dans le cas pratique, que le salarié « a pu se procurer récemment... ».

B. LA CLAUSE DE NON-CONCURRENCE

La clause de non-concurrence ne contient pas de contrepartie pécuniaire dans le contrat. En revanche, la convention collective prévoit l'existence d'une contrepartie. Si le salarié est informé de l'existence de cette contrepartie conventionnelle lors de la rédaction de la clause, la contrepartie existe bien. On ne peut donc pas procéder à l'annulation de la clause sur ce terrain puisque les conditions des arrêts du 10 janvier 2002 (Cass. soc., 10 juillet 2002, *Bull. civ.* n° 239, p. 235), c'est-à-dire l'existence d'une restriction dans le temps et dans l'espace, quant à la nature de l'activité et quant à l'existence d'une contrepartie pécuniaire sont bien remplies.

La clause est cependant trop étendue dans l'espace. Le juge s'est vu confirmer son pouvoir de modération par l'arrêt rendu par la chambre sociale le 18 septembre 2002 (Cass. soc., 18 sept. 2002, *Bull. civ.* V n° 272, p. 263).

En substance, dès l'instant où une clause de non-concurrence, même indispensable aux intérêts légitimes de l'employeur porte entrave à la liberté d'un salarié de travailler en raison de la spécificité de son emploi, les juges peuvent en restreindre l'application en en limitant l'effet dans le temps, l'espace ou ses autres modalités. Tel est le cas en l'espèce. On peut penser que le juge réduira la portée de la clause.

§ II LA PRISE D'ACTE DE LA RUPTURE

A. LA QUALIFICATION DE LA RUPTURE

Après les hésitations de l'année 2002, par cinq arrêts du 25 juin 2003, la chambre sociale de la Cour de cassation a décidé que *« lorsqu'un salarié prend acte de la rup-*

ture de son contrat de travail en raison des faits qu'il reproche à son employeur, cette rupture produit des effets, soit d'un licenciement sans cause réelle ni sérieuse si les faits invoqués la justifiaient, soit dans le cas contraire, d'une démission ».

Ces décisions contredisaient celles du 26 septembre 2002 (*Lamy soc.* 2003 n° 1390).

On penser en l'espèce qu'à partir du moment où il s'agissait d'une simple modification des conditions de travail (de 06 à 83, on peut penser qu'il s'agit du même secteur géographique) le salarié ne pouvait pas considérer qu'il y avait une inexécution par l'employeur de ses obligations. En prenant acte de la rupture, et sur la base de ces décisions du 25 juin 2003, le salarié pourrait bien avoir démissionné.

Qui plus est, la jurisprudence est rétroactive puisqu'il n'existe, suivant la formule consacrée *« aucun droit acquis à une jurisprudence immuable »* (Cass. soc., 7 janv. 2003, n° 00-46476, *Lamy* 2003, n° 440).

B. LES CONSÉQUENCES DE LA RUPTURE

Le salarié, s'il est jugé démissionnaire, n'aura pas droit aux Assedic.

Dans ce cas de figure, il n'aura pas droit non plus au 13e mois. En effet, si la jurisprudence estime que, sur la base de l'article 1178 du Code civil (qui prévoit que la condition est réputée accomplie lorsque c'est le débiteur, obligé sous cette condition, qui en a empêché l'accomplissement), ce n'est que si l'employeur avait, à tort, licencié le salarié qu'on pourrait le contraindre à verser l'indemnité de 13e mois, ici, il s'agit d'une démission.

Le salarié pourra cependant, de façon synallagmatique, prétendre au paiement de la contrepartie, uniquement pendant la période où il a respecté la clause.

Alain CHIREZ
Professeur à l'Université de Nice

Annale corrigée de l'IEJ de Paris II

SUJET

Les étudiants devront résoudre le cas pratique suivant :

Monsieur Le Dantec, styliste, a été embauché par la Société France-Mode-TV, le 31 mars 2000.

À plusieurs reprises, ce salarié n'a pas respecté les délais de remise de ses dessins et figurines qui lui étaient imposés par la Direction : une mise à pied de huit jours lui a été infligée le 9 juillet 2003. Monsieur Le Dantec estime que cette sanction n'est pas justifiée car elle intervient bien tardivement, les faits reprochés datant de plus de deux mois, voire, pour certains, de plus d'un an.

Pour sa part, la Société considère que cette mesure révèle l'indulgence de la Direction à l'égard d'un salarié qui devrait être satisfait de ne pas avoir été licencié ; la Société invoque en effet un avertissement infligé dès le 6 mai 2000 et sanctionnant de nombreux retards.

Le salarié souhaite saisir les Prud'hommes sur ce point, y adjoignant une demande relative à des heures supplémentaires payées mais ne figurant pas sur son bulletin de salaire.

Pour cette raison, et pour d'autres, la Direction souhaite vos conseils.

Tout d'abord, en période de Collection, l'entreprise est contrainte de faire appel à du personnel de confection, à des modélistes, etc. ; elle souhaite également procéder au remplacement de Monsieur Le Dantec. Pour ce faire, elle envisage de conclure différents contrats à durée déterminée. Elle sait que la loi autorise le recours aux contrats précaires dans l'audiovisuel, et vous consulte sur ce point pour connaître ses droits et obligations.

Ensuite, deux salariées stylistes, Madame Bovary et Mademoiselle Kylah, ayant quitté l'entreprise en 2002, ont assigné France-Mode-TV devant le Conseil de prud'hommes. Elles tentent d'obtenir le versement de la contrepartie financière et des dommages-intérêts en raison du préjudice subi du fait de l'inexécution par l'employeur de son obligation de verser la contrepartie financière à laquelle il était tenu.

Ces deux salariées, s'étant conformées pendant quelques mois aux limites imposées contractuellement à leur liberté de travailler, réclament le paiement de la contrepartie financière que l'employeur ne leur a pas versée. Depuis le début de l'année 2003, elles ont l'une comme l'autre accepté un emploi dans le même secteur d'activité et cessé de respecter la clause de non-concurrence car leur ancien employeur n'avait pas exécuté son obligation.

La Société France-Mode-TV réfute leurs arguments, affirmant que Madame Bovary et Mademoiselle Kylah ont violé la clause de non-concurrence.

Enfin, France-Mode-TV vient de céder son département communication à la Société Fashion.com pour se consacrer aux activités directement liées à la Mode. Au sein de la Société Fashion.com, un accord collectif de réduction du temps de travail, conclu dans le cadre de la loi du 13 juin 1998, est applicable ; en conséquence, la durée mensuelle de travail du délégué du personnel, Monsieur Delgado, est diminuée. Il refuse dès lors de poursuivre ses fonctions chez ce nouvel employeur et demande à être réintégré dans l'entreprise d'origine. Exposez avec précision les différentes questions et solutions que vous suggère cette situation.

CORRIGÉ

Les éléments de correction sont volontairement très développés.

Il est principalement demandé aux candidats de déterminer les problèmes juridiques posés, en les qualifiant précisément, et de proposer des solutions argumentées.

Les principales questions devant être analysées et étudiées portent sur :

– les délais de prescription en matière disciplinaire ;

– le contrat à durée déterminée ;

– la clause de non-concurrence ;

– le sort du salarié protégé en cas de transfert partiel d'entreprise.

L'amnistie, le travail dissimulé, la modification du contrat de travail sont des questions secondaires qui, si elles sont correctement traitées doivent conduire à une nette progression de la note.

Conseil de la Société France-Mode-TV, nous examinerons les différents litiges et controverses qui nous sont soumis et soumettrons conseils et propositions à notre client.

Il s'agit tout d'abord de la contestation par Monsieur Le Dantec de la sanction qui lui a été infligée.

Rappelons que seules les sanctions prévues par le règlement intérieur peuvent être prononcées. Il faut donc vérifier que la mise à pied y figure au titre des sanctions disciplinaires que peut prendre l'employeur (art. L. 122-34, C. trav.).

Si tel est le cas, la procédure disciplinaire doit être respectée (art. L. 122-41, C. trav.).

§1 LA PREMIÈRE QUESTION SOULEVÉE CONCERNE LE DÉLAI DE PRESCRIPTION DE LA FAUTE

Le Code du travail impose le respect d'un délai de prescription de la faute. S'inspirant des règles du droit pénal et de la procédure pénale, l'article L. 122-44, alinéa 1er dispose : *« Aucun fait fautif ne peut donner lieu à lui seul à l'engagement de poursuites disciplinaires au-delà d'un délai de deux mois à compter du jour où l'employeur en a eu connaissance, à moins que ce fait ait donné lieu dans le même délai à l'exercice de poursuites pénales »*. L'éloignement dans le temps du fait fautif est de nature à faire « oublier » cet événement et la sanction n'est plus justifiée si les poursuites disciplinaires interviennent tardivement.

Le délai de deux mois court du jour où l'employeur a eu connaissance des faits fautifs ; il expire le jour de la notification de la sanction.

Si un fait fautif ne peut à lui seul donner lieu à l'engagement des poursuites au-delà d'un délai de deux mois, le Code du travail ne fait pas obstacle à la prise en considération d'un fait antérieur dans la mesure où le comportement du salarié s'est poursuivi pendant cette période.

L'employeur qui n'a pas engagé les poursuites peut décider de sanctionner le salarié qui persiste dans ses agissements répréhensibles, bien qu'il y ait prescription.

En l'espèce, les faits reprochés au salarié, et qu'il estime prescrits, sont identiques : le non-respect des délais. Encore faut-il que le dernier fait reproché ne soit pas prescrit. En ce cas, l'employeur peut retenir l'ensemble des agissements fautifs du salarié pour démontrer le caractère sérieux des faits reprochés.

Il faudrait ici, pour décider que la faute est prescrite, établir que les derniers agissements, identiques, ont cessé depuis le 8 mai 2003.

La **deuxième** question soulevée concerne l'amnistie des fautes disciplinaires ou professionnelles.

En application de l'article 12 de la loi n° 2002-1062 du 6 août 2002 et dans les conditions prévues à l'article 11 du même texte, les faits non contraires à l'honneur, aux bonnes mœurs ou à la probité, commis avant le 17 mai 2002, et retenus ou susceptibles d'être retenus comme motifs de sanctions prononcées par un employeur, sont amnistiés de plein droit (Cass. soc., 13 mai 2003, *Juris-Data* n° 2003-019064 ; *JCP* G 2003, IV 2218).

L'amnistie interdit de sanctionner les faits fautifs, efface les sanctions prononcées et interrompt les procédures disciplinaires en cours.

L'employeur ne pourra invoquer ultérieurement ces faits à l'appui d'une nouvelle sanction. Toute mention relative à celle-ci doit être retirée du dossier du salarié ; tous les documents établis par l'entreprise sont visés (Circ. DRT 2002/17 du 16 sept. 2002). L'inspecteur du travail veille à ce qu'il ne puisse en être fait état. Toute référence à une sanction amnistiée est punie d'une amende de 5 000 euros et la responsabilité de la personne morale peut être établie (art. 15 de la loi). Aussi, le rappel dans la lettre de licenciement de l'existence d'une sanction disciplinaire amnistiée et la production devant la juridiction prud'homale de la lettre d'avertissement concernée, justifie au regard de l'article 121-2 du Code pénal la décision de la Cour d'appel ayant retenu la responsabilité pénale de la société (Cass. crim., 21 mars 2000, n° 2095 PF).

En l'espèce, la Société est doublement condamnable :

– en premier lieu, elle s'appuie sur des faits datant de plus d'un an, donc amnistiés ;

– en second lieu, la sanction prononcée le 6 mai 2000, l'avertissement dû aux retards, est amnistiée.

Enfin, un **troisième** sujet de contestation doit être évoqué. Aucune sanction antérieure de plus de trois ans à l'engagement des poursuites ne peut être invoquée à l'appui d'une nouvelle sanction (art. L. 122-44, al. 2, C. trav.). Le délai court du prononcé de la sanction antérieure jusqu'à l'engagement de la deuxième poursuite disciplinaire.

Les faits évoqués dans une lettre d'avertissement atteinte par la prescription de trois ans ne peuvent être invoqués pour caractériser une faute grave à la suite d'un nouveau manquement (Cass. soc., 10 nov. 1992, *Bull. civ.* V, n° 541). C'est dire que la mesure atteint les faits fautifs et non pas seulement la sanction. Mais, celle-ci pourra continuer de figurer dans le dossier du salarié ce qui n'est pas le cas lorsqu'elle est amnistiée.

En conclusion sur ce point, il apparaît que la Société France-Mode-TV ne peut valablement infliger une sanction à Monsieur Le Dantec : les faits fautifs sont prescrits ou amnistiés, la sanction disciplinaire est prescrite et amnistiée.

§II ENSUITE, LE LITIGE PORTE SUR LE TRAVAIL DISSIMULÉ

Monsieur Le Dantec nous informe que sur son bulletin de salaire, l'employeur n'a pas fait figurer toutes les heures effectuées.

La loi n° 97-210 du 11 mars 1997 relative au renforcement de la lutte contre le travail illégal (*JO*, p. 3824), a fait entrer dans la définition du délit de dissimulation d'emploi salarié la mention, sur le bulletin de salaire, d'un nombre d'heures inférieur à celui réellement effectué. Cette nouvelle disposition a consacré une solution jurisprudentielle, la chambre criminelle ayant déjà jugé que *la délivrance d'un bulletin de paie ne mentionnant qu'une partie de la rémunération et des heures de travail* équivalait à l'absence de remise d'un bulletin de salaire (Cass. crim., 27 sept. 1994, *Bull. crim.* n° 30 ; *RJS* 1994, n° 1375 ; *D.* 1994. IR. 253 ; *Dr. pén.* 1994, comm. 266, obs. J.-H. Robert).

L'infraction de travail dissimulé est prévue à L. 324-10 du Code du travail. Dans son dernier alinéa, ce texte vise expressément que *« la mention sur le bulletin de paie d'un nombre d'heures de travail inférieur à celui réellement effectué constitue [...] une dissimulation d'emploi salarié »*. Ce texte incrimine toutes les catégories d'heures de travail, supplémentaires ou non.

Peut-on admettre qu'il y a travail dissimulé lorsque les heures ont été payées, comme en l'espèce ?

La Cour de cassation a décidé, le 21 mai 2002 (*RJS* 2002, n° 983), que la remise du bulletin de salaire incomplet impliquait nécessairement le caractère intentionnel de la dissimulation pour constituer le délit de travail dissimulé.

La preuve de cette intention devra ici être rapportée ; à défaut, le délit ne sera pas constitué.

§III PAR AILLEURS, LA SOCIÉTÉ SOUHAITE ÊTRE INFORMÉE DES CONDITIONS DANS LESQUELLES DES CONTRATS À DURÉE DÉTERMINÉE POURRAIENT ÊTRE CONCLUS

Deux situations doivent être envisagées :

– le remplacement de Monsieur Le Dantec,

– le recours à du personnel de confection.

Dans le premier cas, il s'agit d'appliquer l'article L. 122-1-1, 1° du Code du travail. En effet, si Monsieur Le Dantec est mis à pied, son contrat est suspendu et cela justifie le recours au contrat à durée déterminée. À l'entreprise de respecter les conditions de forme posées par les textes (art. L. 122-3-1, C. trav.). Il peut, dans le cas de ce remplacement ne pas comporter de terme précis (art. L. 122-1-2, III, C. trav.).

Dans le second cas, la Société est confrontée à des besoins ponctuels en personnel. Elle sait que dans le secteur de l'audiovisuel, le recours aux **contrats à durée déterminée** est autorisé.

Rappelons en effet que l'article L. 122-1-1, 3° du Code du travail autorise le recours aux contrats à durée déterminée dans certains secteurs d'activité, définis par décret (art. D. 121-2, C. trav.), secteurs où il est d'usage de ne pas recourir au contrat à durée indéterminée.

Il faut **tout d'abord** apprécier dans quel secteur se trouve l'entreprise pour décider de la faculté de recours. La Société évoque l'audiovisuel, car ce secteur est visé par l'article D. 121-2 du Code du travail.

L'activité de la Société France-Mode-TV relève-t-elle de l'audiovisuel ? Il faut sans doute répondre par la négative, la Cour de cassation imposant de rechercher si l'activité **principale** correspond à un des secteurs visés (Cass. soc., 25 févr. 1998, *RJS* 1998, n° 420). La mode est sans doute son activité essentielle.

Il faudra **ensuite** envisager le recours pour accroissement temporaire d'activité (art. L. 122-1-1, 3°, C. trav.). L'employeur devra se conformer à l'article L. 122-1 du Code du travail afin que le contrat n'ait pas pour effet de pourvoir durablement à un emploi lié à l'activité normale et permanente de l'entreprise ; la tâche à exécuter doit être temporaire et précise.

§IV LA CLAUSE DE NON-CONCURRENCE

Le contrat de travail de chacune des stylistes contient une clause de non-concurrence, avec contrepartie financière. La clause est donc valable, si elle répond également aux autres conditions posées par la Cour de cassation depuis les arrêts du 10 juillet 2002 (*JCP* E 2002, 1511, note D. Corrignan-Carsin). La clause de non-concurrence qui n'est pas assortie d'une contrepartie financière est nulle.

La question est ici de déterminer les obligations respectives des parties et d'en tirer les conséquences.

En présence d'une clause avec contrepartie, l'employeur doit verser l'indemnité de non-concurrence au salarié. Réciproquement, celui-ci doit respecter son engagement dans les termes prévus par la clause.

Que se passe-t-il si l'une des parties ne respecte pas ses obligations. Telle est la question ici présente.

En effet, la Société n'a pas versé l'indemnité de non-concurrence à Mesdames Bovary et Kylah. Ce comportement a conduit les anciennes salariées à cesser de respecter leur engagement.

Elles peuvent dès lors obtenir le paiement de la contrepartie, mais uniquement pour la période pendant laquelle Mesdames Bovary et Kylah se sont conformées à la clause contractuelle. Tel est le sens de la jurisprudence. Les salariés ne peuvent prétendre être indemnisés lorsqu'ils n'ont pas respecté leur obligation, peu important que cette inexécution soit, en réalité, due à celle de l'employeur (Cass. Soc., 27 mars 1996, *RJS* 1996, n° 543 –18, févr. 2003, *RJS* 2003, n° 605 – 25 févr. 2003, *Liaisons sociales* n° 813, p. 5).

L'employeur s'expose, de plus, à une demande de dommages-intérêts car son manquement est constitutif d'une faute.

Jusqu'à présent, lorsque le salarié ne respectait pas la clause, la jurisprudence autorisait l'employeur d'origine à saisir le juge des référés. Depuis un arrêt du 13 mai 2003 (n° 01-17452), la Cour de cassation interdit au juge des référés d'ordonner la rupture du contrat de travail du salarié coupable : *« le juge des référés n'a pas le pouvoir d'ordonner la résiliation du contrat de travail d'un salarié »*.

§V TRANSFERT PARTIEL

À la suite de la cession du département Communication, Monsieur Delgado constate que sa durée mensuelle de travail est réduite du fait de l'application d'un accord de réduction du temps de travail dans la nouvelle entreprise. Il refuse en conséquence d'y poursuivre ses fonctions et souhaite être réintégré au sein de la Société France-Mode-TV.

Différentes questions méritent d'être soulevées.

En premier lieu, il s'agit de déterminer si les conditions d'application de **l'article L. 122-12, al. 2 du Code du travail** sont réunies (rappel des conditions légales et jurisprudentielles). En l'espèce, le transfert est partiel, la Société France-Mode-TV cédant uniquement un département de l'entreprise.

Les effets de l'application de ce texte sont multiples. Sur le plan des relations individuelles, le principe est le transfert du contrat chez le nouvel employeur. Sur le terrain des relations collectives, plusieurs dispositions du Code du travail aménagent le transfert partiel des salariés protégés car leur mandat subsiste (art. L. 412-18, al. 7, C. trav. pour les délégués syndicaux ; art. L. 425-1, al. 6 pour les délégués du personnel ; art. L. 436-1, al. 5 pour les membres du Comité d'entreprise).

Monsieur Delgado étant délégué du personnel, donc salarié protégé, il faut *en second lieu* vérifier que la Société France-Mode-TV a soumis le transfert de ce salarié à **l'autorisation de l'Inspecteur du travail** aux fins de s'assurer que le délégué n'a pas fait l'objet d'une discrimination (art. L. 425-1, al. 6, C. trav.).

Si Monsieur Delgado a été transféré chez le nouvel employeur sans autorisation administrative, il pourra demander à être réintégré dans la Société France-Mode-TV, laquelle devra lui proposer un emploi équivalent. En effet, le transfert opéré sans autorisation est nul (Cass. soc., 24 nov. 1992, *Bull. civ.* V, n° 571 – 5 mai 1998, *RJS* 1998, n° 794). Dans sa décision du 28 mai 2003 (*RJS* 2003, n° 1037), la Cour de cassation décide cependant que le salarié qui demande sa réintégration ne pourra cumuler les salaires perdus depuis le transfert jusqu'à la réintégration avec les salaires reçus chez le nouvel employeur. Cette solution réduit considérablement l'efficacité de la sanction. En effet, si le salarié dont le licenciement est nul est réintégré, et qu'il n'a pas cessé de travailler, il ne percevra aucun dédommagement sauf à démontrer un préjudice particulier.

Si le salarié ne demande pas sa **réintégration**, la sanction de son licenciement illégal sera le versement de la rémunération qu'il aurait perçue jusqu'à la fin de la période de protection (les six premiers mois qui suivent l'expiration du mandat : art. L. 425-1, al. 4, C. trav. – Cass. soc., 25 nov. 1997, *Bull. civ.* V, n° 405).

Monsieur Delgado soutient, *enfin,* qu'il y a **modification de son contrat de travail** car l'accord collectif applicable a pour effet de réduire sa durée de travail.

La Cour de cassation vient de juger qu'un accord collectif de réduction de la durée du travail s'imposait à tous les salariés (Cass. soc., 26 févr. 2003, *RJS* 2003, n° 469 ; *RPDS* 2003, p. 111, s'agissant d'un salarié protégé). Le salarié ne peut donc s'opposer à la réduction du temps de travail à raison de *l'effet impératif* de l'accord collectif qui exclut toute question relative à l'articulation du statut collectif et du contrat individuel de travail. Ajoutons que la loi Aubry II (n° 2000-37, du 19 janv. 2000) dispose que la seule diminution de la durée du travail, en application d'un accord collectif, ne constitue pas une modification du contrat de travail (art. L. 212-3, C. trav.).

Françoise Bousez
Maître de conférences à l'Université de Paris II

Annale corrigée de l'IEJ de Paris XIII

SUJET

Les étudiants commenteront l'arrêt ci-dessous rendu par la Chambre sociale de la Cour de cassation le 10 juillet 2002.

Cass. soc. 10 juillet 2002, *Costes c/ Sté Innotech international*

LA COUR – (...) Sur le moyen unique :

Attendu que M. Costes, engagé par la société Innotech international en 1983, exerçait, en dernier lieu, les fonctions de directeur zone Afrique ; qu'il était investi des mandats de délégué syndical et de délégué du personnel et était membre du comité d'entreprise dont il était secrétaire ; que, le 31 mars 1995, il a conclu avec son employeur une transaction prévoyant les conditions de la rupture du contrat de travail et les conséquences qui en résultent et comportant, en contrepartie, l'engagement du salarié de démissionner de ses fonctions représentatives ; qu'à la suite de son licenciement prononcé le 16 avril 1996, il a saisi le conseil de prud'hommes de diverses demandes ; que l'employeur a formé une demande reconventionnelle en « résolution » de la transaction du 31 mars 1995 pour absence de cause et en restitution des sommes versées en exécution de cette dernière ; qu'après avoir décidé que le licenciement était sans cause réelle et sérieuse et alloué à ce titre des indemnités au salarié, la Cour d'appel a accueilli la demande précitée de l'employeur ;

Attendu que M. Costes fait grief à l'arrêt attaqué (CA Paris, 23 nov. 1999) d'avoir prononcé la résolution de la transaction et de l'avoir condamné à rembourser la somme de 1 000 000 F qu'il avait reçue en exécution de cette dernière, alors, selon le moyen :

1° qu'ayant constaté que M. Costes avait fait l'objet d'un « licenciement immédiat » par lettre du 24 avril 1996, ce qui impliquait qu'à partir de cette date, M. Costes n'avait plus perçu de rémunération de la société Innotech international, ne justifie pas légalement sa solution, au regard des articles 1131 et 2044 et suivants du Code civil, l'arrêt attaqué qui, constatant que le protocole transactionnel du 31 mars 1995 prévoyait le versement de la somme de 200 000 F à M. Costes « afin de réparer le préjudice lié à la perte de rémunération par suite de la rupture du contrat de travail », retient que cette indemnité de 200 000 F n'avait pas de cause, au motif inopérant que M. Costes avait continué à percevoir ses salaires de la société Innotech international pendant la période s'étant écoulée entre la signature du protocole transactionnel et le licenciement du salarié, en vertu des stipulations expresses dudit protocole transactionnel ;

2° que le protocole transactionnel ayant prévu le versement à M. Costes d'une indemnité de 800 000 F « afin de tenir compte de l'âge du salarié, de son ancienneté et ses fonctions dans l'entreprise, du caractère irrégulier du licenciement, de l'atteinte à sa notoriété et à sa position sociale, enfin, des troubles apportés aux conditions d'existence et des difficultés prévisibles de recherche d'un nouvel emploi, et des répercussions du licenciement sur la vie familiale », renverse indûment la charge de la preuve, en violation de l'article 1315 du Code civil, l'arrêt attaqué qui, sur la demande de l'employeur tendant à voir constater la nullité de cette disposition du protocole transactionnel pour absence de cause, retient qu'il n'est pas établi par le salarié l'existence de troubles apportés aux conditions d'existence, ni de difficultés de recherche d'emploi, ni de répercussions du licenciement sur la vie familiale ;

3° que ne justifie pas légalement sa solution, au regard des articles 1131 et 2044 et suivants du Code civil, l'arrêt attaqué qui, en l'état de la clause sus-rappelée du protocole transactionnel, omet de tenir compte du fait que le versement d'une indemnité de 800 000 F avait également pour objet « de tenir compte de l'âge du salarié, de son ancienneté et ses fonctions dans l'entreprise, du caractère irrégulier du licenciement, de l'atteinte à sa notoriété et à sa position sociale », tous éléments dont l'existence était incontestable ;

4° que le protocole transactionnel ayant stipulé le versement de l'indemnité de 800 000 F le jour de la signature de cette convention (« ce jour ») et prévu la notification ultérieure du licenciement (la rémunération du salarié – immédiatement exclu de l'entreprise – lui étant expressément maintenue pendant la période située entre la date de la signature du protocole transactionnel et celle de la notification du licenciement) et la Cour d'appel ayant constaté que M. Costes avait été licencié à effet immédiat par lettre du 24 avril 1996, ne justifie pas légalement sa solution, au regard des articles 1131, 1134 et 2044 du Code civil, l'arrêt attaqué qui considère que l'engagement de l'employeur au paiement de ladite indemnité de 800 000 F était dépourvu de cause, au motif inopérant que le salarié n'était pas licencié à la date du protocole transactionnel ;

5° que les engagements de l'employeur en vertu du protocole transactionnel ayant eu pour contrepartie le départ physique immédiat du salarié de l'entreprise à compter de la signature du protocole, la démission du salarié de son mandat de délégué du personnel, de son mandat de délégué syndical et de son mandat au sein du comité d'entreprise, l'acceptation par le salarié de son licenciement expressément reconnu comme sans cause réelle et sérieuse et la renonciation par le salarié à l'engagement de toute action tirée de l'exécution du contrat de travail et de ses suites, ne justifie pas légalement sa solution, au regard des articles 1131, 2044 et suivants du Code civil, l'arrêt attaqué qui prononce la résolution pour défaut de cause dudit protocole transactionnel sans tenir compte de la circonstance que le salarié avait exécuté toute les obligations mises à sa charge par ce protocole transactionnel ;

Mais attendu que la protection exceptionnelle et exorbitante du droit commun des salariés investis de fonctions représentatives a été instituée, non dans le seul intérêt de ces derniers, mais dans celui de l'ensemble des salariés ; qu'il en résulte qu'est atteinte d'une nullité absolue d'ordre public toute transaction conclue entre l'employeur et le salarié protégé avant la notification de son licenciement prononcé après autorisation de l'autorité administrative ;

Et attendu que la Cour d'appel a constaté qu'il résultait des dispositions de la transaction du 31 mars 1995 qu'en contrepartie du versement d'indemnités transactionnelles, M. Costes avait donné son accord pour la rupture de son contrat de travail et s'était engagé à démissionner de ses fonctions représentatives, en sorte que la transaction était entachée d'une nullité absolue d'ordre public, qui entraînait l'obligation pour le salarié de restituer à l'employeur la somme qu'il avait perçue en exécution d'un acte nul ; que, par ces motifs substitués dans les conditions de l'article 1015 du Nouveau Code de procédure civile, l'arrêt attaqué se trouve légalement justifié.

Par ces motifs :

Rejette le pourvoi ;

(...)

MM. Sargos, prés., Brissier, cons.-rapp.,

CORRIGÉ

La rupture du contrat de travail d'un salarié protégé n'est pas abandonnée à la seule discrétion de l'employeur et du salarié. C'est du moins ce que rappelle cet arrêt du 10 juillet 2002 de la chambre sociale de la Cour de cassation dont les faits et la procédure furent les suivants. Monsieur Costes, salarié de la société Innotech international depuis 1983, exerçait les fonctions de directeur zone Afrique, et était investi de plusieurs mandats représentatifs. Il a conclu, le 31 mars 1995, une transaction avec l'employeur au sein de laquelle étaient envisagées les conditions de la rupture de son contrat de travail ainsi que les conséquences qui en résultaient. En contrepartie, le salarié s'était engagé à démissionner de ses fonctions représentatives. Après avoir été licencié le 16 avril 1996, il a saisi la juridiction prud'homale aux fins d'obtenir la condamnation de son ex-employeur à diverses sommes, mais ce dernier a formé une demande reconventionnelle en « résolution » de la transaction du 31 mars 1995 pour absence de cause et restitution des sommes versées en exécution de cette dernière.

Par un arrêt du 23 novembre 1999, la Cour d'appel de Paris a estimé que le licenciement de l'intéressé était sans cause réelle et sérieuse et condamné l'employeur à verser au salarié diverses indemnités. Les juges du fond ont également accueilli la demande de l'employeur en résolution de la transaction susvisée, et condamné le salarié à rembourser la somme de 1 000 000 F qu'il avait reçue en exécution de cette dernière. Le salarié s'est pourvu contre cette décision, mais la Cour de cassation a rejeté son recours.

Deux éléments se dégagent donc de cette décision. D'une part, la Cour de cassation rappelle que les salariés investis de fonctions représentatives sont soumis à un statut protecteur qui doit être respecté par l'employeur (§I), d'autre part, que toute transaction conclue en méconnaissance de ce statut est entachée d'une nullité absolue d'ordre public qui contraint le salarié à restituer les sommes éventuellement par lui perçues (§II).

§I L'OBLIGATION DE RESPECTER LE STATUT PROTECTEUR DES SALARIÉS INVESTIS DE FONCTIONS REPRÉSENTATIVES

Le salarié investi de fonctions représentatives bénéficie d'une protection lors de la rupture de son contrat de travail, et c'est la loi du 28 octobre 1982 relative au développement des institutions représentatives du personnel qui a dessiné le paysage actuel du statut protecteur. La jurisprudence a ensuite, par touches successives, précisé les conditions d'application de ce statut. Ainsi, la Cour de cassation a posé, le 21 juin 1974, que : « les dispositions légales relatives au licenciement de salariés investis de fonctions représentatives ont institué, dans l'intérêt des travailleurs qu'ils représentent, une protection exceptionnelle et exorbitante du droit commun qui interdit, par suite, à l'employeur de poursuivre par tout autre moyen la résiliation du contrat de travail » (*Bull. ch. mixte* n° 4, *JCP* 1974, éd. G, II, 17801, concl. Touffait ; v. encore, Cass. soc., 28 mai 1975, *Bull. civ.* V, n° 284). Il suit de là que la protection sociale revêt un caractère d'ordre public (Cass. soc., 10 octobre 1984, *Bull. civ.* V, n° 365), ce qui signifie que la rupture du contrat de travail d'un salarié protégé ne peut être réalisée que par licenciement (Cass. soc., 21 février 1996, *JCP* 1996, éd. E, II, 871, note J.-J. Serret), et, qu'*a fortiori,* la renonciation du salarié protégé au statut protecteur serait sans effet (Cass. soc., 21 février 1996, précité).

L'arrêt commenté rappelle ce qui précède, puisque les juges suprêmes affirment que la protection exceptionnelle et exorbitante du droit commun des salariés investis de fonctions représentatives a été instituée, non dans le seul intérêt de ces derniers, mais dans celui de l'ensemble des salariés, de sorte qu'est atteinte d'une nullité absolue d'ordre public toute transaction conclue entre l'employeur et le salarié protégé avant la notification de son licenciement prononcé après autorisation de l'autorité administrative. Non seulement le statut protecteur est institué dans l'intérêt des salariés protégés, mais également dans celui de tous les salariés afin d'accroître la portée de l'obligation de respecter le statut protecteur et d'en tirer des conséquences extrêmement importantes comme, par exemple, celle de la nullité absolue d'ordre public d'un accord conclu entre l'employeur et le salarié avant que l'autorité administrative ait examiné le dossier de l'intéressé. Mais il y a plus. Parce que l'accord conclu le 31 mars 1995 entre le salarié et l'employeur était, dans cette affaire, affecté d'une nullité absolue d'ordre public, celle-ci pouvait être invoquée tant par le salarié que par l'employeur. Ce second point consacré par l'arrêt rapporté mérite un approfondissement.

§II LA NULLITÉ ABSOLUE DE LA TRANSACTION ET SES CONSÉQUENCES

La chambre sociale de la Cour de cassation a déjà eu l'occasion de souligner que les salariés ne pouvaient conclure une transaction antérieure au licenciement, puisqu'ils ne pouvaient renoncer par avance aux dispositions d'ordre public instituées pour protéger leur mandat (Cass. crim., 4 février 1992, *JCP* 1993, éd. E, II, 382, note F. Taquet ; Cass. soc., 2 décembre 1992, *Bull. civ.* V, n° 578 ; 1er juin 1994, *RJS,* 1994, n° 880 ; 16 mars 1999, *D.* 2000, jur. p. 429 et la note). L'employeur, qui pourrait être poursuivi pour délit d'entrave s'il concluait une telle transaction (Cass. crim., 19 décembre 1993, *RJS,* 1994, n° 53), ne pourrait davantage engager une procédure de résiliation judiciaire du contrat de travail du salarié protégé (Cass. ch. mixte, 21 juin 1974, précité). Ce n'est qu'à l'expiration de la période de protection qu'il pourra licencier l'intéressé dans les formes du droit commun (Cass. soc., 17 mars 1993, *Bull. civ.* V, n° 92), et, dans l'hypothèse d'une rupture irrégulière du contrat de travail, l'employeur peut être tenu de réintégrer le salarié protégé dans son ancien emploi ou un emploi équivalent. Néanmoins, le salarié protégé peut toujours manifester une volonté non équivoque de démissionner (v. pour une absence de démission, Cass. soc., 22 juin 1993, *Bull. civ.* V, n° 176).

La décision du 10 juillet 2002 fait sienne la jurisprudence sus-développée, puisque la Cour de cassation, après avoir constaté la nullité d'ordre public de la transaction litigieuse, a estimé qu'il appartenait au salarié de restituer à l'employeur la somme qu'il avait perçue en exécution d'un acte nul. Ici, ce n'est pas la volonté non équivoque du salarié de démissionner de ses fonctions représentatives qui a été examinée, mais la validité ou non de la transaction conclue entre le salarié et l'employeur et les conséquences de celle-ci. Or, pour la Cour de cassation, parce que la transaction était affectée d'une nullité absolue d'ordre public, l'employeur pouvait, tout comme le salarié, obtenir la restitution des sommes versées à partir de sa conclusion. La solution aurait été différente si la transaction avait été conclue par un salarié ordinaire, et, par conséquent, si elle avait été affectée d'une nullité relative que seul le salarié aurait alors pu invoquer. Contrairement, en effet, à un arrêt du 28 mai 2002 où la Cour de cassation a souligné que « La nullité d'une transaction résultant de ce qu'elle a été conclue avant la notification du licenciement est une nullité relative instituée dans l'intérêt du salarié, qui ne peut être invoquée par l'employeur » (Cass. soc., 28 mai 2002, *Bull. civ.* V, n° 182 ; *JCP* 2002, éd. G, II, 10147, note D. Corrignan-Carsin ; *Dr. social,* 2002, p. 783, note G. Couturier), les juges suprêmes posent, dans l'arrêt rapporté, que la nullité peut être invoquée par les deux parties dès lors qu'il est question de la violation du statut institué en faveur des salariés protégés, et plus généralement en faveur de l'ensemble des salariés. La nullité est ici absolue et non plus relative, et toute autre convention contraire serait, bien entendu, considérée comme n'ayant jamais existé.

Reste un dernier élément qui n'a pas été soulevé dans l'arrêt du 10 juillet 2002 : c'est l'application de la règle *nemo auditur* selon laquelle nul ne peut invoquer sa propre turpitude, et qui aurait pu empêcher l'employeur d'obtenir la restitution des sommes versées (v. à cet égard, le commentaire de Madame Emmanuelle Mazuyer sous le présent arrêt, *JCP,* 2003, éd. G, II, 10018). Car, enfin, l'employeur a là bénéficié des conséquences d'une irrégularité qu'il avait commise avec le salarié. C'est dire si, dans le domaine de la rupture du contrat de travail des salariés protégés, il reste beaucoup à construire.

Catherine PUIGELIER
Maître de conférences à l'Université de Paris XIII
Directrice de l'IEJ

Annale corrigée de l'IEJ de Toulouse

SUJET

Les étudiants devront résoudre le cas pratique suivant :

Vous êtes consulté par un chef d'établissement qui dirige un petit supermarché de province. Depuis quelques temps, canicule aidant sans doute, il a constaté chez divers salarié(e)s un certain relâchement dans les tenues vestimentaires lequel selon lui, est susceptible de nuire à l'image de marque de l'entreprise.

Les caissières par exemple, qu'il avait pourtant dotées d'une tenue identique (un superbe tailleur bleu marine avec insigne du magasin en écusson...), la portent de moins en moins, ou alors n'en portent qu'une partie... L'une d'entre elles d'ailleurs, de religion musulmane, pourtant mise en garde lors de son embauche, s'obstine à venir travailler avec son foulard.

Les coquetteries de certains vendeurs ne sont pas non plus toujours de son goût. Il n'aime pas trop cette boucle d'oreille portée par M. X, ou encore ce tatouage sur le bras qu'arbore depuis peu M. Y... Jusqu'à son directeur du personnel, qui vient depuis deux mois travailler en bermuda !

En bref, il voudrait faire un point avec vous pour savoir ce qu'il peut imposer ou non à ses salariés, et les sanctions qu'il peut prendre à l'encontre des récalcitrants. Il vous demande en outre de préciser les risques qu'il prend à vouloir remettre un peu d'ordre dans tout cela.

CORRIGÉ

Les faits qui sont au cœur de ce cas pratique ne soulèvent guère de difficulté. Ils mettent en présence un directeur de supermarché, soucieux de l'image de marque que peut refléter son établissement dans l'esprit de la clientèle.

L'amène à consulter le praticien du droit, la gêne qu'il éprouve en observant certains membres du personnel se vêtir trop librement : les caissières qui délaissent la tenue qu'il leur a demandé de porter en signe d'uniformité, le directeur du personnel qui a adopté le bermuda en raison des chaleurs caniculaires au risque de donner l'exemple... ou d'autres, qui arborent des signes extérieurs d'identification, à son goût trop marqués : un foulard islamique, un « piercing », un tatouage... L'ensemble lui donne une impression de relâchement général dont il se demande s'il peut encore le maîtriser.

En réalité, c'est une double gêne qu'il éprouve :

– gêne d'un point de vue commercial : il n'est pas sûr que tout cela ne contribue à donner une image de marque négative de l'établissement et craint une diminution de clientèle ;

– gêne aussi en tant que gestionnaire face à une difficulté qu'il ne sait trop comment aborder : il sent bien qu'il touche là à des questions délicates (liberté de se vêtir, liberté religieuse...) qui risquent, si elles sont mal gérées, d'entraîner si ce n'est des conflits, en tous cas un mauvais climat dans l'entreprise.

Les questions qu'il pose sont claires, au nombre de trois :

– Quelles mesures peut-il imposer aux salariés en ce domaine ?

– Quelles sanctions peut-il prendre à l'encontre des récalcitrants ?

– Quels risques prend-il à vouloir clarifier la situation une fois pour toutes ?

Les réponses peuvent en revanche faire l'objet de deux développements seulement, la première et la troisième étant intimement liées.

Nous suggérons de répondre à sa demande en indiquant d'abord les pistes de nature à clarifier la situation générale de l'entreprise sur ce problème particulier, qui n'est autre que celui de la compatibilité entre intérêt de l'entreprise et libertés individuelles des salariés (§I), et dans un second temps, les sanctions qui pourront être prises à l'encontre de ceux qui ne se plieront pas aux règles de l'entreprise (§II).

§I CLARIFICATION : LA CONCILIATION DE L'INTÉRÊT DE L'ENTREPRISE ET DES LIBERTÉS INDIVIDUELLES DES SALARIÉS

Le principe applicable ici, qui doit servir de guide de décision au chef d'établissement, est celui de l'article L. 120-2 du Code du travail : « Nul ne peut apporter aux droits des personnes et aux libertés individuelles et collectives de restrictions qui ne seraient pas justifiées par la nature de la tâche à accomplir ni proportionnées au but recherché ».

Le salarié en effet est, spécialement depuis les lois Auroux, un citoyen à part entière dans l'entreprise, titulaire en tant que tel d'un certain nombre de droits et de libertés qui trouvent à s'appliquer même pendant l'exécution du contrat de travail.

Simplement, l'expression pleine et entière de ces droits et libertés ne doit pas nuire à l'entreprise, à son image de marque notamment, ce qui explique le pouvoir accordé par la loi aux employeurs de restreindre, sous certaines conditions, l'exercice de ces droits et libertés.

L'article L. 120-2 du Code du travail a précisément pour objet de délimiter ce pouvoir : les restrictions aux droits et libertés imposées par l'employeur doivent, pour être opposables aux salariés, d'abord être justifiées par les fonctions occupées par le salarié (principe de nécessité), et ensuite ne pas être excessives, être « proportionnées au but recherché » (principe de proportionnalité). C'est le respect de ces deux conditions qui assurera la compatibilité entre intérêt de l'entreprise et droits et libertés des salariés.

Quels sont ici les droits et libertés en cause ? Le droit de se vêtir à sa guise, la liberté d'apparence extérieure, le droit d'offrir à autrui l'image de son choix, la liberté religieuse... différentes déclinaisons de la liberté individuelle, que protège l'article 66 de la Constitution du 4 octobre 1958 ; certainement aussi la liberté d'expression, au-delà de l'apparence physique.

Le chef d'établissement peut-il imposer à ses caissières le port d'une tenue identique, interdire le foulard islamique à la caissière, le bermuda au directeur du personnel, la boucle d'oreille ou le tatouage aux vendeurs ?

L'analyse doit se faire au cas par cas, au prisme de l'article L. 120-2 du Code du travail, et à la lueur des solutions jurisprudentielles qui ont pu être prises dans des cas semblables.

L'exigence d'une tenue identique pour des caissières peut-elle être justifiée par la nature de la tâche à accomplir ? On peut le penser. C'est une façon pour un établissement commercial de soigner son image de marque (à condition que les tenues soient jolies !), mais l'on peut aussi penser que dans ces lieux à forte fréquentation, l'uniformité et un moyen facilitant l'identification du personnel au milieu de la clientèle.

Le foulard peut-il être déconseillé, si ce n'est interdit, à la caissière de religion musulmane ? On peut le penser également. La jurisprudence en tous cas est en ce sens, dès lors que l'intéressée travaille en contact direct avec la clientèle, ce qui paraît être le critère déterminant. L'employeur est aujourd'hui fondé à interdire le port d'un foulard islamique à une vendeuse « dès lors que celle-ci est au contact des clients d'un centre commercial ouvert à un large public dont les convictions sont variées et à l'égard desquels la neutralité ou à défaut la discrétion des options personnelles s'impose » (CA Paris, 16 mars 2001, *RJS* 2001, n° 1252).

Le bermuda du directeur du personnel ? L'arrêt récemment rendu par la Cour de cassation, sur une affaire précisément de bermuda, laisse penser qu'il est possible d'exiger de lui une tenue plus conforme à ses fonctions (Cass. soc. 28 mai 2003, *Monribot, Dr. soc.* 2003, 808), non pas tant du fait du lien direct avec la clientèle, qui a également joué dans cette affaire un rôle déterminant, mais plutôt en raison de l'influence que ce comportement risque d'avoir sur les autres membres du personnel, s'agissant de la hiérarchie.

Boucles d'oreille et tatouages risquent, à les interdire, de soulever plus de difficultés. On se rappelle les remous provoqués au pays de Mickey par l'interdiction faite aux salariés de porter barbe, moustacle et autres signes extérieurs... susceptibles d'effrayer les jeunes enfants ! Au-delà de l'apparence physique, de tels signes traduisent l'affirmation si ce n'est la revendication d'une identité propre, de plus en plus forte aujourd'hui. À défaut d'interdiction, qui ne se justifierait encore une fois qu'à condition de nécessité liée aux fonctions, rien n'empêche de prôner une certaine discrétion.

Le guide de décision étant donné (art. L. 120-2, C. trav.), on pourra utilement indiquer au directeur du personnel les modalités par lesquelles la clarification pourra s'opérer.

En toute hypothèse, plutôt que de gérer au cas par cas des situations individuelles, une note générale d'information s'impose, le cas échéant accompagnée d'une réunion si la taille de l'établissement le permet (non précisée), de façon à ce que chacun puisse en connaissance de cause connaître les limites de sa liberté.

S'il s'agit d'un établissement d'au moins vingt salariés, le règlement intérieur viendra utilement informer chacun de l'étendue de ses droits. On peut penser en effet que les contraintes vestimentaires ou d'apparence, pour les salariés d'un établissement commercial, peuvent être considérées comme des « règles générales et permanentes relatives à la discipline » (art. L. 122-34, C. trav.) trouvant place dans le règlement intérieur. Le contrôle de légalité opéré par l'inspecteur du travail (art. L. 122-36 et L. 122-37, C. trav.) viendra ramener le cas échéant le contenu du règlement intérieur à sa juste mesure, au regard spécialement de l'article L. 122-35 du Code du travail, qui reprend pratiquement mot pour mot les exigences de l'article L. 120-2 du Code du travail : « Il ne peut apporter aux droits des personnes et aux libertés individuelles et collectives des restrictions qui ne seraient pas justifiées par la nature de la tâche à accomplir ni proportionnées au but recherché ».

Le directeur de l'établissement prend-il des risques à vouloir clarifier la situation, pour éviter par la suite le relâchement dans les tenues vestimentaires ou les excès d'une identification trop marquée des membres de son personnel ?

Sur le principe, il faut effectivement l'inviter à une certaine vigilance, quelle que soit la voie choisie pour cette clarification (document interne, règlement intérieur, avertissement adressé à un salarié...).

S'agissant de libertés individuelles que l'on cherche à restreindre, fût-ce pour le bon fonctionnement de l'entreprise, le risque est d'abord celui d'une atteinte excessive, mal mesurée, portée à ces libertés individuelles qui privera d'effet les mesures adoptées. Le risque est également celui que fait peser sur l'employeur le principe général de non-discrimination.

S'il s'agit de mesures préventives édictées dans un règlement intérieur, l'article L. 122-35 alinéa 2 du Code du travail est clair : « Il ne peut comporter de dispositions lésant les salariés dans leur emploi ou leur travail, en raison de leur sexe, de leurs mœurs, de leur orientation sexuelle, de leur âge, de leur situation de famille, de leurs origines, de leurs opinions ou confessions, de leur apparence physique... ».

S'il s'agit de mesures de rétorsion, c'est l'article L. 122-45 du Code du travail qui pourra le cas échéant être invoqué et provoquer l'annulation de la mesure : « Aucun salarié ne peut être sanctionné, licencié ou faire l'objet d'une mesure discriminatoire... en raison de son origine, de son sexe, de ses mœurs... de ses convictions religieuses, de son apparence physique... ».

Toute disposition ou tout acte contraire à l'égard d'un salarié, tel un licenciement, est nul de plein droit (art. L. 122-45 alinéa 5, C. trav.).

Une certaine vigilance s'impose donc, résultant de la protection des libertés individuelles qui est un domaine sensible, mais elle ne fait nullement obstacle aux décisions qui paraissent utiles au bon fonctionnement de l'entreprise. Il se peut même que la tentative de clarification envisagée par le directeur de l'établissement présente moins de risques que d'avantages, le tout étant d'indiquer et d'expliquer à chacun les limites de ses libertés individuelles, qui n'ont d'autres bornes... que celles d'autrui !

§II SANCTIONS ENVISAGEABLES À L'ENCONTRE DES SALARIÉS RÉCALCITRANTS

Porter une tenue vestimentaire peu compatible avec les fonctions exercées ou avec les conditions de travail, ou affirmer exagérément son identité par des signes extérieurs gênants pour l'entreprise, peut certainement justifier la qualification de faute, sous réserve bien sûr d'appréciation au cas par cas.

Peut-être même, la faute pourra-t-elle être qualifiée de disciplinaire (agissement du salarié considéré par l'employeur comme fautif), appelant pour sa sanction, le respect de la procédure du même nom (art. L. 122-41, C. trav.).

S'agissant malgré tout de maintenir un bon climat dans l'entreprise, l'employeur procédera certainement d'abord à des mesures douces : discussions, avertissement, etc. avant d'envisager la mesure plus radicale du licenciement, si le salarié s'obstine.

Ce licenciement pourra bien sûr être contesté judiciairement par le salarié qui s'estimera, à n'en pas douter, lésé dans ses droits.

L'action intentée sera une action en nullité du licenciement, accompagnée peut-être d'une demande de réintégration dans l'entreprise, si le motif de la contestation porte sur la violation d'une liberté fondamentale (principe de non-discrimination, liberté religieuse...).

En revanche, s'agissant de libertés « ordinaires », l'action ne pourra être que de nature indemnitaire, action en réparation du préjudice subi du fait d'un licenciement dépourvu de cause réelle et sérieuse.

La liberté de se vêtir à sa guise est-elle une liberté fondamentale, dont la violation peut justifier la nullité du licenciement qui l'a contredite, ou bien n'est-elle qu'une liberté ordinaire dont la violation rend le licenciement sans cause réelle et sérieuse, ouvrant droit simplement à des dommages et intérêts ?

« Si, en vertu de l'article L. 120-2 du Code du travail, un employeur ne peut imposer à un salarié des contraintes vestimentaires qui ne seraient pas justifiées par la nature des tâches à accomplir et proportionnées au but recherché, la liberté de se vêtir à sa guise au temps et au lieu de travail n'entre pas dans la catégorie des libertés fondamentales ». C'est la Cour de cassation qui a récemment donné la solution, en rejetant la demande d'annulation d'un licenciement formulée par un salarié qui avait obstinément décidé qu'il n'y avait rien de mal à venir travailler en bermuda (Cass. soc., 28 mai 2003, *Monribot, Dr. Soc.* 2003, 813)...

Lise CASAUX-LABRUNÉE
Professeur à l'Université des Sciences sociales de Toulouse

Composition et mise en pages
par Laser Graphie – 42160 Andrézieux-Bouthéon

Achevé d'imprimer sur les presses
de l'Imprimerie Moderne de Bayeux

Dépôt légal : 14468 – Juin 2004

N° Éditeur : 1713

Imprimé en France